KB274398

20세기 러시아의 여성들

자유와 혁명의 해바라기

20세기 러시아의 여성들

자유와 혁명의 해바라기

베젤랸스키 지음 | 이명자 · 최순미 옮김

* 일러두기

1) 각각의 여성들을 가리키는 소제목은 역자의 뜻에 따라 원서와는 다소 다른 것들이 있습니다.

2) 이 책에 나타난 여성들의 이름과 관련하여 덧붙이면, 동일 인물의 이름이 다양하게 나타나고 있습니다. 그것은 여성들이 결혼하기 전의 이름과 결혼을 한 후 남편의 성을 따른 이름이 다르고 또 어렸을 때는 주로 애칭형으로 부르기 때문에 다양하게 나타나게 된 것입니다.

3) 가능한 한 여러 참고문헌들을 찾아 정확한 번역을 하려고 노력하였으나 원서에 모든 외국인들(프랑스인, 독일인, 미국인 등)의 이름이 러시아어로 표기되어 있어 그것을 옮김에 있어 다소 부정확한 것이 있을 수도 있음을 양해하시기 바랍니다.

4) 독자의 이해를 돕기 위하여 군데군데 옮긴이가 주를 달아 놓았는데 이것이 독자들의 읽어 나가는 흐름을 방해하지 않기를 바랍니다.

「자유와 혁명의 해바라기」는 19세기 러시아 여성들의 삶과 열망을 이야기한 「사랑과 욕망의 해바라기」에 이어 소비에트시대를 자유와 혁명, 자신의 일과 사랑하는 사람을 위해 불꽃처럼 살다 간 13인의 여성들의 이야기를 옮긴 책입니다.

자유분방한 에로스를 꿈꾼 구소련의 여성 정치인이자 性 혁명가, 스탈린 정권에서 세계 최초의 여성 외교관을 지낸 알렉산드라 콜론타이야말로 진정한 러시아 페미니즘의 시작을 열었고, 같은 시기에 황태자와 대공들의 마음을 흔들어 놓았으며 러시아 발레리나의 선구자가 된 마틸다 크쉐신스카야는 꿋꿋하게 자아를 성취시킨 본보기입니다.

구소련 시절 마브졸레이에 미라로 누워 있으며 죽어서도 거의 신 같은 존재였던 사회주의 혁명가 레닌이 마음을 뺏긴 여성이 있었다는 것이 흥미롭지 않으십니까? 더군다나 그 여성은 프랑스인이었음에도 불구하고 사랑을 좇아 러시아로 와서 레닌에게 공기 같은 존재가 되었습니다. 이네사 아르망입니다.

세계적으로 명성을 얻은 맨발의 이사도라, 발레리나로서의 무용 자체의 독창성 이외에도 그녀에게는 사람들의 마음을 홀리는 마법

같은 그 무엇이 있었습니다. 세계의 많은 남자들이 그녀에게 열광했고 20세기의 고급 창녀라는 수군거림까지 들었던 그녀입니다만 아이러니컬하게도 그런 그녀가 남편으로 맞은 사람은 열일곱 살이나 연하인 러시아 지방도시 랴잔 출신의 금발 청년 세르게이 예세닌이었습니다.

시인들은 비너스를 찬미합니다. 아름다움은 인간이 추구하는 가장 극적인 것이니까요. 암울한 시대, 은세기 시인들에게는 몇몇 비너스가 있었습니다. 이 책에 그녀들이 소개됩니다.

오늘날에는 자유연애나 쾌락, 자유로운 성을 좇는 것이 공공연한 화젯거리가 될 수 있지만 20세기 소비에트 시절에는 어떠했을까요? 그런 여성이 릴리 브릭입니다. 그리고 현대시의 개척자인 금세기 최고의 시인 마야코프스키는 이렇게 외쳤습니다.

거리거리를 흔들리는 걸음으로 나는 짓밟는다.
나는 어디로 갈 것인가, 이 지옥을 숨기며!
어떤 천상의 호프만이
너, 저주받은 계집을 생각해 냈는가?

이 책을 읽어 내려가는 동안 이야기들은 독자 여러분의 상상력을 자극시켜 마치 만화경을 들여다보는 것 같은 재미와 호기심이 발동하실 것입니다. 게다가 이 책에서는 그동안 잘 알려지지 않았던 사회주의 혁명기와 그 후의 사회 모습들, 소비에트 정치가들의 사생활, 암울한 시대에 문학과 예술의 꽃을 피운 작가, 예술가들의 면모가 이 책의 주인공들과 연관되어 흥미로움을 더할 것입니다.

해바라기가 러시아의 국화라는 것은 이전 책에서 이미 말씀드린 적이 있습니다. 그 꽃말처럼 이 책에 나오는 여성들은 '마음을 다해 사랑하고 마음을 다해 믿었습니다.' 누구를 그렇게 사랑하고 누구를 무엇을 그렇게 믿었을까요? 그 답을 찾아보시기 바랍니다.

맑은 고을 우암골에서 이명자

■ 차례

이 책을 읽는 분에게 • 5

자유분방한 에로스, 최초의 여성 대사, 알렉산드라 콜론타이 • 11

러시아 발레리나의 선구자, 마틸다 크쉐신스카야 • 42

레닌의 연인, 이네사 아르망 • 77

영원으로 도약한 예세닌의 아내, 이사도라 던컨 • 101

미국의 별이 된 여배우, 알라 나지모바 • 130

블록의 아내, 벨르이의 연인, 류보피 멘델레예바 • 161

세로프의 초상화, 이다 루빈슈테인 • 181

은세기 시인들의 비너스, 올가 글레보바－수데이키나 • 191

사랑의 고딕양식, 나탈리야 크란디엡스카야 • 216

자유로운 性, 릴리 브릭 • 272

소비에트의 스러진 별, 지나이다 라이흐 • 298

혁명에 몸을 던진 라리사 레이스네르 • 326

소비에트 영화의 별, 류보피 오를로바 • 334

자유분방한 에로스, 최초의 여성 대사, 알렉산드라 콜론타이

내 안에는 많은 대비가 있었고, 내 삶은 서로 급격하게 차이 나는 시기들로 짜였다.

– 알렉산드라 콜론타이. 메모 중에서

볼셰비키 성단 앞 휘장에서 알렉산드라 콜론타이는 중요한 위치를 차지하고 있습니다. 직업적인 혁명가, 혁명 후 첫 정부의 인민위원,[1] 당의 사회 평론가, 러시아와 국제 여성운동 활동가, 최초의 여성 대사, 그야말로 모방할 만한 숭배의 대상입니다. 우리는 어떤 이에게서 인생을 배워야 할까요? 바로 알렉산드라 콜론타이(Александра Колонтай)라고 말하겠습니다. 그녀는 장군의 딸이자 자유분방한 여성이었고, 두 번 결혼했으며, 혁명 시절에는 자유연애를 전파했습니다. 오늘날 그녀에게는 수천, 수만의 추종자들이 있습니다.

---

1) 1917 – 1946; 현재의 장관.

장군의 딸

　구력과 신력. 구력에 따르면 그녀는 1872년 3월 19일에 태어났습니다. 신력에 따라 계산하면 4월 1일입니다. 그런데 만우절은 아무도 믿으면 안 되는 날이지요! 알렉산드라 콜론타이에 관해 소련 시절에 쓰인 모든 서적들은 아마도 날조되고 다듬어졌으며, 감격스런 일들로 가득 차 있고 설탕과 바닐라로 맛을 냈을 것입니다. 여주인공이니 어쩌겠습니까! 금도금을 한 액자 속에 고무된 얼굴이 있습니다. 단지 감상할 수 있을 뿐입니다.

　그러면 실제로는 무슨 일이 있었을까요? 실제로는 미래의 혁명 여전사가 상트 – 페테르부르크의 스레드네 – 포쟈체스카 거리에 있는 미하일 도몬토비치 장군이 살고 있던 5번지 저택에서 태어났습니다. 그의 아내, 알렉산드라 마살리나는 3월 19일 장군에게 딸을 선물했습니다. 장군은 서운했습니다. 그는 당연히 아들을 원했으니까요. 그러나 소녀는 고집 센 사내아이의 천품을 지닌 평범하지 않은 아이로 밝혀졌습니다. 장밋빛의 판탈롱을 입은 소년이었지요.

　≪나의 인생과 일에서≫라는 자신의 자서전적인 책에서 알렉산드라 콜론타이는 이렇게 썼습니다.

> "자그마한 소녀, 두 개의 땋아 늘인 머리, 파란 눈동자. 그녀는 5살이다. 다른 소녀들과 다를 게 없는 소녀. 하지만 만약 그녀의 얼굴을 주의 깊게 들여다본다면, 완고함과 의지를 엿볼 수 있다. 언니들은 그녀에 관하여 '그 애는 원하는 것을 언제나 손에 넣을 수 있을 거야.'라고 말한다. 소녀는 슈라[2] 도몬토비치라고 불렸다. 그 소녀가 바로 나였다."

---

2) 알렉산드라의 애칭.

장군의 딸 슈라 도몬토비치에게는 특권층 아이들에게 당연시되는 모든 것이 있었습니다. 저택에 자신만의 방, 영국인 유모 미스 호존, 가정교사들. 옷들과 간식거리와 장난감에 대해서는 말할 필요도 없습니다. 모든 것이 있었지만 무엇인가가 부족했습니다. 완전한 행복과 균형 잡힌 삶으로 인해 심심했지요. 후에 알렉산드라 콜론타이(콜론타이는 그녀의 첫 남편의 성입니다)는 귀족 출신임을 부담스러워했고, 자신의 저서들에서 그녀의 아버지가 장군이었다는 사실보다 외할아버지가 평범한 농민이었다는 점을 강조했습니다. 그리고 또 하나의 흥미로운 세부사항이 있습니다. 자서전에서 콜론타이는 그녀의 최초 친구들이 저택으로 마루를 닦기 위해 오고는 했던 15, 16세의 마루 닦기 소년들이었다고 쓰고 있습니다. 마루 닦는 일꾼들. 계급적인 차이가 느껴지나요? 귀족들, 사관생도들이나 유년학교 생도들이 아니라 바로 마루 닦는 일꾼들, 평범한 노동자들입니다.

가정교육을 받고 나서 1888년에 슈라는 페테르부르크의 제6번 남자 중학교에서 중등 보통 교육 수료 증명서 시험에 합격했고 교사 자격증을 얻었습니다. 이 밖에도 그녀는 예술 학교를 다녔고 개인적으로 회화 수업을 받았습니다. 독서를 좋아했으며 모든 것을 연달아서 닥치는 대로 읽었습니다. 연애 소설들, 고전들, 역사와 정치 서적들, 외국 잡지들. 집안에서는 프랑스어와 영어로 이야기했습니다. 종종 문학의 밤이나 음악의 밤을 열었습니다. 후에 유명한 오페라 여가수 에브게니야 므라비나가 된 언니 에브게니야(어머니의 첫 결혼에서 태어난)는 노래하는 것을 좋아했고, 슈라는 쓰는 것을 좋아했습니다. 노년에 이르러 콜론타이는 다음과 같이 고백했습니다.

슈라에게는 일찍 펜과 종이에 대한 기호가 나타났습니다. 자신의 길지 않은 최초의 이야기들을 그녀는 잡지 <러시아의 부>에 게재하기 시작했습니다. 그 후 정치적이고 사회적인 기사들을 쓰는 쪽으로 진로를 바꿨습니다. 그녀 안에는 반항의 정신, 혁명의 정신이 감돌고 있었습니다. 그녀는 전도자가 되길 원했습니다.

동시대인들의 회상에 따르면 17세의 슈라 도몬토비치는 매우 아름다웠습니다. 표정이 풍부한 푸른빛의 회색 눈동자, 금갈색의 머리카락, 날씬한 몸매, 사람을 대할 때는 잘난 척하지 않고 솔직하며 매력적이었습니다. 슈라와 친했던 타치야나 쉡키나 - 쿠페르닉은 다음과 같이 회상합니다.

젊은 장군이자 황제 알렉산드르 3세의 부관인 투톨민이 슈라 도몬토비치에게 청혼했습니다. 슈라의 아버지는 딸을 위해 이보다 나은 배우자를 꿈꿀 수 없었지만, 그녀는 아버지에게 "나는 그의 빛나는 미래 따위는 관심 없어요. 나는 내가 사랑하는 사람과 결혼

할 거예요.”라고 단호하게 선언했습니다.

결혼과 자유 – 양립할 수 없는 개념들

아직 슈라의 마음속에서 혁명성이 무르익어 가고 있는 동안, 그녀는 전력을 다하여 상류사회의 생활을 이용하고 즐겼습니다. 무도회, 극장, 승마, 피크닉 등등.

1891년 도몬토비치 집안이 여행했던 티플리스에서 슈라는 자신의 미래의 남편인 블라디미르 콜론타이와 만나게 됩니다. 블라디미르는 군사 – 공병 아카데미에 입학하기 위해서 페테르부르크로 이주했고, 그곳에서 만남은 지속되었습니다.

> “나를 둘러싼 태평한 젊은이들 사이에서, 흥겨운 농담이나 장난, 아니면 놀이들을 고안하거나, 마주르카를 전속력으로 출 수 있는 능력 이외에도, 나에게 가장 중요한 일 – 어떻게 살아야 하는가, 러시아 민중이 자유를 얻기 위해서 우리가 무엇을 해야만 하는가 – 에 관하여 그와 이야기할 수 있었다는 점에서 콜론타이는 두드러졌다. 이 문제들은 나를 동요시켰고, 나는 자신이 살아가야 할 길을 찾았다. 블라디미르 콜론타이는 가난과 황실 경찰의 박해 속에서 보냈던 자신의 어린 시절에 관하여 이야기해 주었다. 그의 이야기를 매우 흥미롭게 들으면서, 나는 그의 어머니와 여동생의 노동의 삶을 사랑하게 되었고, 나 자신도 무도회나 극장으로 돌아다니기보다는 일하고 싶었다. 결국 우리는 서로를 열렬히 사랑하게 되었다.”

라고 알렉산드라 미하일로브나는 회고합니다.

도몬토비치 장군은 분개했습니다. 참모 본부의 장교, 황제의 부
관 대신에 웬 폴란드의 소귀족, 1863년의 폴란드 봉기에 참가하여
유형당한 정착민의 자손, 거기에 재산도 없는 가난뱅이가 내 딸과
결혼하려고 하다니! 어떻게 신분이 아래인 사람과 결혼한단 말인
가! 이 얼마나 수치스런 일인가!

슈라는 아버지의 모든 분별 있는 논거들을 거부했습니다. 후에
알렉산드라 콜론타이는 젊은 날들을 회상하면서 이렇게 썼습니다.

> "나는 깊이 사랑에 빠졌다. 나는 오래전에 콜론타이와 결혼하기로 결심
> 했다. 그에게는 '한 푼도' 없었고, 그 자신이 생계를 위해서 돈을 벌어야
> 만 하고, 어쩌면 나에게도 궁핍함과 어려움이 가까워졌다는 사실이 마음
> 을 끌었다. 만약 내가 호화스럽게 살았다면 나는 매우 불행했을 것이고,
> 모든 주위 환경의 불공평함을 더 강하게 느꼈을 것이다……."

부모님의 반대는 어떤 결과도 이끌어 내지 못했습니다. 슈라의
강철 같은 성격이 이미 완성된 후였으니까요. 나는 원한다, 즉 얻
는다! 그리고 그녀는 어머니에게 선언했습니다. "만약 부모님께서
제가 콜론타이의 아내가 되는 것을 허락하지 않으시면, 저는 그에
게로 도망칠 거예요." 단호하고 강하게 말했습니다. 어머니는 아버
지에게 달려갔습니다. 어떻게 해야 할까요? 가족회의에서 고집 센
슈라를 파리로 보내기로 결정했습니다. 파리 - 문화의 도시 - 극장
들, 전람회들 - 아마도 처녀의 변덕스러운 마음은 그곳에서 달라질
것이라고 믿었겠지요.

변덕스러운 연애 감정은 달라지지 않았습니다. 오히려 슈라에
게 혁명이란 이름의 또 다른 변덕스런 마음이 찾아왔습니다. 그녀

는 마르크스와 엥겔스의 '공산당 선언'을 읽었고, 평등과 공평이라는 사상에, 빈민들의 행복을 위하여 자본가들과 투쟁해야 한다는 사상에 열중했습니다.

1893년 봄에 슈라는 페테르부르크로 돌아왔고, 부모가 결사적으로 반대했지만, 이 무렵에 아카데미를 졸업하고 장교가 되었던 블라디미르 콜론타이와 결혼했습니다. 결혼 후 일 년이 지나서 알렉산드라 콜론타이는 아들 미하일을 낳았는데, 할아버지에게 경의를 표하기 위해 그의 이름을 따랐습니다.

부모님은 어느 정도 안심했습니다. 물론 원했던 대로는 아니었지만 딸이 자리를 잡았고 다행히도 괜찮은 사람을 만났다는 걸 알게 됐으며 블라디미르 콜론타이는 즉시 자신이 좋은 남편이자 자상한 아버지임을 보여주었고, 자신의 슈라를 맹목적으로 사랑했습니다.

보통의 여성이었다면 이러한 평범한 행복에 만족했을 것입니다. 가정과 남편 그리고 아이……. 그러나 알렉산드라 콜론타이만은 아니었습니다. 5년이 지나서 그녀는 남편과 이혼했지만 그의 성을 그대로 썼습니다. 왜 결혼이 파국을 맞았을까요? 알렉산드라 콜론타이는 이렇게 설명하고 있습니다.

"나의 결혼 생활에 대한 불만은 아주 일찍 시작되었다. 나는 '폭군'에 대항해 소요를 일으켰는데, 나는 미남이자 사랑스런 남편을 폭군이라고 불렀다."

몇 년이 지난 후 언급한 또 하나의 흥미로운 고백이 있습니다.

"······미남이었던 나의 남편을 사랑했고 모든 사람들에게 나는 아주 행복하다고 말했다. 하지만 내게는 이 '행복'이 나를 어떤 식으로 옭아매고 있는 것처럼 느껴졌다. 나는 자유롭고 싶었다. 다시 말해서 나는 다른 모든 나의 친구들이나 알고 지내는 신혼부부들같이 살고 싶지 않았다. 남편은 일하러 나가고 아내인 나는 집에 남아서 부엌에서 일하거나, 아니면 상점에서 보낸 계산서들을 결산하거나, 방문하기 위해서 옷을 차려입었다. 이 모든 작은 살림과 집안일들에 하루 온종일이 걸렸다. 나는 더 이상 부모님 집에서 살았을 때처럼 단편소설이나 소설을 쓸 수 없었다. 내가 상상했던 결혼 생활은 전혀 다른 것이었다. 나는 어머니의 상냥한 보살핌과 압제에서 벗어나기만 하면 내 방식대로 자신의 삶의 계획을 세우려고 생각했다. 살림은 전혀 내 흥미를 끌지 못했고, 또한 어머니가 어린 미샤를 돌보고 모든 살림을 맡아주기 위해서 우리 집에 붙여준 유모 안나 페트로브나가 아들을 아주 잘 보살펴 주었다. 안나는 내가 살림을 배우길 원했다. 책을 들고 앉기만 하면 바로 안나가 '그런데 침대보는 세탁하라고 줬어요?' 또는 '왜 아이하고 같이 산책이라도 가지 그래요? 벌써 이틀 동안이나 아이가 밖에 나가지 않았어요!'라고 잔소리를 해댔다."

계속해서 알렉산드라 콜론타이는 여자 친구 조야에게 말했던 자신의 불평을 인용하고 있습니다.

"나는 결혼생활이 전혀 마음에 들지 않았다. 나는 작가가 되고 싶었다. 나는 때때로 이 자리에서 그냥 도망가 버리고 싶었다."

알렉산드라 콜론타이의 자서전적인 책에서 또 다른 글을 인용합니다.

"나의 작은 아들은 달콤한 꿈을 꾸면서 잠자고 있다. 나는 땀으로 젖은 그의 이마에 입 맞추었고 이불로 그를 잘 감싸고 다시 레닌의 책을 읽기 위해 옆방으로 갔다."

의미심장한 장면이군요. 그렇지 않습니까? 이래서 착실하고 가정적인 블라디미르 콜론타이와 그녀의 결혼이 왜 파경을 맞았는지 질문할 필요가 없습니다. 알렉산드라 콜론타이는 가정의 행복을 위해 태어난 것이 아니었습니다(아아, 이러한 여성들을 이 세상에서 만나게 됩니다). 그녀는 가정의 울타리 안에서 답답하고 숨 막히고 심심해했습니다. 더 큰 것을 원했지요. 자신의 남편 한 사람만을 행복하게 하는 것이 아니라, 볼셰비키의 선전자들이 썼던 것처럼, 제정 러시아의 권력하에 고통받고 있는 러시아 민중 전체를 즉시 행복하게 해 주고 싶었습니다.

알렉산드라 콜론타이를 창조하는 데 운명적인 역할을 담당했던 사람은 볼셰비키였던 엘레나 스타소바였는데, 그녀는 가정이란 감옥이고 그곳에서 벗어나야만 하며 진정한 일 – 제정 폭군의 압제에서 민중을 해방시키는 것 – 을 해야만 한다고 연하의 친구를 설득했습니다. 알렉산드라 콜론타이는 점차 스타소바처럼 생각하기 시작했고, 아들에 대한 사랑도 그녀에게는 이미 단순한 이기심으로, 남편에 대한 사랑은 굶주리고 지쳐 버린 대다수 민중을 생각할 때 불필요한 사치로 여겨졌습니다. 알렉산드라 콜론타이의 내면에서 러시아 인텔리겐치아의 단점이 급속도로 발전했는데, 그것은 바로 보통 사람들에게 구원이 필요한지 아닌지 묻지도 않고 자신의 인생을 민중의 구원에 바치는 것을 뜻합니다. 약간의 내적인 갈등을 겪은 후에 알렉산드라 콜론타이는 남편을 떠나기로 결심했습니다.

한마디로 말해서 양자택일입니다. 남편과 아들에 대한 사랑인
지, 아니면 모든 억압받고 가난한 사람들에 대한 사랑인지. 알렉산
드라 콜론타이를 더 강하게 유혹했던 것은 민중에 대한 사랑이었
고, 그래서 남편을 떠나기로 한 자신의 결정을 블라디미르 콜론타
이에게 선언하듯이 이야기합니다. 그는 창백해졌습니다. 그는 슈라
를 매우 사랑했고 그를 떠나기로 한 그녀의 결정은 그에게 무서운
타격이 되었습니다.

라고 알렉산드라 콜론타이는 무정하게 쓰고 있습니다.
남편, 아이, 살림 걱정거리들이 있는 가정에서는 조용하게 레
닌의 책을 읽을 수도 없습니다. ─이것을 어떻게 참을 수 있겠습
니까!
1897년 8월에 남편은 베를린에서 알렉산드라에게 다음과 같이

썼습니다.

> "내가 한없이 사랑하며, 그 사람을 위해서라면 모든 일에 동의할 수 있
> 는 유일한 사람으로 당신은 항상 내게 남아 있다는 사실을 다시 한 번
> 말하고 싶소."

이와 같은 고백에 알렉산드라 콜론타이는 귀 기울이지 않았습
니다. 1898년 8월에 그들은 완전히 헤어졌습니다.

혁명과의 노닥거림

> 나는 낙천적이고 인생에 대한 호기심이 가득했으며 행복해지고 싶었다.
> 그러나 이를 위해서는 노동자들의 고통을 줄여야만 했고 법과 정의를
> 확립해야만 했다.
>
> A. 콜론타이. 메모 중에서

알렉산드라 콜론타이는 스위스 취리히로 떠나서, 취리히 대학
경제학부와 통계학부에서 강의를 듣습니다. 새로운 생활이 시작되
고, 새로운 흥미 있는 만남들이 이어집니다. 런던에서 그녀는 사회
주의자들인 베브 – 시드니와 베아트리스 – 가족과 만나게 됩니다.
베를린에서는 카를 카투스키와 로자 룩셈부르크, 파리에서는 라화
르그 부부와, 제네바에서는 플레하노프와 알고 지냅니다…….

직업적인 여성 혁명가의 삶이 끓어오르기 시작했습니다. 불타
오르는 것 같은 열정적인 소논문들을 쓰는 일, 동지들과의 모임,

당 경비에 필요한 자금 모집. 이러한 활동에 남편과 아이는 방해가 될 뿐입니다. 그런데 그 무렵 블라디미르 콜론타이는 장군이 되었고 얼마 동안 괴로워한 후, 다른 장군의 딸과 재혼했습니다. 아들 미샤는 할머니와 할아버지에게 맡겨졌습니다. 하지만 슈라(알렉산드라 콜론타이)는……이미 원숙한 숙녀가 된 슈라는 온통 혁명 사상과 활동의 소용돌이 속에 있습니다. 전혀 심심해할 겨를이 없습니다. 민중은 가난한 생활을 영위하고 있고 신속하게 그들을 도와주고 투쟁을 시작해야 하며 증오스런 전제정치를 타도해야만 합니다. 페테르부르크로 돌아온 후 알렉산드라 콜론타이는 마르크시즘의 이론을 이해하고 <자본론>을 연구합니다.

페테르부르크에서 다시 해외로 갔고, 제네바에서 '러시아 민주주의의 아버지'인 게오르기 플레하노프와의 개인적인 만남이 이루어졌습니다. 그와 콜론타이 사이에 로맨스가 있었다고 합니다. 가능한 일이지요. 아, 혁명가들의 이 로맨스들! 어쩌면 만나서 감각적인 성욕에 대해서보다는 혁명 투쟁의 전술에 대해 더 많이 얘기했을지도 모르며, 그리고 연인들의 머릿속을 더 많이 차지하고 있었던 것은 입맞춤이 아니라 폭탄이었을지도 모릅니다. 어쨌든 자신의 자서전에서 콜론타이는 플레하노프와의 사적인 관계에 대해서는 침묵을 지키고 있는데, 그가 멘셰비키[3]의 입장에 서 있었던

---

3) 러시아어로 소수파(少數派)라는 뜻이다. 1903년 러시아사회민주노동당 제2차 대회에서, 조직론을 둘러싸고 당이 양분되었을 때 레닌이 이끄는 볼셰비키(다수파)와 대립하던 소수파를 말한다. 이들은 합법적 마르크스주의·경제주의의 계보를 이었고, 후진국 러시아에 있어야 할 혁명은 부르주아혁명이어야 한다고 규정하였다. 그것은 자유주의적인 자본주의 체제를 건설하기 위해서는 기꺼이 부르주아 좌파와 함께 나아가야 하며 부르주아지와의 협조를 중시하는 것으로서, 자유주의적인 자본주의 체제가 사회주의 사회를 건설하는 데 필요한 전제라고 생각하였다. 따라서 무장봉기나 프롤레타리아독재 등의 혁명방식을 부정하는 뜻에서 반(反)볼셰비키의 입장을 취했다. 멘셰비키는 1917년 2월 혁명 이후 임시정

반면에 콜론타이는 볼셰비즘에, 레닌에게 합류하고 있었기 때문입니다. 따라서 전 애인은 사상적 바리케이드의 건너편에 있었고 그에 관해 회상한다는 것은 개인적인 안전이라는 사정으로 인해 불가능할 수밖에 없었습니다. 단지 '플레하노프라는 인물의 매력'에 관한 하나의 구절이 남아 있을 뿐이고 그것이 전부입니다.

러시아에 혁명이 일어났을 때 알렉산드라 콜론타이는 혁명의 제일선에 있었습니다. 당연한 일이지요! "비타협성과 혁명의 분위기를 가진 볼셰비즘이 더 내 마음에 맞았다." 최초의 소비에트 정부에서 그녀는 국립 자혜원의 인민위원이 되었습니다. 산모와 신생아들의 보호(다른 어린이들에 대한 보살핌)에 따른 법령 제정을 촉진시켰고, 그 후 지방에서 일했습니다. 포볼지예, 키네쉼, 하리코프에 그녀가 나타났고, 여러 직위를 거쳤습니다. 크림 공화국 정치 지도부 의장, 우크라이나의 선전과 선동 인민위원. 그리고 마침내 이네사 아르망[4]의 사후에 고위 당직 - 당 중앙 위원회의 여성부장 - 을 맡게 되고, 또한 그녀는 사회보장 인민위원부하의 매춘 투쟁 위원회의 일원이 됩니다.

부 및 그 후의 A. F. 케렌스키 내각을 지지하여 지도적인 역할을 했으나, 10월 혁명(러시아혁명)에서 실권을 볼셰비키에게 빼앗겼다.
4) 혁명가 레닌의 연인으로 잘 알려져 있는 여성. 이 책에서도 이네사 아르망을 소개한다.

'자유분방한 에로스'를 찾아서

　소비에트 권력 초기에 알렉산드라 콜론타이의 사회적, 정치적 그리고 국가적 활동을 생생하게 묘사할 의사는 없습니다. 그것에 관해서는 많이 쓰였고, 또다시 쓰였으며, 더 이상 쓸 것이 없는 상태입니다. 그렇습니다. 그녀는 노동자와 농민들의 공화국을 세우는 데 적지 않은 공헌을 했습니다. 다른 관점에 대해 얘기하는 것이 더 나을 것입니다. 당과 국가의 사상적인 지도자로서의 콜론타이에 대해서.

　1918년 11월에 제1차 전 러시아 여성 노동자와 농민 대회에서 콜론타이는 <가족과 공산주의 국가>라는 보고서를 발표했습니다. 그 후 그녀의 소책자 <새로운 도덕과 노동 계급>, <혁명 시기의 여성 노동자> 등이 나옵니다. 1920년 12월에 그녀는 제8차 전체 러시아 소비에트 대회에서 <새로운 도덕과 노동 계급>을 발표했습니다.

　그런데 이 새로운 도덕이란 무엇일까요? 그리고 공산주의 국가에서 가족의 역할은 어떤 것이어야만 할까요? 콜론타이는 자신의 소논문들과 연설들에서 부르주아적 도덕을 - 나의 집은 곧 나의 요새, 남편에 대한 아내의 종속, 남성들의 이중적인 도덕관 등등 - 비판했습니다.

　1919년 3월의 당 대회에서 그녀는 다음과 같이 말했습니다.

"여성 노동자와 노동 계층의 여성이 남성 동지들과 평등한 권리를 갖는 우리 소비에트 러시아에서조차 여성은 가정생활에 예속되어 있고, 지금까지 여성들의 어깨에 놓여 있는 비생산적인 집안 살림으로 인해 여성들이 노예처럼 살고 있다는 점을 잊어서는 안 된다. 집안일은 여성에게서 시간을 앗아가고, 힘을 앗아가며, 공산주의를 위한 투쟁과 건설 작업에 직접적이고 능동적으로 참여하는 것을 방해한다."

그리고 후반부에 더 이어집니다.

"우리는 여성들이 스스로를 관리하도록 가르쳐야만 하며, 탁아소와 유치원을 세우고, 여성들이 새로운 인생을 건설하도록 이끌어야 하며, 공공 식당과 세탁소 등을 건설해야만 한다. 다시 말해서 프롤레타리아층의 ─ 남성과 여성의 ─ 융합을 위하여, 공동의 노력으로 공산주의 사회의 건설과 달성이라는 공통의 위대한 목적을 달성하기 위해서는 가능한 모든 일을 해야만 한다."

콜론타이는 니체를 개인주의의 표현자라고 여겼고 그녀는 개인주의 철학에 프롤레타리아 집단주의를 대비시켰습니다. 그런데 여성의 사회적인 해방을 호소하면서, 더 나아가 그녀는 사랑에서 여성의 자유로운 선택을 주장했습니다. 그녀는 이 주제를 자신의 소설류의 작품들─ 선집 <일벌들의 사랑>과 중편 소설 <커다란 사랑> ─ 에서 표현했습니다. 콜론타이의 문학적 습작들은 '동지애적인 사랑'을 찾는, 남성과의 완전한 권리의 평등(극단적인 페니미즘)을 얻기 위해서 '사랑의 권력 앞에' '인간으로서의 자신의 권리를 고수하려고' 노력하는 여성들의 고백입니다.

알렉산드라 콜론타이의 주된 사상은 그 당시 평가가 분분했던 <자유분방한 에로스에 길을!>이라는 소논문(잡지 <젊은 근위

대>, 1923년 제3호)에서 가장 극명하게 울려 퍼졌습니다. 1917년에 콜론타이는 혁명군과 선원들에게 급진주의뿐만 아니라 자유로운 사랑을 권유했습니다. 6년이 지난 1923년, 이미 평화로운 시기에 그녀는 자신의 성적인 의향을 억누르지 말 것을, 본능을 해방하고 사랑의 쾌락에 자유를 줄 것을 호소했습니다. 이것은 표준어로 이렇게 표현됐습니다. "자유분방한 에로스에 길을!"

첫 번째 혁명 단계에서 콜론타이의 호소는 다행스럽게도 그 당시 사회 환경하에 보호되었습니다. 1918년 2월에 무정부주의자들 클럽은 '여성들의 사회주의화에 관한 법령'이란 안을 발표했는데 페미니즘에 대응하여 남성 우월주의 경향이 강했습니다. "조항2. 모든 여성들은 사적 소유물이 아니며 민중의 자산임을 선언한다. …… 조항7. 모든 남성들은 일주일에 3회 이상, 세 시간 동안 한 명의 여성을 이용할 권리를 갖는다……."

1924년에 스베르들로프 기념 공산주의 대학 출판부는 <혁명과 젊은이들>이라는 팸플릿을 발행했는데, 거기에서 혁명 프롤레타리아 계급의 12개의 성적인 계명이 공식화되었습니다. 여기서는 단지 두 개의 항목만을 인용합니다. 아홉 번째 계율: "성적인 선택은 계급적인 혁명적 - 프롤레타리아적 합목적성의 선상에서 이루어져야만 한다. 연애 관계에서 시시덕거림, 구애, 애교의 요소들과 그 밖에 다른 성적 특성을 지닌 정복 방법들이 개입되어서는 안 된다." 그리고 다음 항목: "질투해서는 안 된다."

콜론타이의 경쾌한 문체 속에서 당시 러시아에 부족한 피임약이 '아이 없는 사랑'으로 불리기 시작했습니다. 걱정이 된 볼셰비키들은 독일과 덴마크에서 이 부족한 의약품(피임약과 살바르산 -

매독 치료제)을 대량으로 사들였습니다.

사랑, 자유, 혁명, 피임약 – 이 모든 것이 러시아란 거대한 건물 안에서 뒤범벅이 되었습니다. 그러나 볼셰비키들이 반대파들을 처벌하고 나서 자신의 권력을 강화했을 때, 그들은 대중을 위한 '자유분방한 에로스'의 길을 막았습니다. '물 잔 이론'(물 잔을 마시는 것처럼 정력을 쏟다)은 더 이상 필요하지 않았습니다. 오히려 해로웠습니다. 새 사회의 건설자들은 자신의 에너지를 성적인 오락에 헛되이 써서는 안 되었습니다. 노동자들의 모든 힘은 이제부터 새 국가의 건설 – 산업화, 집단화, 군사화 등등 – 에 집중되어야만 했지요. 그리고 여성들을 사랑하는 것이 아니라 볼셰비키 당을, 당의 지도자들을 사랑해야만 했습니다. 연단에 서 있는 지도자를 보는 것, 이것이 바로 너의 오르가즘이다! 한마디로 말해서 알렉산드라 콜론타이의 성적인 주장은 뿌리에서부터 시들었습니다. 여성들을 위한 전선에서 그녀의 임무도 끝났습니다. 그녀는 외교 부문으로 옮겨졌습니다. 하지만 외교협상 분야에서의 그녀의 성공들에 관해 말하기 전에 알렉산드라 미하일로브나의 개인적인 연애 경험에 대해서 이야기하겠습니다.

귀족여인과 선원

1917년의 격렬한 혁명의 시기에 알렉산드라 콜론타이는 파벨 디벤코와 만났습니다. 그녀는 45세였고 그는 28세였습니다. 17살의 나이 차가 났지만, 모든 것이 번쩍거리고 활활 타오르고 무너져

내리는 때에, 오늘은 살아 있지만 내일은 세상에 무슨 일이 있을지
모르는 폭동의 시기에 이것이 무슨 의미가 있겠습니까……. 만남,
우정, 사랑 - 이 모든 것이 빠르게, 거의 순식간에 일어났습니다.
콜론타이의 회상입니다.

> "우리 관계는 언제나 넘치는 기쁨으로 충만했고, 우리의 이별은 가슴을
> 찢는 고통과 감정들로 가득했다. 바로 이 감정의 힘, 완전하고 뜨겁고
> 강하게 느껴지는 능력이 파벨에게 강력하게 끌리고 있었다."

알렉산드라 콜론타이에게 "당신은 어떻게 파벨 디벤코와의 관
계를 결심했습니까? 실제로 그는 당신보다 17살이나 어리지 않았
습니까?"라고 물었을 때, 알렉산드라 미하일로브나는 주저하지 않
고 대답했습니다. "우리가 사랑받는 동안은 우리는 젊습니다!"
훌륭한 답변이라고 하겠습니다. 그리고 여기 이 사랑관계에 관
한 또 다른 보충 설명을 콜론타이 자신이 하고 있습니다.

> "우리는 소비에트 러시아에서 최초로 교회 의식을 배제한 결혼으로 자신
> 들의 운명을 연결시켰다. 나와 파벨은 혁명이 실패할 경우를 대비해서 이
> 렇게 행동하기로 결정했고 함께 교수대에 오르기로 결심했다! 시민 결혼은
> 유일하게 합법적인 결혼식이 되었는데 형식은 간단했다. 그 불안한 시기에
> 내 인생에 뛰어들었던 동지는 새로운 법에 감탄했고 우리가 최초로 이 법
> 을 활용할 것을 요구했다. 나는 반대했다. 내 계획에는 재혼이 들어 있지
> 않았기에……. 나는 우리 관계를 합법화시키지 않으려고 했지만, 파벨의
> 논거들(만약 우리가 결혼한다면 마지막 숨을 거둘 때까지 함께 있을 것이
> 다)은 나를 망설이게 했다. 인민위원들의 도덕적인 위신도 중요했다. 시민
> 결혼은 모든 수군거림과 우리 등 뒤에서 짓는 미소들에 종지부를 찍게 할
> 것이다……."

'수군거림과 미소들' – 이것은 알렉산드라 콜론타이의 반대자 중 한 명이었던 여류 시인 지나이다 기피우스의 중상모략인데, 그녀는 자신의 저술에서 콜론타이와 그녀의 흡사 남편 같은 디벤코에 대해서 독살스럽게 썼습니다.

콜론타이의 친구였던 조야 샤두르스카야는 '여성 인민위원(콜론타이)'에게 이렇게 물었습니다.

> – 너는 정말로 그를 위해 자유를 희생하고 싶은 거야? 평생 동안 결혼은 여성의 자유에 방해가 된다는 관점을 고수했던 네가?

콜론타이를 설득하는 것은 불가능했습니다. 그녀는 젊은 디벤코의 아내가 되었습니다. 그들은 이상한 커플이었습니다. 귀족인 콜론타이, 사교계의 매너를 가지고 있는 우아한 부인과 선이 거친 얼굴과 그에 상응하는 단순한 매너를 가진, 키가 크고 어깨가 넓은 농민의 아들(그는 항구의 트럭 운전사였고, 그 후 선원으로 일했습니다). 양 극단은 서로 끌리는 것일까요? 가능합니다. 그녀에게는 '흑토'가 부족했고, 그는 하얀 육체를 가진 페테르부르크의 '깨끗한 여인'들이 어떻게 사랑하는지를 열렬히 알고 싶어 했습니다. 그러나 서로 끌리는 또 하나의 요인이 있었습니다. 둘 다 당의 간부직을 맡고 있었습니다. 그는 발틱 함대의 위원장이었고, 그녀는 인민위원이었습니다. 이것은 또한 사랑의 모닥불에 마른 장작을 던져 넣는 것이었습니다. 모닥불은 잘 타올랐습니다. 하지만 비교를 계속한다면, 모닥불은 통상 어느 때까지만 타오릅니다. 콜론타이는 이미 외교 분야에서 활동하고 있었고, 친구 조야는 어느 날 릴리함

메르의 산에 위치한 요양지에서 그녀가 보낸 편지를 받았습니다.

"……너는 나에게 무슨 일이 일어났는지, 왜 내가 갑자기 산에 있는 휴
양지에 와 있는지 물어볼 테지? 일하는 도중에 무슨 여행인지? 아니면
나의 진로에 어떤 재앙이 발생했는지? 지금 모두 설명하겠어. 너는 이
미 내가 흐리스찌아니야에 도착했고, 전권 대표(공사)가 출발하는 전날
까지 진지하게 일을 했을 뿐만 아니라, 심지어 자동적으로 전권 대표부
(공사관) 수장의 역할을 수행했다는 사실을 내가 보낸 두 통의 편지를
통해서 알고 있을 거야.
내 남편은 내가 그와의 관계를 끊은 것이 불공평하며, 우연한 실수, '순
간적인 관계'는 깊은 정과 동지애의 감정에 영향을 끼칠 수 없고 끼쳐서
도 안 된다는 등등. 자신의 마음이 얼마나 고독한지에 대한 불평들로 가
득한 전보와 편지들을 나에게 끊임없이 보내고 있어. 편지들은 너무나
상냥하고 감동적이라서 나는 편지지 위에 눈물을 쏟았고 이미 파벨과 헤
어지기로 한, 결혼을 끝장내기로 한 내 결정의 정당성에 의심이 들기 시
작했어……
너는 이해할 거야. 이러한 고통스런 체험과 생각들이 얼마나 힘들게 하
는지. 그리고 여기 내 여비서가 왔어. 너도 그녀가 극적인 상황이나 충
격적인 사건을 얼마나 좋아하는지 알고 있을 거야. 그녀가 내게 이야기
해 준 첫 번째 사실은 파벨이 전혀 외롭지 않다는 거야. 오데사 지역에
서 모길레프로 그의 군단을 이동시켰을 때, 그는 '아름다운 처녀'를 데
리고 왔고, 그녀가 거기서 그와 함께 살고 있다는 사실이었지. 이 소식
은 내 심장을 아프게 찔렀지만 나는 자신을 진정시켰어. 이것은 논리적
인 일이 아닌가. 우리는 헤어졌고 그는 자유롭다……. 모든 것이 분명
하다……. 하지만 나는 밤에 신경성 심장발작을 일으켰어……."

그 편지 뒷부분에서는 어떻게 콜론타이가 치료를 위해 산악 요
양지에 가게 됐는지를 묘사하고 있습니다.

음, 그렇습니다. 바로 우주 공간에서 알렉산드라 콜론타이의 '자유분방한 에로스'는 잊혔고 길을 잃었습니다. 사랑의 자유는 이론적으로는 좋지만 현실에서는……. 자신이 배반하고, 떠나고, 버릴 때 '사랑의 자유'는 가능한 일입니다. 그러나 사랑하는 사람이 자신을 배신하고, 떠나고, 버릴 때, 이것은 완전히 다른 일입니다. 근본적으로 다릅니다. 이것은 비극입니다.

디벤코와 콜론타이는 헤어졌습니다. 얼마의 시간이 흘러서 콜론타이는 모스크바에서 디벤코와 그의 새 아내를 만났습니다. "평범한 처녀였다."라고 그녀는 놀라서 지적했습니다(그런데 그녀는 무엇을 기대했던 것일까요. 보티첼리의 비너스?).

1928년 5월 26일에 콜론타이는 아프가니스탄의 대사가 주최한 리셉션에서 어떻게 디벤코가 그녀 곁에 앉았는지를 일기에 적고 있습니다. 그들은 아이스크림을 먹었습니다. 그 후 그녀는 자신의 대사관저에 도착했고, 다음과 같이 적고 있습니다.

알렉산드라 콜론타이는 56세였고, 어쩌면 '모든 것이 죽어버렸다'는 생리학적으로 당연한 일이었을까요?

디벤코는 콜론타이와의 관계를 복원시키려고 노력했지만, 그녀
는 이미 자신의 마음에서 그를 지워버렸습니다.

1930년 스탈린의 집무실에서 있었던 한 회의에서 흥미로운 에
피소드가 있었습니다. 지도자는 디벤코에게 일에 대해서 알아본
후에(디벤코는 중요한 지휘관의 직책을 맡고 있었습니다) 뜻하지
않게 물었습니다.

> ─그런데, 내게 말해 봐, 디벤코. 왜 콜론타이와 헤어졌지?
> 디벤코는 당황했고, 앞뒤가 맞지 않게 무언가를 설명하기 시작했습니다.
> 스탈린은 그의 말을 가로막았습니다.
> ─이런 바보, 큰 실수를 했어.
> ─파이프를 빨면서 지도자는 말했고 옆으로 멀어져 갔습니다.

4년이 지났습니다. 모스크바. 1934년 콜론타이는 스페인으로
발령을 받아 분주했습니다. 뜻하지 않았던 과거로부터의 봇물 같
은 기억이 일기에 기록되어 있습니다.

> "나에게는 이상하게 느껴졌던 파벨 디벤코의 전처와의 만남. 그녀는 이
> 미 그와 헤어졌고, 이제는 어떤 적군 고위 지휘관의 아내가 되었다. 그
> 녀는 살이 쪘고, 그래서 추해졌다. 정말로 나는 그녀 때문에 수많은 밤
> 을 잠 못 이뤘는가?"

콜론타이는 62세입니다. 그런데 모든 것을 기억하고 있습니다.
얼마나 잠 못 이루며 괴로워했는지, 질투했는지를…… 끝까지 부
르주아적인 도덕과 투쟁할 수 없었고, 자신 안에 독점욕이란 감정
을 죽이지 못했던 것일까요? 마음이 아팠습니다. 심장이 신음소리

를 냈습니다.

특명 전권 대사

알렉산드라 콜론타이의 외교 업무는 그녀가 노르웨이에서 상무 참사관으로 임명을 받았던 1922년 10월 4일에 시작되었습니다. 10월 12일에 그녀는 흐리스티아니야에 도착했습니다. 1923년 5월에 노르웨이 주재 소련 전권 대표부와 상무 대표부의 장으로 임명되었습니다. 모스크바에서 크라신이 보내는 전보 형태의 지령들 — "우리의 호밀을 청어와 교환하시오." — 을 적극적으로 수행하기 시작했습니다. 그녀가 공무로 모스크바에 와 있을 때, 스탈린은 그녀에게 일에 만족하는지 물었고, 콜론타이는 이렇게 대답했습니다. "이 일은 나를 열중하게 합니다." 지도자는 만족해했습니다. 그런데 콜론타이가 실제로 교활하게 굴었던 것은 아닙니다. 그녀는 일하는 것을, '경작하는 것'을 좋아했습니다("일은 삶의 근거, 기반이었다."라고 그녀의 메모에서 읽을 수 있습니다. "어려운 과제를 더 좋아했지만, 결코 사소한 일들을 등한시하지 않았고, 나는 일에 있어서 끈기 있고 인내심이 강했다.").

외교 분야에서 콜론타이는 소련과 노르웨이 간의 관계 개선을 위해서, 두 나라 간의 교역을 증대시키기 위해서 적지 않은 일을 했지만, 이것은 다른 책을 위한 완전히 다른 주제이기 때문에 의식적으로 모든 것을 드러내는 일을 생략하겠습니다.

망토, 모자, 협상들, 신임장들 — 마담 콜론타이의 새로운 생활은 그녀의 마음을 사로잡았고 황홀하게 했습니다. 일은 잘 진행되었고, 그녀에게는 확실하게 외교적인 재능이 있었으며, 정치적인 집회에서 설득하고 호소했던 경험은 쓸모가 있었습니다.

9월 8일은 그녀에게 잊을 수 없는 날이었습니다. 알렉산드라 콜론타이는 노르웨이 왕 호콘 7세에게 신임장을 넘겨주었습니다. 권력자 레닌, 콜론타이, 그리고 그 밖의 볼셰비키 혁명가들의 뜻에 의해 이민자가 되어야 했던 독설적인 시인 사샤 쵸르느이는 이 사건에 대해서 신문을 통해 알게 되자마자 바로 "낫과 왕관"이란 시로 비평했습니다. 여기 시의 첫 부분입니다.

점토로 만든 벽난로 가에서 왕은
티스푼으로 차를 젓고 있었다.
"얼마나 매력적인 남자인가!" –
마담 콜론타이는 속삭였다.
비치는 프롤레타리아 스타킹을 신은
두 여윈 막대기 같은 다리를 들어 올렸다
그리고 지친 듯이 흔들의자에 앉아 흔들거리면서,
오페라글라스를 손에서 빙빙 돌렸다…….
"말해 주세요, 왕이여, 당신은 결혼했나요?
아, 결혼은 부르주아적인 수렁이에요…….
우리의 모든 적군 병사들은
결혼하지 않고서도 사랑할 줄 알지요.
당신은 금발머리 여자를 더 좋아하나요?
마른 여자 아니면 살찐 여자를? 어떤 여자를?"
왕은 수도승처럼 부끄럼탔다.
그리고 짧게 대답했다. "마른 여자"……

시의 중반부는 생략합니다. 이어서 콜론타이의 왕을 향한 호소가 이어집니다.

"왜 당신에게 왕관이 필요한가요?
정말이지 대중들은 사방에서 봉기하는데…….
빨리 왕위에서 물러나세요,
그러면 우리는 당신에게 피난처를 제공하지요…….
원하신다면 – 여성 대사는 속삭였다 –
나는 당신을 콤소몰5)에 등록시키겠어요. ……
그곳엔 좋은 사람들이 얼마나 많은지!
자, 사랑스런 이여, 왜 당신에게 왕좌가 필요하지요?"

그리고 마지막 부분입니다.

왕은 의식을 마치고,
머리를 숙인 채로 침묵했다.
색색의 보석 반지들을 번쩍이면서,
마담은 따뜻하게 미소 지었다.
"작별이군요! 아제프6)의 이름으로 당신에게 맹세하지요
우리가 당장 당신을 죽이지는 않을 거예요……
아, 그렇지…… 저는 당신이 후원자가 되길 요청해요
모르드바7) 레닌 부대의."
왕은 이 농담을 삼키고서,
고개를 끄덕이며 그녀를 홀로 안내했다
그리고 탐욕스러운, 파렴치한 손을
왕의 입으로 가져가 입 맞췄다.
그녀는 떠났다. 바닥에는 유해사상의 유입으로
흔적이 남아 있었다.

---

5) 전 연방 공산주의 청년 동맹.
6) 사회 혁명 당원.
7) 모르드바인 – 동남 러시아 및 볼가 강 중류의 핀족.

선전문구가 있는 구겨진 종이쪽
그리고 빨간 손수건.

과장? 풍자? 물론입니다. 의심의 여지가 없습니다. 그러나 요점은, 볼셰비키의 본질은 사샤 쵸르느이에 의해서 아주 정확하게 파악되었습니다. 볼셰비키들은 세계적인 혁명을 일으키려고, 그리고 모든 군주들을 죽이려고 시도했지만 실패했습니다. 현실을 받아들이고 외교적인 관계를 조정해야만 했습니다.

1926년 9월에 콜론타이는 멕시코로 임명을 받았지만, 그곳의 기후는 그녀의 건강에 지나치게 부담을 주는 것으로 판명되었고, 그래서 다시 노르웨이 대사로 가게 되었습니다. 스탈린과의 일련의 대화 후인 1930년 4월에 콜론타이는 스웨덴 주재 전권 대표가 됩니다. 스웨덴인들은 별다른 기쁨 없이 이전의 '선동 요원'을 맞이했고, 그들은 심지어 1914년에 자신들이 내린 마담 콜론타이에 대한 스웨덴으로부터의 영구 추방령에 대해 눈을 감아야만 했습니다. 시대는 변했고, 이제 그녀는 다시 스톡홀름에 있습니다. 콜론타이는 그녀가 이미 열렬한 여성 혁명가가 아니라, 충분히 존경할 만한 외교관임을 스웨덴인들에게 증명할 수 있었다는 점을 강조해야만 하겠습니다. 모든 스웨덴의 신문들은 신임 소련 대사가 비록 젊지는 않지만, 똑똑하고, 생기 넘치며, 매혹적인 여성이며, 품위를 지닌, 그리고 동시에 매우 여성스러운 태도를 취할 줄 안다고 지적했습니다.

1930년 10월 30일 신임장 수여 시 알렉산드라 콜론타이는 나이든 스웨덴 왕 구스타프 5세를 매료시켰습니다, 그리고 또다시 신문기자들은 소련 대사의 눈에 띄는 의상을 지적했습니다. 빌로드 드레스 위에 러시아 산 레이스.

표도르 라스콜리닉의 아내였던 무자 카니베즈는 1933년 중반에 스톡홀름에서 콜론타이가 그들을 어떻게 맞이했는가에 관하여 회상합니다. 카니베즈는 그녀에 대해서, 그녀의 매력과 의상들에 관하여 많은 이야기를 들어 알고 있었습니다.

"스톡홀름에서 그날 아침에 나는 그녀를 처음 보았다. 내 앞에 키가 크지 않고 이미 젊지 않은, 살이 찌기 시작한 여인이 서 있었다. 그러나 눈동자는 얼마나 매혹적이고 생기가 넘치고 현명해 보였는지! 레스토랑에서 식사할 때, 콜론타이는 새 지인에게 이렇게 불평했다. '온 세상이 내 의상에 대해서, 내 진주와 다이아몬드에 대해서, 그리고 웬일인지 특별히 친칠라 모피로 만든 내 망토에 대해서 쓰고 있어요. 보세요, 지금 내가 입고 있는 것이 그 유명한 망토예요.' 우리는 꽤나 낡아빠진 고양이털로 만든 망토를 보았는데, 커다란 상상력을 가지고 있어야만 친칠라로 받아들일 수 있는 것이었다."

시장에서의 귀환

노르웨이에서처럼 스웨덴에서도 알렉산드라 콜론타이는 많은 것을 이루었습니다. 스웨덴인들을 전쟁에 휩쓸리지 않게 했고, 핀란드와 성공적인 교섭을 벌였습니다. 그녀는 자신이 아니라 나라를 위해서 전력을 다하여 힘이 다할 때까지 일했지만, 그래도 그녀는 마음속으로는 자신을 작가라고 생각했습니다. 몸이 긴장을 버텨내지 못했고, 결국 1942년 8월에 그녀는 병에 걸렸습니다. 1945

년 3월 18일에 콜론타이를 군용기편으로 모스크바로 이송했습니다. 왼쪽 팔과 다리가 마비되었지만 그녀는 계속해서 일했고, 외무성에서 고문의 역할을 수행했습니다. 칼루쥐스카야 거리에 있는 집에는 늦게까지 불이 켜져 있었습니다.

> "저녁때 나는 역사책들이나 전문 서적을 읽거나 고대 세계에 대한 연구를 하는데, 이것이 나에게는 휴식이다. 사실들, 사실들에 따라 나는 인류의 과거와 미래에 대한 자신만의 결론을 내린다. ……세상은 매우 불안하다……."

언젠가 활동적이고 지칠 줄 몰랐던 여성이 휠체어에 묶여 있었습니다.

> "하지만 대체적으로 나는 매우 익숙해졌고, 생각했던 것보다는 훨씬 덜 고통을 받고 있다. 나는 적응할 줄 안다. 에이미가 가지고 있는 발명의 재능과 관심이 많은 도움을 준다. 그녀에게 감사를!"

그녀는 비밀 노트에 기록하고 있습니다.

쓰디쓴 삶의 아이러니. 처음에는 강하고 젊은 선원의 형상 속에서 '자유분방한 에로스'를 누렸지만, 노년에 이르러서는 간병인, 휠체어, 마비. 물론 운이 좋았습니다(어쩌면 모든 것을 미리 내다보고 있었을까요?). 그녀는 스웨덴에서 여러 해를 함께 일한 그녀의 개인 비서였던 독일인 공산주의자 에이미 로렌손의 사랑과 우정을 얻는 데 성공했습니다. 에이미는 모스크바로 귀환할 때 콜론타이를 수행했고, 1946년에 소련 국적을 취득했으며 콜론타이가 숨을 거둘 때까지 그녀 곁에 머물렀습니다.

"에이미 로렌손이 내 곁에 있다는 것, 이것이 바로 행복이다. 우리의 작은 살림살이에 적합한 따뜻하고 없어서는 안 될 사람이다."

알렉산드라 콜론타이는 자신의 80주년을 기념할 준비를 하고 있었지만 기념식을 하지는 못했습니다. 기념일까지 며칠 남지 않은 3월 9일에 그녀는 심근경색으로 숨을 거뒀습니다. 일리야 에렌부르크가 지적했듯이, "그녀는 자신의 침대에서 죽는 데 성공했습니다." 그리고 이것은 매우 놀라운 일입니다. 왜냐하면 그녀가 맹렬한 혁명 활동을 같이 시작했던 거의 모든 사람들이 '인민의 적'으로 선언되었고 숙청되었기 때문입니다. 그중에는 파벨 디벤코도 포함되어 있었습니다(1938년 7월 29일에 총살되었고 1956년 5월에 복권되었습니다).

알렉산드라 콜론타이에 대해서 소련 시절에 쓰인 모든 책들에는, 1917년 10월 혁명으로 승리의 행진을 함께했던 사람들 중 한 명이 체포되었고, 다른 한 명은 붙잡혔으며, 또 다른 한 명은 총살되었다는 사실을 알았을 때 그녀의 마음속에 무슨 일이 일어났는지에 대해서는 부끄럽게도 침묵하고 있습니다. 아마도 그녀 역시 공포로 고통받았을 테고, 밤이면 참기 힘든 불안 속에서 잠이 깨어 자신의 운명의 시간을 기다렸을 것입니다. 그녀의 많은 대사 동료들은 모스크바로 소환당했고 처형됐습니다. 그러나 신은 자비를 베풀었습니다. 위험이 지나갔습니다. 어쩌면 순전히 우연하게 알렉산드라 콜론타이가 자연사했을지 모릅니다.

그녀의 사후 메모에 있던 그녀의 묵상 중 일부만이 출판되었는데, 물론 다음과 같은 유형의 찬사의 문구들만이 선택되었습니다.

정말로 그녀는 준엄한 전체주의 체제를 '꿈'이라고 말할 정도
로 순진했을까요? 수백만의 파멸된 희생자들과 그들의 유골 위에
세워진 꿈이 좋기도 하겠습니다. 정말로 역사 애호가였던 그녀가
어떤 혁명이든 언제나 자신의 아이들을 먹어치운다는 사실을 모르
고 있었을까요? 아니면 알고 있었지만 진정한 혁명가로서 목표는
수단을 정당화한다고 생각했을지도 모릅니다. 중요한 것은 세상에
가장 강력한 국가를, 모두가 두려워하는 국가 - 괴물을 건설하는
것입니다. 그런데 희생자들은? 언제나 희생자들은 있을 것입니다.
결국 인간들은 역사적인 건설을 위한 재료에 불과할 뿐이니까요.
'역사'라는 이름의 마차가 지나가는 길의 먼지일 뿐이니까요.

알렉산드라 콜론타이는 정말로 그렇게 생각했을까요? 이에 관
하여 우리는 결코 답을 알 수 없습니다. 그녀의 삶은 흘러갔고, 시
끄러운 소리를 냈습니다. 그리고 "어떤 형태였던 간에, 삶 자체에
기뻐할 줄 알았다."는 콜론타이의 말을 믿을 수밖에 없습니다.

먼 곳의 메아리

또 하나의 운명의 아이러니가 있습니다. 혁명가로서, 소비에트
정권의 활동가로서, 전권 대사로서의 알렉산드라 콜론타이에 대해
서는 거의 아무도 기억하고 있지 않지만(크레믈린의 성단 앞 휘장
은 오늘날 눈에서 멀리, 어두운 구석으로 밀어 놓습니다), "자유분

방한 에로스에 길을"이라는 소논문의 작가로서, 자유로운 사랑의 전도사로서는 자주 회상되고 있습니다. 그녀는 세계적인 性 혁명의 기원에 있었다고 말할 수 있을 것입니다. 알렉산드라 콜론타이는 '브리지드 바르도'나 영화 '엠마누엘'보다도 훨씬 전에 존재했습니다.

오늘날 알렉산드라 콜론타이에게는 다수의 추종자가 있는데, 그중 한 명으로, <유혹되고 버려진 사람들의 당>의 설립자인 알리사 리스는 "사랑과 결혼 – 이것은 완전히 다른 개념이고", 인생에서는 바로 사랑에 중점을 둘 필요가 있다고 말합니다. 자유로운 사랑 말이지요. 반박하거나 논쟁을 하지는 않겠습니다. 사랑 만세! 그리고 "자유분방한 에로스에 대담하게 길을 열었던" 알렉산드라 콜론타이에 대한 기억이 밝게 남아 있을 것입니다.

러시아 발레리나의 선구자, 마틸다 크쉐신스카야

무대 위에서 그리고 인생에서의 후에떼

마틸다 크쉐신스카야(Матилда Кшесинская)는 러시아의 발레 스타입니다. 그녀는 러시아 발레리나 중 처음으로 이탈리아 발레리나를 밀어냈습니다. 그녀는 순회공연을 오는 유명 발레리나들을 물러서게 만들었고, 모든 러시아 무용계의 별들 - 프레오브라줸스카야, 트레휠로바, 파블로바, 카르사비나, 스페시프체바 - 에게 길을 열어 주었습니다. 그러나 역시 크쉐신스카야가 최초였습니다. 처음으로 무대에서 성공적으로 후에떼[8]를 수행했고, 삶에 있어서는 모두가 감탄했고 많이 회자됐던 전설적인 여성이 될 수 있었습니다. 그녀와 러시아 왕위 계승자 사이에는 로맨스가 있었습니다. 로마노프가의 대공들이 그녀를 사랑했지요. 그녀는……아니, 모든 것을 순서대로 이야기하겠습니다.

첫 걸음

위대하고 저명한 인물들의 전기를 접하다 보면 거의 언제나 발휘되는 천부적 재능의 근원을 한 세대나 두 세대, 그 이상의 세대를 거슬러 올라가 찾을 수 있습니다. 마틸다 크쉐신스카야의 할아버지, 이반 휄릭스는 파가니니 시대의 유명한 바이올리니스트이자 가수, 연극 배우였습니다. 아버지 아담 휄릭스는 뛰어난 무용가였습니다. 그보다 더 훌륭하게 마주르카를 추는 사람은 없었지요. 어머니 율리야 도민스카야 또한 배우였습니다. 이렇게 신(神)이 어린 마틸다에게 - 그녀는 넷째이자 막내였습니다. - 비옥한 토양에서 19세기 말부터 20세기 초의 발레 예술을 장식했던 화려하고 풍성한 꽃으로 자라도록 명령했던 것입니다.

자신의 회고록에서 크쉐신스카야는 이렇게 쓰고 있습니다.

> "나는 구력으로 8월 19일에, 신력으로는 1872년 9월 1일에, 나의 부모님들이 먼지투성이의 도시에서 멀리 떨어져 여름을 보내고, 아이들에게 널찍한 장소와 신선한 공기를 주기 위해서 별장을 빌렸던, 페테르곱스키 도로에서 13베르스따9) 거리에 있던 리고보라는 소도시에서 태어

---

8) 한쪽 발끝으로 회전하는 동작.
9) 미터법 시행 전 러시아의 거리 단위: 1,087킬로미터.

났다……."

계속 이어집니다.

"나는 아버지의 귀염둥이였다. 그는 내 안에서 무대에 대한 열망, 타고
난 재능을 짐작했고, 내가 할아버지와 아버지 자신이 빛났었던 무대에서
가족의 영광을 이어가기를 희망했다. 세 살부터 나는 춤추는 것을 좋아
했고, 내게 만족감을 주기 위해서 아버지는 오페라와 발레를 공연했던
볼쇼이 극장으로 나를 데려가고는 했다. 나는 볼쇼이 극장을 정말로 열
렬히 사랑했다……."

한번은 아버지가 그녀를 자신이 출연한 연극에 데려갔는데, 연
극이 끝나고 성공에 도취된 그는 딸에 대해서 잊어버렸습니다. 그
가 집으로 돌아왔을 때, 엄마는 놀라서 외쳤습니다. "말랴[10]는 어
디에 있어요? 당신 그 애를 어디에 두고 온 거예요?" "맙소사! – 아
버지는 갑자기 생각이 났습니다 – 나는 그 애를 극장에 두고 왔어."
그리고 그녀를 데리러 달려갔습니다. 하지만 말랴는 아버지가 사
라진 것을 슬퍼하지 않았고, 공연장에서 일어나는 일을 열심히 관
찰하면서 극장의 공기를 들이마시고 있었습니다. 시간이 지나서
극장은 그녀의 제2의 집이 됩니다.
　마틸다 크쉐신스카야의 극장 이전의 어린 시절은 진실로 구름
한 점 없이 행복한 것이었습니다. 풍족하게, 아름답게, 즐겁게 살았
습니다.

---

10) 마틸다의 애칭.

"아침 커피는 오전 8시에 마셨는데, 커피에 온갖 것들을 곁들여 내왔다. 집에서 만든 유제품들, 집에서 구운 빵, 과자, 쨈. 우리는 먹는 것을 몹시도 좋아했다. 1시에 여러 가지 다양한 요리가 나오는 점심을 내왔다. 우리는 낮에 과수원을 뛰어다니면서 과일들과 열매들을 배불리 먹었고, 5시에는 오후의 커피를 내왔는데, 또다시 식탁은 풍성해졌다. 우유, 응결된 산유, 짙은 크림, 과자. 낮의 놀이로 분주하게 뛰어다닌 후에 이 모든 것을 맛있게 삼켰다. 저녁 9시의 저녁 식사는 몇 가지의 찬 음식들로 이루어졌다. 집에서 만든 초절임 야채, 찬 햄, 훈제 연어와 아버지가 도시에서 가져온 음식들. 모두를 열거할 수 없을 정도였다……."

라고 크쉐신스카야는 회상합니다.

여름의 가장 즐거운 휴일은 8월 19일, 말랴의 생일이었습니다. 옆 마을의 농민들이 선물과 토산물을 가져왔고, 전기 장식과 불꽃놀이도 준비되었습니다. 손님들은 맘껏 즐겼습니다. 예전의 생활이 파괴되고, 혁명적인 성향을 지닌 대중의 분노로부터 도망쳐야만 했고, 부족함을 겪어야만, 아니 거의 굶주려야만 했을 때, 마틸다 크쉐신스카야는 이 모든 것을 다정하게 회상했습니다. 아마도 이처럼 진정으로 행복했던 어린 시절에 대한 회상이 그녀가 살아남도록 도와주었던 것이 아닐까요? 그러나 이것만이 아닙니다. 중요한 것은 성격입니다. 그녀는 놀랄 만큼 굳건하고 용감한 여성이었으며, 언제나 무엇을 원하는지 알았고, 명확하게 세워진 목표를 향해 결연하게 나아갔습니다.

첫 번째 목표는 무용가가 되는 것이었습니다. 그래서 그녀는 황실 연극 학교에서 부단히 노력했습니다. 그녀의 첫 스승은 훌륭한 교육자였던 레프 이바노프였고, 8살에서 11살까지 그에게서 배웠습니다. 그 후에는 에카테리나 바쳄에게서 사사받습니다.

크쉐신스카야는 회고록에서 쓰고 있습니다.

크쉐신스카야가 인정한 것처럼, 그녀에게 가장 강한 영향을 끼친 것은 순회공연을 온 유명한 발레리나 버지니아 쮸키였습니다. 크쉐신스카야는 그녀의 손동작이나 자세를 모방했으나, 결과적으로 자신의 우상을 능가했습니다.

학교의 졸업 시험은 1890년 3월 23일 금요일에 있었습니다. 마틸다 크쉐신스카야는 17세였습니다. 전체 황족들이(황제의 발레, 황제의 오락!) 주빈이었고 공연 후에 만찬이 있었습니다. 알렉산드르 3세는 크쉐신스카야를 자신의 옆에 앉혔고 그녀에게 "러시아 발레의 꽃이자 영광"이 되기를 기원했습니다. 그는 마틸다의 다른 편에 자신의 황태자 니키(미래의 니콜라이 2세)를 앉게 했는데, 이때 미소를 띠면서 이렇게 말했습니다. "자, 너무 지나치게 시시덕거리지만 말도록."

황태자는 그날 저녁에 자신의 일기에 다음과 같이 기록했습니다.

---

11) 한쪽 다리로 몸을 지탱한 가운데 다른 한쪽 무릎을 90도 꺾어서 뒤로 들어 올린 자세.

연극 학교 졸업 후에 크쉐신스카야는 1890년 6월 1일자로 황실 극장 발레단에 들어갔습니다. 최초의 공연들, 그리고 최초의 작은 배역들. 이렇게 <잠자는 미녀>에서 그녀는 각각의 다른 막마다 요정 칸디드, 후작부인 그리고 빨간 모자 역을 맡았는데, 황태자는 늑대와 함께 춘 그녀의 춤을 특히 좋아했습니다. 크쉐신스카야는 에스메랄다를 몹시도 춤추고 싶어 해서, 마리우스 프티파[12]에게 이 역을 맡게 해달라고 청했습니다. 나이든 발레 연출자는 사랑의 고통을 체험한 후에야 진정으로 에스메랄다 역을 이해하고 연기할 수 있다고 대답했습니다. 이 모든 것들은 - 사랑의 아픔도, 에스메랄다 역도 - 나중에 크쉐신스카야에게 찾아옵니다.

그녀의 최초의 비중 있는 작업은 발레 <칼카브리노> 였습니다. 엄청난 호평을 받은 성공적인 공연이었습니다. 크쉐신스카야에 대한 다음의 비평을 인용하겠습니다.

"1892년 11월 1일에 공연된 〈칼카브리노〉에는 카를로타 브리안짜 대신에 M. F. 크쉐신스카야가 출연해 마리에타와 드라기니안나 역을 선보였다. 이것은 열정적인 노력과 불굴의 끈기를 보여주는 젊음과 재능이 넘치는 뛰어난 공연이었다. 실제로 무대에서 '제2의 크쉐신스카야' 양이 활약하고 우리가 그녀의 첫 데뷔에 관하여 말했던 것이 오래전 일은 아니다. 그리고 이제 그녀는 브리안짜 양을 대신하려고 한다. 이러한 용기와, 그와 같은 자신감만으로도 이미 아름다운 무용가로 인정할 수 있다. 그녀는 실수 없이 해냈다……. 더블 회전을. 그리고 발레 애호가들을 제2막의 변주에서 자신의 제떼 - 안 - 뚜르난으로 놀라게 했다. 그리고

12) 프랑스 출신의 안무가. 작품 속에서 춤의 표현과 심리묘사를 중요시하였고 화려함과 장식성을 선호하였다. 프티파는 63년 동안 러시아에 살았고 56년 동안 프랑스가 아닌 러시아의 무대에서 러시아 발레예술에 헌신하였다. 오늘날 우리에게 잘 알려진 〈백조의 호수〉, 〈호두까기인형〉, 〈잠자는 숲 속의 미녀〉, 〈해적〉 등이 프티파의 안무를 따른 것인데 '대 스펙터클용 발레'라는 유형을 만들어 냈다.

일반적으로 이탈리아의 발레리나가 아름답게 춤추었던 모든 춤들을, 테크닉적인 한계에도 불구하고 크쉐신스카야 양은 매우 성공적으로 반복하고 있었다. 그녀의 스승인 체케찌의 영향은 의심의 여지없이 젊은 무용가의 승리의 원동력이 되었다. 크쉐신스카야 양은 이것을 인식했고, 그 때문에 관중이 보는 앞에서 체케찌에게 여러 번 키스했다.”

왜 ‘제2의 크쉐신스카야’일까요? 바로 언니 율리야가 ‘제1의 크쉐신스카야’였기 때문인데, 그녀는 곧 무대를 떠났고, 무대에는 하나의 크쉐신스카야, 마틸다만이 남게 됐습니다. 그녀의 데뷔는 파리에서 주목받았습니다. 잡지 <Le Monde Artiste>에는 다음과 같이 칭찬하는 비평이 실렸습니다.

“〈신성〉, 크쉐신스카야 양이 프리마 – 발레리나로 데뷔하여 훌륭한 공연을 보여주었다. 이 성공은 러시아인들을 몹시 기쁘게 했는데, 그것은 이탈리아학파로부터 고전 무용의 현대화에 필요한 요소들만을 가져온, 러시아 국내파 학생에 의해 얻어진 것이기 때문이었다. 젊은 프리마 – 발레리나는 모든 것을 가지고 있다. 육체적인 매력, 흠잡을 데 없는 테크닉, 역의 완성도와 이상적인 가벼움. 만약 여기에 그녀가 완벽한 표정연기까지 더하게 된다면 그녀는 준비된 예술가가 될 것이다.”

1893년 1월 17일에 그녀는 이미 <잠자는 미녀>에서 아브로라를 춤췄고 작곡가인 표트르 일리치 차이코프스키로부터 찬사를 받았습니다. 여기 이렇게 크쉐신스카야는 자신의 성공의 여정을 시작했습니다. 그럼 지금부터 황태자와의 로맨스로 돌아갑니다.

황태자와의 로맨스

졸업 공연 후 이틀이 지나서 크쉐신스카야는 언니와 함께 궁전 앞 광장으로 가고 있었고 그때 갑자기 마차를 탄 황태자가 지나갔습니다. 자신의 회고록에서 크쉐신스카야가 적고 있습니다.

"그는 나를 알아보았고, 고개를 돌려서 오랫동안 내 뒷모습을 바라보았다. 이것은 얼마나 뜻밖의 행복한 만남이었던가!"

니콜라이 로마노프 대공의 일기에는 1890년 그해 여름의 기록들이 있습니다.

"제2의 크쉐신스카야는 긍정적으로 아주 내 마음에 든다."
"창을 통해서 작은 크쉐신스카야와 이야기를 나누었다."

그 후 황태자는 세계 일주 여행을 떠났고, 이 이별은 단지 젊은 연인들의 감정을 더욱더 불타오르게 했습니다. 1891년 가을에 그는 돌아왔고, 만남은 다시 이루어졌습니다. 크쉐신스카야는 황태자와 서로 사랑하고 있다는 희망을 가지고 있었습니다. 그녀에게는 이미 일련의 경험이 있었지요. 아직 14세 소녀의 몸으로 그녀는 젊은 영국인 맥퍼슨을 유혹하는 데 성공했었는데, 어느 정도였냐 하면, 맥퍼슨이 그녀 때문에 약혼녀를 버리고 결혼을 취소할 정도였습니다. 극장에 들어와서 크쉐신스카야는 곧 변함없는 정실주의, 음모와 가벼운 연애가 공존하는 궁정 발레의 분위기 속으로 빠져들었습니다. 그런 의미에서 그녀는 황태자보다 더 능수능란했습니다.

황태자에게 있어서 크쉐신스카야는 첫사랑이었고, 그는 항상 사랑에 도취되어 있었습니다. 바로 이 표현을('도취되어 있는') 그는 그녀에 대한 자신의 기록에서 종종 사용하고 있습니다. 그들은 만나기 시작했고, 그녀의 호의를 얻기 위해서 황태자는 그녀에게 선물들을 줬습니다.

> "선물들은 훌륭했지만 크지는 않았다. - 어느 정도 비탄에 빠져 크쉐신스카야는 지적했습니다. - 그의 첫 선물은 커다란 사파이어와 두 개의 다이아몬드가 달린 금팔찌였다."

그 후 다른 선물들이 뒤따랐습니다.

> "만남의 장소는 림스키 - 코르사코프가 소유하고 있는, 영국 거리 18번지에 있는 멋진 저택이었다. 이 저택은 콘스탄틴 니콜라예비치 대공이 그와 함께 살았던 발레리나 쿠즈네쪼바를 위해 세운 것이다."

물론, 황태자는 저택을 사서 크쉐신스카야에게 선물했습니다. 마틸다의 부모는 자신의 딸이 총애받는 사람이 되는 것을 못 본 척했습니다(첩, 애인, 여자 친구 - 이 단어들에 무슨 차이가 있습니까? 중요한 것은 본질입니다. 황태자는 그녀를 부양했습니다). 영국 거리에 있는 저택에서 마틸다 크쉐신스카야와 니키(그녀는 미래의 황제를 이렇게 불렀습니다)는 행복했습니다. 그들의 로맨스가 발전하기 위한 여건들은 호의적이었습니다. '비록'……'비록……'은 결단력 있는 크쉐신스카야에게는 고통스러울 정도로 어러운 것이었습니다. 1892년 12월 25일, 크리스마스에 그녀는 이렇게 쓰고 있습니다.

> "축제의 첫째 날, 그런데 말레치카(마틸다의 애칭)는 슬프다. 그녀는 사랑하는 니키를 다시 한 번 더 볼 수 없다는 사실을 이해하려 애쓰고 있다. 언제가 되어야……"

> 2주가 지난 1893년 1월 8일.
> "니키는 나를 놀라게 했다. 내 앞에는 결단력이 없고 사랑의 행복을 이해하지 못하는 사람이 앉아 있었다. 여름에는 그 자신이 편지와 대화를 통해 여러 차례 보다 더 가까운 만남에 관해 상기시켰는데, 지금 갑자기 완전히 정반대되는 말을 하고 있다. 그는 나의 첫 남자가 될 수 없으며, 이 사실이 자신을 평생 괴롭히게 될 것이고, 만약 내가 이미 순결하지 않다면, 그때 그는 주저하지 않고 나와 함께 살게 될 것이라는 식의 말들을 많이 했다. 하지만 이것을 듣는 나는 어떠했겠는가, 더구나 나는 바보가 아니고 니키가 전혀 솔직하게 말하지 않았다는 것을 알고 있었다. 그가 나의 첫 남자가 될 수 없다니! 웃기는 소리다! 진실로 열정적으로 사랑하는 사람이 정말로 이렇게 말할 수 있단 말인가? 물론 아니다, 그는 단지 자신이 나의 첫 남자가 된다면, 평생 동안 나와 연결될 것이라는 점을 두려워하고 있다……"

여러분은 이것이 마음에 드십니까? 돌격을 준비하는 것은 남자가 아니라 여자입니다. 그리고 계속해서 일기에는 다음과 같이 씌어 있습니다.

> "결국 나는 니키를 거의 설득하는 데 성공했고, 그는 '시간이 됐어'라고 대답했다……그가 베를린에서 돌아오는 대로, 일주일 후에 이 일이 완료될 것이라고 그는 약속했다……"

‘이 일’은 완료되었습니다! 그리고 완료되지 않을 수 없었는데, 왜냐하면 크쉐신스카야가 썼던 것처럼, “나는 얼마나 많은 노력을 하던 간에 끝내는 자신의 의지를 관철시킨다.”라고 말할 수 있었기 때문입니다.

음……여기서 이 황태자와 발레리나의 ‘러브 스토리’에는 매우 센세이셔널한 앞선 이야기가 있었다는 것을 상기하는 것이 적당할 것 같습니다. 사랑은 사전에 계획되었고 황실에서 감독했으며, 스코어가 기입되었고, 황태자와 크쉐신스카야는 자신들에게 준비된 역할을 기꺼이 연기했던 것입니다. 모든 문제는 남성으로서의 연령에 도달한 황태자가 왠지 기력이 없고, 권태를 느끼기 시작했다는 데에 있었습니다. 어머니, 마리야 표도로브나 황후는 걱정하기 시작했습니다. 니키에게 무슨 일이 있는 것인가? 의기소침한 그의 상태는 가족회의에서 논의되었고, 황제의 조언자이며 능력이 많은 콘스탄틴 포베도노스쩨프는 황제와 황후에게 그들의 아들이 결혼 전까지 방탕한 생활을 할 수 있도록, 즉 마음껏 유흥을 즐기고 쌓여 있는 성적 에너지를 방출할 수 있도록 여건을 만들어 줄 것을 권고했습니다. 하지만 누구와? 바로 그때 콘스탄틴 파블로비치 대공의 아내가 후보자들을 하나씩 열거하기 시작했습니다.

“러시아 여자들은, 그들은 아름답기는 하지만 거칠어요. 섬세하고, 우아하게 사랑할 줄 모르죠. 프랑스 여자들은 지나치게 음탕해서 대공들에게 추악한 행위들을 가르칠 거예요. 스페인 여자들은 지나치게 정열적이라 그들을 사랑하는 남자들을 무력하게 만들지요. 이탈리아 여자들은 엄청나게 질투를 하기 때문에 그들의 사랑은 삶을 위해서는 위험하다고 할 수 있어요. 독일 여자들은 차갑고 감상적인데 남자들은 이것을 좋아하지 않지요."

황후는 숨을 죽였습니다. 그렇다면 누가 있는가?
알렉산드라 요시포브나 대공녀가 말했습니다.

"폴란드 여자들이야말로 가장 흥미로운 여자들이지요. 그들은 자신 안
에 모든 것을 적당히 결합시키고 있어요. 아름다움도, 우아함도, 열정도,
감상적인 부드러움도, 그리고 질투 어린 근심까지도……"

이렇게 우울증에 빠진 니키를 위한 선택이 끝났습니다. 폴란드
여인. 그리고 어린 마틸다 크쉐신스카야는 더할 나위 없는 후보였
고 그것을 관계된 인물들의 보충 조사와 건강 진단서가 확증해 주
었습니다. 건강하고, 싹싹하며, 꽃 피는 젊음과 아름다움을 지녔고,
성격은 온화하고 착하여 어떤 부정적인 특성도 관찰되지 않았던
것입니다.

그들을 서로 연결시켜 주는 데는 아무런 어려움도 없었습니다.
발레리나를 유혹하기 위해서 황태자에게 큰 액수의 금액을 할당해
주었고, 크쉐신스카야의 욕구는 점차 커졌습니다. 선물들, 말들, 저
택……인색한 알렉산드르 3세는 얼굴을 찌푸리기만 했을 뿐이고,
황후는 자신의 아들의 쾌락을 계속 부추겼습니다.

비록 그 당시의 풍속으로는 충분히 흔한 일이긴 하지만, 독자
들에게는 당황스러울 이런 일이 있었던 것입니다.

그러나 이 사랑에는 장래가 없었습니다. 황태자는 만일 자신이
크쉐신스카야와 결혼한다면, 러시아의 왕위를 이을 권리를 잃을
수도 있다는 것을 이해하고 있었습니다. 왕위를 위해서는 왕족의

피를 이은 신분이 높은 여인과의 정략결혼이 필요합니다. 그리고
1894년 4월 7일에 황태자와 앨리스 게센 – 다름쉬타스카야의 약혼
이 발표됐습니다.

> "조만간 황태자가 어떤 외국의 공주와 결혼해야만 하는 것이 피할 수
> 없는 일이라는 것을 이미 오래전부터 알고 있었지만, 그럼에도 불구하고
> 내 슬픔에는 끝이 없었다."

크쉐신스카야의 회고입니다.

이것이 그들의 애정 관계의 결말이 되리라는 것을 이해하면서
황태자는 자신의 '사랑하는 연인'에게 편지를 썼습니다.

> "인생에서 나에게 무슨 일이 일어나든 간에, 그대와의 만남은 영원히 내
> 젊은 날의 가장 밝은 추억으로 남을 것이오."

크쉐신스카야는 절망을 느꼈습니다.

> "황태자의 결혼식 날 내가 느꼈던 것은 단지 진심으로 온 마음을 다해
> 사랑할 줄 알고, 진실하고도 순수한 사랑이 존재한다는 것을 믿는 사람
> 들만이 이해할 수 있다. 나는 이날이 어떻게 지나가고 있는지 마음속으
> 로 시간을 쫓아가면서, 믿을 수 없을 정도의 마음의 고통을 견뎌 냈다.
> 이별 후에 나는 강해져야만 한다는 사실을 인식했고, 나를 괴롭히는 질
> 투심을 내 안에 억누르도록 노력했으며, 나에게서 내 사랑하는 니키를
> 앗아간 그녀를, 그녀가 그의 아내가 됐으므로, 황후로서 그녀를 보려고
> 애썼다. 나는 자제하려고 애썼고, 슬픔으로 낙심하지 않고, 장래에 나를
> 기다리고 있을 인생을 향해 주저하지 않고 용감하게 걸어가려고 노력했
> 다. 나는 집에서 두문불출했다. 유일한 나의 오락거리는 내 썰매를 타고
> 도시를 따라 돌아다니고, 나처럼 썰매를 타고 돌아다니는 아는 이들을

만나는 것이었다……"

두 가지 측면이 나타나는군요. 첫 번째는 눈물과 탄식이 아니라, 마음을 집중하고, 이미 니키가 없는 미래로의 인생을 지향하고 있다는 것입니다. 두 번째는 승리한 경쟁자에 대해 단 한마디의 모욕이나 비방하는 말이 없는 고결함, 단지 존중만이 있습니다. 새로운 황후에 대한 경건함. 마음속으로는 크쉐신스카야 역시 황태자의 청혼을 기대했었지만, 그녀는 결코 자신이 황후가 될 수 없다는 것을 이해하고 있었습니다.

마틸다 크쉐신스카야와 니콜라이 2세의 길은 결정적으로 갈렸습니다. 그러나 그는 그녀를 잊지 않았습니다. 1911년의 어느 날 그는 극장을 방문했고, 공연 후에 세르게이 미하일로비치 대공과 자신의 견해를 나누었습니다. "오늘 말랴는 대단히 아름다웠어." 1914년에 그녀는 마지막으로 황제가 참석한 가운데 자신의 유명한 '러시아 춤'을 공연했습니다.

"나는 매우 훌륭하게 춤을 췄다는 것을 스스로도 느낄 수 있었다. 그리고 느낌은 결코 나를 속이지 않는다. 나는 그에게 좋은 인상을 심어주었을 것이라는 것을 확신한다."

무엇이 더 남아 있었을까요?

아직 크쉐신스카야가 비밀의 보석상자에 간직했던 그의 편지들이 있었습니다. 그러나 혁명의 시기에 이 편지들을 간직한다는 것은 위험했고, 그래서 조야 인키나 동지가 그것들을 태워버렸습니다. 이 사실에 대해서 크쉐신스카야는 10년이 지난 1928년 4월에,

인키나와 만난 자리에서 알게 되었습니다. 훗날 크쉐신스카야는 이렇게 쓰고 있습니다.

"나는 많은 것을 잃었다. 재산, 집, 보석들, 행복하고 걱정거리 없던 삶을 상실했다. 그러나 모든 잃어버린 것 중에서 그 어떤 것도 이 편지들만큼 슬퍼하지는 않는다. 사실 그때까지도 많은 것을 되찾을 것이라는 희망이 아직 남아 있었지만, 남김없이 타버린 이 편지들은 되찾을 수 없다. 지난 10년 동안 나는 계속해서 언젠가 이 편지들을 다시 보게 되고, 다시 읽어보고, 젊은 시절의 꿈과 체험들을 회상하기를 꿈꾸어 왔다. 이제 모든 것이 무너져 버렸다. 나는 내 안에서 거룩하게 간직해 왔던 가장 귀중한 추억들을 잃어버렸다. 이십 년이 넘게 지난 지금에조차도 조야와 나의 만남을 생각할 때면 마음이 너무나 우울하고 슬퍼진다."

프리마-발레리나의 삶

그렇습니다. 황태자와의 로맨스는 황제와의 로맨스로 발전하지 않았습니다. 어느 정도 이것은 마틸다 크쉐신스카야의 패배였습니다. 그러나 진정한 사령관이나 전략가처럼, 그녀는 확실한 복수를 했습니다. 군사 용어가 적절하겠군요. 실제로 인생은 투쟁이며, 인생은 전투입니다. 의지가 더 강해져서 실패했을 경우라도 풀 죽지 않고 오히려 자신의 승리의 기회를 부단히 찾는 사람이 승리합니다. 황태자와는 이루어지지 않았지만, 대공들이 있었고, 사랑에 쉽게 빠지는 부유한 귀족들이 있었습니다.

1892년도의 크쉐신스카야의 회상을 읽어 봅시다.

"블라디미르 알렉산드로비치 대공은 오후 3시에 시작되는 리허설에 참석하는 것을 좋아했다. 그는 앉아서 잡담하러 내 탈의실에 들리고는 했다. 나는 그의 마음에 들었고, 그래서 그는 농담하듯이 자신이 충분히 젊지 않은 것이 유감이라고 말했다. 그는 내게 자신의 명함을 주었는데 거기에는 '안녕, 매력적인 아가씨'라고 쓰여 있었다. 생의 마지막까지 그는 나의 충실한 친구로 남아 있었다."

크쉐신스카야의 또 하나의 고백입니다.

"나의 슬픔과 절망 속에서 나는 외롭지 않았다. 황태자가 처음 그를 내게 데려온 그날부터 친하게 지냈던 세르게이 미하일로비치 대공이 내 곁에 남았고 나를 지탱해 주었다. 나는 결코 그에게 니키를 향한 나의 감정들과 비교할 수 있을 만한 감정을 느끼지는 않았지만, 온갖 노력으로 그는 나의 마음을 얻었고 나는 진심으로 그를 좋아하게 되었다. 평생 동안, 행복한 시절에도, 혁명과 고통의 시기에도, 그는 그 무렵에 그가 보여주었던 대로 믿음직한 친구로 남아 있었다. 여러 해가 지나서야 나는 니키가 세르게이에게 나를 보살펴 주고 지켜주며, 나에게 그의 도움과 지지가 필요하게 되면 언제나 도움을 청할 수 있도록 부탁했다는 사실을 알게 되었다."

도움과 지지는 항상 필요했습니다. 마틸다 크쉐신스카야가 스트렐노에 있는 멋진 별장을 마음에 들어 하자, 그 즉시 세르게이 미하일로비치 대공이 발레리나의 명의로 그 별장을 구입했습니다. 편안함을 좋아하는 부지런한 크쉐신스카야는 즉시 별장을 꾸몄습니다. 훌륭하게 가구를 갖추어 놓았고, 또한 별장의 조명을 위해 자체 발전소를 건설하기까지도 했는데, 이것은 그 당시에 대단한 신기술이었습니다. "심지어 궁전에도 전기가 없었기 때문에 많은 사람들이 나를 부러워했다."라고 크쉐신스카야는 긍지를 가지고 적고 있습니다.

극장의 성공에 따라 남성들 사이에서의 성공도 커져 갔습니다. 크쉐신스카야의 추종자의 수는 점차 늘어갔지요. 그녀의 시동들의 명단에는 니키타 트루베쯔코이 공작, 짬바쿠리아니 - 오르벨리아니 공작, 근위 기병대 장교인 보리스 가르트만, 미남인 경기병 니콜라이 스칼론과 그 이외의 많은 사람들이 들어갔습니다. 즐겁게 시간을 보냈고, 기분전환을 했습니다. 방탕하고 호화롭게 지냈습니다. 크쉐신스카야의 자서전에서는 이 모든 것이 사랑스럽고, 다분히 순진해 보입니다. 하지만 실제로도 그랬을까요?

1900년 2월 13일, 일요일에 크쉐신스카야의 왕립 무대 데뷔 10주년을 기념하는 경축 공연이 열렸습니다. 축하 공연은 훌륭하게 진행되었습니다. 관객의 열렬한 박수, 83개의 꽃다발 증정, 그리고 수많은 선물들. 니콜라이 2세로부터는 한가운데 커다란 사파이어 보석이 박혀 있는 고리처럼 구부러진 다이아몬드로 만든 뱀 형태의 아름다운 브로치를 받았습니다. 세르게이 미하일로비치 대공을 통해서 군주는 크쉐신스카야에게 이 브로치를 황후와 함께 골랐고, 뱀은 현명함의 상징이라고 전해 달라고 부탁했습니다. 크쉐신스카야가 더 이상 그를 걱정시키지 않고, 로마노프가의 다른 대공들 사이에서 안정되었다는 것을 암시한 것일까요? ……

바로 축하 공연이 있던 날, 더 정확하게는 공연 후 저녁, 크쉐신스카야가 자신의 집에서 연회를 베풀었을 때, 그곳에는 대공들이 참석했고 그녀는 처음으로 황제의 사촌인 안드레이 블라디미로비치 대공과 만났습니다. 여기 경축 공연을 가졌던 여배우는 이 만남을 이렇게 묘사하고 있습니다.

"안드레이 블라디미로비치 대공은 우리가 만났던 그 첫 번째 저녁에 즉시 나에게 강렬한 인상을 주었다. 그는 놀라울 정도로 잘생겼고, 매우 수줍어했는데, 그것이 그의 매력을 전혀 손상시키지 않았고, 오히려 그 반대였다. 식사 중에 그는 무심코 적포도주가 들어 있는 잔을 자신의 소매로 건드리게 되었고 잔이 내 쪽으로 엎어져서 내 드레스를 적셨다. 나는 아름다운 드레스가 못 쓰게 된 것을 슬퍼하지 않았다. 나는 곧바로 이것은 삶에 있어서 많은 행복을 나에게 가져다줄 전조라는 것을 알아차렸다. 나는 빨리 새 드레스로 갈아입기 위해서 2층의 내 방으로 달려갔다. 저녁 내내 연회는 놀라울 정도로 성공적으로 흘러갔고, 우리는 끝없이 춤을 추었다. 이날부터 내 가슴속에 오랫동안 느끼지 못했던 감정이 생겨나기 시작했다. 이것은 이미 의미 없는 시시덕거림이 아니었다…… 내가 안드레이 블라디미로비치 대공과 처음 만난 날 이후로 우리는 점점 더 자주 만나게 되었고, 서로에 대한 우리의 감정은 빠르게 서로에 대한 열렬한 갈망으로 바뀌었다……"

대공은 크쉐신스카야보다 6살 연하였고, 그래서 크쉐신스카야의 친구였던 여배우 마리야 포토츠카야는 마틸다에게 이렇게 물어보았습니다. "너는 언제부터 소년들과 어울리기 시작했니?"

'소년'과 함께 크쉐신스카야는 유럽으로 떠났습니다. 그는 사랑스럽고 감동을 주었으며, 중요한 것은 충실한 사람이었다는 것입니다. 어쩌면 이 때문에 마틸다 크쉐신스카야는 또 하나의 필사적인 걸음을 내딛었는지도 모릅니다. 1902년 5월 18일에 그녀는 아들을 낳았습니다. 출산은 힘들었고, 산모와 신생아 중 누군가는 살아남지 못할 것이라 말했던 위험한 순간도 있었습니다. 의사들은 두 사람을 구했습니다. 사내아이는 아버지인 안드레이 대공을 기념하여 블라디미르라고 불렀습니다. 보바[13]는 귀여운 소년으로 자

---

13) 블라디미르의 애칭.

랐고, 한번은 유명한 테너 가수인 레오니드 소비노프가 그에게 자장가를 불러주었습니다.

다시 크쉐신스카야의 회상입니다.

"산후에 내가 어느 정도 튼튼해지고, 내 힘이 조금 회복되었을 때, 나는 세르게이 미하일로비치 대공과 힘든 대화를 갖게 되었다. 그는 자신이 내 아이의 아버지가 아니라는 사실을 잘 알고 있었지만, 나를 너무나 사랑했기에, 내게 너무 정이 들었기에, 나를 용서했고, 이 모든 것에도 불구하고 좋은 친구로서 나를 지키기 위해 내 곁에 남기로 결정했다. 그는 나를 기다리고 있을 내 장래를 걱정했다. 나는 그 앞에서 자신을 죄인이라고 느꼈다. 그것은 지난해 겨울 그가 한 젊고 아름다운 대공녀에게 구애했고 결혼 가능성에 대한 소문이 났을 때, 이 사실을 알게 된 내가 그에게 구애를 중지해 줄 것을 요청했고 그것이 받아들여져 내게는 불유쾌했던 이야기들에 종지부를 찍었던 것이다. 나는 너무나도 안드레이를 사랑했기에 내가 세르게이 미하일로비치 대공에게 죄를 지었다는 사실을 잊고 말았다……"

간략하게 말해서, 크쉐신스카야는 불을 끌 수 있었고 아무런 손해 없이 이 애매한 상황에서 벗어날 수 있었습니다. 하나의 경구가 생각날 수밖에 없는 상황입니다. "행운아를 물속으로 던지면, 그는 물고기를 이 사이에 물고 헤엄친다." 여기 크쉐신스카야 자신이 쓰고 있습니다.

"내 가정생활은 나를 너무나 행복하게 했다. 나에게는 내가 열렬히 사랑하는 내 아들이 있었고, 나는 안드레이를 사랑했으며 그도 나를 사랑했다. 그 둘 안에 모든 나의 인생이 있었다. 세르게이는 끝없이 감동적으로 처신했고, 아이에게는 마치 친자식처럼 대했고, 계속해서 나의 응석을 받아주었다. 그는 언제나 나를 보호할 준비가 되어 있었는데, 왜냐하면 그에게는 그 누구보다도 더 커다란 가능성이 있었기 때문이었다. 그를 통해서 나는 언제나 니키에게 요청할 수 있었던 것이다.
안드레이 블라디미르 알렉산드로비치 대공은 자주 내 집에 들렀고, 저녁마다 그 당시 유행했던 '아주머니'라는 놀이를 하는 것을 좋아했다. 그는 내게 예쁜 물건들을 선물했다. 방을 장식하기 위한 아름다운 소품들이나 혹은 화려한 한 쌍의 꽃병들을…… 그런데 부활절에는 언제나 은방울꽃으로 만든 커다란 달걀을 보냈는데, 거기에 파베르제[14]의 보석으로 만든 달걀이 묶여 있었다. 한번은 그가 내게 사파이어가 달려 있는 팔찌를 보내기도 했다……"

중간 결산을 해 보겠습니다. 무대에서는 완전한 성공의 기쁨을, 집에서는 유복함을 누리고 있으며, 모든 것이 사랑과 보살핌으로 더 이상 좋을 수 없는 상태에 있습니다. 무엇이 더 필요하겠습니까? 그러나 사회적인 견해, 억측들, 소문들, 음모들, 그리고 끝으로 행복과 성공에 대한 특별한 세금이 존재했습니다.

왕립 극장의 감독이었던 블라디미르 쩰랴코프스키의 일기를 들여다보는 것은 꽤 흥미 있습니다.

1907년 1월 3일.
"마틸다 크쉐신스카야는 이미 극단에서 일하지 않으면서도 계속해서 발레 문제에서 지시를 내릴 뿐만 아니라 발레 연출자와 총감독 같은 수뇌부 인사들에게 공포심을 심어주고 있다. 이러한 극단에 어떻게 질서가 있을 수 있겠으며, 이것은 얼마나 해로운 일인가. 여배우가 대공들과 동거하다니!"

---

14) 보석세공의 장인. 파베르제가 만들어 왕에게 선사한 달걀에서 유래되어 로마노프왕가에 부활절마다 전해 내려온 파베르제 달걀은 유명한 이야기임.

1910년 11월 15일.

"극장 생활에서는 종종 모든 일이 평범하게 진행된다. 영문을 모른 채 진행된다. 그러나 때로는 크쉐신스카야의 어제의 등장 같은 순간들이 다가오고, 이런 종류의 발레가 혐오스러워지기 시작할 때, 그리고 이 잘 차려 입은 저속하고 어리석은, 짐승과 같은 관객들이 추악함과 저속함 속에서 파묻혀 있을 때, 그리고 북소리에 맞춰 표현되는 느끼한 늘임표와 우는 소리를 가진 스텝들. 이런 순간들에는 모든 것이 혐오스러워진다. 객석의 관객들이 더 잘 차려입고 화려할수록, 관객들 속에서 감격이 클수록, 예술을 위해 더 슬퍼진다. 이것이 정말로 극장이란 말인가, 이것이 정말 예술이며, 정말로 내가 이것을 감독하고 있단 말인가? 평범치 않고, 테크닉이 좋고, 도덕적으로 뻔뻔스럽고 파렴치한, 불손하고 두 명의 대공들과 동시에 살고 있으면서 이것을 숨기지 않을 뿐만 아니라 오히려 반대로 발레 예술을 자신의 냄새나고 파렴치한 타락과 방종의 화관 속으로 휘말리게 하는 발레리나를 모두가 만족하고 모두가 기뻐하며 찬양한다."

1910년 12월 12일.

"오늘 공연 중에 크루펜스키는 크쉐신스카야를 만나 볼 필요가 있었다. 그가 그녀의 탈의실을 노크했을 때, 그곳에 있었던 세르게이 미하일로비치 대공은 누가 왔는지, 남자인지 여자인지 물었고, 목소리로 크루펜스키란 것을 알자, '크루펜스키는 들어와도 돼.'라고 말했다. 크루펜스키가 안으로 들어갔을 때, 그는 앉아 있는 대공 앞에 셔츠 하나만을 걸치고 있던 크쉐신스카야를 보게 되었다. 완전한 무사태평! 모든 것이, 모든 일이 간단하다."

블라디미르 아르까지예비치 쩰랴코프스키를 이해할 수 있습니다. 그런 극장을 감독한다는 것은 어려운 일이지요. 왕립 극장, 발레 애호가인 대공들의 극장, 공작의 첩들의 극장!(이와 같은 일이 예외가 아니라는 점을 지적하겠습니다. 이런 의미에서 모든 극장들이 자신들의 비호자, 보호자, 스폰서들에게 의존하며, 따라서 남의 뜻대로 움직이게 됩니다. 얼마 전의 예로 스탈린 시절의 볼쇼이 극장을 들 수 있습니다.)

그런데 우리가 주제에서 벗어났군요. 쩰랴코프스키는 크쉐신스카야의 동시대인이었고, 따라서 객관적일 수 없었던 것이 당연합니다. 오늘날 연극 전문가 바딤 가예프스키는 크쉐신스카야의 삶과 작품을 그렇게 철저한 흑백의 논리로 평가하지는 않습니다. 그는 그녀의 위풍당당함, 고상함, 귀족적인 풍모를 지적하고 있는데, 그것은 아마도 동작의 차가운 우아함을 의미할 것입니다. 그리고 가예프스키는 다음과 같이 덧붙이고 있습니다.

> "만약 여기에 타고난 낙천성, 불타는 기질, 그리고 우아한 춤 속에 숨겨진 강력한 성적인 매력을 더한다면, 기력이 없는 대공들이 왜 그렇게 그녀에게 끌렸는지, 그리고 페테르부르크의 무대에서 찬란하게 빛났지만 열정적이지는 못했던 밀라노의 명인들인 이탈리아의 순회공연 발레리나들을 왜 크쉐신스카야만이 밀어냈는지 이해된다."

1904년에 크쉐신스카야는 심사숙고한 후 또 하나의 용감한 행보를 내딛었습니다. 그녀는 마린스키 극장[15]에서 사직했고 순회공연가라는 새로운 신분을 얻었습니다. 안나 파블로바라는 샛별이 떠오르고 있었고, 마리우스 프티파는 은퇴했으며, 미하일 호킨의 안무는 힘을 얻고 있었는데, 이러한 배경에서 크쉐신스카야는 자주 무대에 서고 싶어 하지 않았습니다. 그녀는 일 년에 전부해서 8~10회 정도 춤추기 시작했지만, 그녀의 매번의 등장은 사건이

---

15) 상트페테르부르크의 마린스키 극장 소속의 마린스키 발레단(구키로프 발레단)은 볼쇼이 발레단에 비해 고전적 전통에 충실한데, 그것은 이 발레단이 1728년 왕실 발레 학교의 개교로 역사가 시작되어 권위 있는 러시아 안무가들과 무용수들을 배출시켰기 때문이다.

되었습니다. 무대 생활 20주년을 기념했을 때(1911년 2월 13일), 그녀의 축하 공연은 러시아 전체 무용 예술의 축제일로 변했습니다. 그날 저녁 크쉐신스카야를 '러시아 발레 최고의 발레리나'라고, 심지어 '러시아 발레의 총사령관'이라고 불렀습니다.

형용어구들은 모두 최상급이었지만 극단적인 실리주의자였던 크쉐신스카야는 자신의 회고록에서 특별히 물질적인 선물들을 열거하고 있습니다. 백금의 틀 속에 있는 다이아몬드 독수리는 황제의 선물이고, 안드레이 블라디미로비치 대공으로부터는 여섯 개의 커다란 사파이어가 달려 있는 다이아몬드 머리 장식, 세르게이 미하일로비치 대공에게서는 금테두리를 두른 마호가니로 만든 작은 곽을 선물받았는데, 그 안에는 가장 작은 것부터 가장 큰 것까지 노란 다이아몬드 컬렉션 전부가 들어 있었습니다. 관객들로부터는 계약서에 따라서 류도빅 16세 스타일의 파베르제 작품의 티테이블이 증정되었고, 모스크바 사람들로부터는 류도빅 15세 스타일의 은으로 테두리를 두른 거울, '슈르트-데-타블' 등등이 증정되었습니다.

크쉐신스카야는 보석들과 온갖 종류의 장식품들을 매우 좋아했습니다. 그녀의 회고록에는 1912년 무렵에 있었던 아주 사랑스런 사건이 등장합니다.

"겨울에 안나 파블로바가 순회공연을 위해 페테르부르크에 왔다. 우리 사이에 불화를 일으키려는 많은 사람들의 노력에도 불구하고 우리는 가장 친한 친구로 지내왔다. 파블로바는 내 집을 방문했고, 대화는 보석에 대한 것으로, 누구에게 어떤 보석이 있는지 하는 것으로 넘어갔는데, 그녀는 나에게 보석들을 보여 달라고 부탁했다. 우리는 이 층의 내 방으로 올라갔다. 구석에 있는 특수한 상자에 나는 나의 모든 보석들을 보관하고 있었다. 나와 안나 파블로바는 상장 앞의 바닥에 앉았고, 그녀가 감탄해 마지않았던 내 보석들을 그녀에게 보여주었는데. 정말이지 너무나 아름다운 보석들이었다. 내가 가지고 있던 소품들 가운데는 장차 선물하려고 구입했던 다이아몬드와 루비가 박혀 있는 백금으로 만든 훌륭한 펜이 있었다. 나는 그것을 파블로바에게 기념으로 선물했다."

그렇습니다. 크쉐신스카야는 파블로바와 좋은 관계를 유지하고 있었지만, 여기 또 다른 발레 스타인 올가 프레오브라줸스카야와의 관계는 그렇지 않았습니다. 처음 학창 시절에는 따뜻한 우정이 그 둘을 연결해 주었지만 무대 위의 경쟁은 그들의 우정에 어두운 그림자를 드리웠습니다.

마틸다 크쉐신스카야의 혁명 이전의 삶에 관한 이야기를 마무리하면서 또 하나의 측면을 지적해야겠습니다. 건축이나 온갖 종류의 주거 시설의 혁신에 대한 그녀의 열정 말입니다. 1906년 봄에 외국에서 돌아온 그녀는 황태자가 선물했던 옛집을 팔아버리고 자신의 새로운 집을 짓기로 결정했습니다. 그녀는 크론베르스키 거리와 볼샤야 드보랸스카 거리가 교차하는 곳에 한 구역의 땅을 샀고 건축가 알렉산드르 폰 고겐에게 저택의 설계를 맡겼습니다.

"1907년 크리스마스에 나는 결국 자신의 새 집으로 이사할 수 있었고 마침내 정말로 편리함을 갖춘 편안한 환경에서 살기 시작하여 매우 기뻤다." - 라고 크쉐신스카야는 쓰고 있습니다.

모든 것이 널찍했고, 크쉐신스카야의 바람과 취향에 따라서 가구를 배치했습니다. 홀은 나폴레옹 1세 시대의 장식 양식으로, 살롱은 류도빅 16세 스타일로, 침실과 드레스 룸은 영국 양식으로 꾸

멲습니다. 스타일이 뛰어난 가구들은 유명한 제작자 멜쩨르가 공급했습니다. 샹들리에, 벽에 단 촛대, 가지 달린 촛대와 그 밖의 모든 것은 빗장에 이르기까지 파리에서 주문한 것이었습니다. 인접한 곳에 공원을 가진 저택은 마틸다 크쉐신스카야의 환상의 걸작이었습니다. 잘 훈련된 하녀들, 프랑스인 요리사, 성 게오르기 훈장을 착용한 선임 관리인, 포도주 저장소, 마차들, 자동차들, 그리고 아들 보바를 위해 신선한 우유를 공급해 주는 젖소가 있는 우사와 가축지기. 그리고 사랑스런 폭스테리어 지비. 그야말로 완벽한 세트입니다. 그대여, 삶을 즐겨라! ……

페테르부르크에 있는 저택 이외에도 크쉐신스카야는 남 프랑스, 까쁘-쟈이에 있는 '알람'이라는 이름의 자기 소유의 빌라를 구입했습니다. 프랑스와 러시아에서 교대로 살았고, 페테르부르크와 런던에서, 또한 파리에서 공연했습니다. 그러나 잘 알려진 대로 행복은 길지 않습니다. 뜻하지 않게 제1차 세계대전이 일어났습니다. 크쉐신스카야는 충분히 애국적인 시민으로서 자신의 진가를 발휘했습니다. 자신의 돈으로 부상병들을 위한 30개의 병상이 있는 소규모 병원을 세웠고, 군인 가족들에게 선물을 주었습니다. 부상자들의 기운을 북돋아 주었으며, 그들 앞에서 몇 차례 춤을 추기도 했는데, 물론 에스메랄다가 아니라 '러시아 여인'을 췄습니다. 그러나 세계대전은 러시아에게, 민중에게, 그리고 개인적으로 마틸다 크쉐신스카야에게 앞으로 다가올 비극적인 사건들의 서막에 불과했습니다.

1917년 1월 17일에 페트로그라드에서 연극 <페넬라>의 첫 공연이 열렸습니다(크쉐신스카야는 이 연극에서 벙어리 역을 연기했고, 동시대인들의 평가에 따르면 그녀는 "놀랄 만큼 아름다웠다."고 합니다). 그날 저녁을 회상하면서 크쉐신스카야는 이렇게 적고 있습니다.

"모든 출연자들이 왠지 이 오페라에서 연기하는 것을 무서워했다. 무대에는 혁명이 묘사되었는데, 궁전을 불태워버렸고, 무대 전체가 화재의 불빛으로 뒤덮였다. 그리고 흡사 예언한 것처럼 무대 위에서뿐만 아니라 현실에서도 똑같은 일이 정말로 우리에게 일어났던 것이다. 한 달이 지나기도 전에 갑자기 혁명이 일어났다."

2월 22일에 크쉐신스카야는 자신의 궁전-집에서 24인분의 만찬을 준비하여 친구들과 지인들을 초대했습니다.

"이날을 위해서 나는 전쟁 초기부터 장롱 속에 감춰 두었던 나의 모든 아름다운 물건들을 꺼내어 평소의 자리에 배치했다. 나에게는 파베르제가 만든 많은 소품들이 있었다. 보석들로 만든 아름다운 조화들의 엄청난 컬렉션이 있었는데, 그중에는 나뭇가지마다 마치 얼음조각들처럼 작은 다이아몬드가 달려 있는 금으로 만든 작은 트리가 있었고, 작은 에나멜로 만든 물건도 많았고, 아름다운 분홍빛 코끼리와 금으로 만든 술잔도 많았다. 아름다운 소품들이 너무 많아서 나는 언니에게 전화로 장소가 충분치 않아서 이 모든 것을 어디에 세워놔야 좋을지 모르겠다고 하소연했다. 나는 내가 한 말 때문에 잔인하게 벌을 받았는데, 며칠 뒤에 이 모든 것이 약탈되었고 세워놓을 것이 아무것도 없었다."

머칠 후 주변에는 불이 맹렬하게 타오르기 시작했습니다. '부르주아들'은 자신의 집에 남아 있는 것이 위험했고, 그래서 크쉐신스카야도 도망쳤습니다. 그녀는 검소하게 옷을 입었습니다. 친칠라로 테두리를 장식한 검은색 벨벳 드레스에, 머리에는 스카프, 여행용 손가방에는 보석들 중 일부만을 넣었습니다. 사랑스러운 폭스테리어 지비를 데리고 있었고, 공포의 거리 어두운 심연 속으로 들어갔습니다. 처음 3일을 크쉐신스카야는 자신의 친지들과 함께 옷을 벗지도 못한 채 한 먼 지인의 검소한 아파트에서 지냈습니다.

그들이 공포에 떨고 있었던 동안(당연합니다. 운명의 낙차는 이렇게 큰 것이지요!), 크쉐신스카야의 집에서는 모든 것이 처음에는 자신의 추종자들(그중에는 가축지기였던 카챠도 포함되어 있었습니다)에 의해, 나중에는 혁명가들에 의해 약탈되었습니다. 남편의 사망 후 크쉐신스카야가 물질적으로 많이 도와줬던 가정부 루바쪼바는 집으로 밀고 들어오는 무장한 병사들을 기쁨이 넘치는 환영의 말로 맞이했습니다. "들어와요, 들어와요, 새는 날아갔어요."

모든 것이 약탈되었고 몰수되었습니다.

니콜라이 2세는 퇴위당하였습니다. 당시의 상황을 크쉐신스카야는 회상록에서 다음과 같이 쓰고 있습니다.

"모든 기존의 원칙들은 차례대로 파괴되었으며 주위에는 체포가 횡행했다. 거리에서는 장교들이 살해되었으며 방화와 약탈이 자행되었다······ 피투성이의 혁명의 공포가 시작되었다."

화재, 피, 폭력에 미쳐 날뛰는 사람들에 관해서는 이미 많이 쓰였고 읽혔기에, 이 사건들에 대한 비극적인 문장들을 추가할 필요는 없다고 봅니다.

왕립 발레의 프리마-발레리나였던 마틸다 크쉐신스카야의 시대는 끝났고, 다른 여성들의 시대가 도래했습니다.-라리사 레이스네르, 이네사 아르망, 알렉산드라 콜론타이…… 크쉐신스카야가 자신이 숨어 있던 곳에서 나와서 법에 따라 그녀에게 속했던 것을 되찾으려 했을 때(물론 모든 것이 헛된 일이었습니다!), 알렉산드라 콜론타이를 만났습니다. 새 권력이 자리 잡은 정부청사 중 한 곳에 콜론타이는 이빨 사이에 궐련을 물고 손에는 컵을 들고 다리를 포갠 채 높은 걸상에 앉아 있었습니다. 그리고 또 다른 만남이 있었습니다.

> "우연히 내 집 옆을 지나가다가 담비가죽으로 만든 내 외투를 입고서 내 정원에서 마음대로 돌아다니는 콜론타이를 보았다. 그녀가 내 다른 물건들도 사용했다고 사람들이 내게 말해 주었지만, 그것이 어느 정도나 사실에 맞는 말인지는 모르겠다."

1917년 7월 13일에 마틸다 크쉐신스카야는 아들 보바, 충직한 하녀인 류드밀라 루먄쩨바, 나이 든 하인 이반 쿠르노소프와 함께 페테르부르크를 떠났습니다. 남부 러시아를 따라 방랑이 시작되었습니다. 10월에 볼셰비키 혁명이 발생했고, 모든 은행과 부르주아들의 금고들은 국유화되었습니다. 크쉐신스카야는 거지가 되었습니다. 하지만 아직 살아 있었습니다. 이것은 역시 인간의 운명을 어떻게 바라보는가의 문제입니다. 실제로 많은 사람들이 저택이나 예금뿐만이 아니라 목숨을 잃었습니다. 일 년 후 크쉐신스카야와 추억의 긴밀한 끈으로 연결되었던 두 사람이 처형됩니다. 니콜라이 2세, 그는 바로 '니키'로, 에카테린부르그의 이파티예프의 집에서 죽게 되고, 세르게이 미하일로비치 대공은 알라파예스키 근처에서 다른 로마노프가 사람들과 같이 총살됩니다.

그런데 크쉐신스카야는 살아 있습니다. 키슬로보스크에서 아나파까지. 그녀의 도주 경로입니다. 불안, 궁핍, 수색, 공포 모든 것이 혁명의 잔에 가득합니다. 1920년 2월 26일에 이탈리아 기선 세미라미다[16]를 타고 마틸다 크쉐신스카야는(그녀는 48세였습니다) 러시아 땅을 떠났고 다시는 러시아 땅을 밟지 않았습니다. 3월 14일에 그녀와 그녀의 동행자들은 콘스탄티노프에서 하선했습니다. 그러나 이것은 여정의 중간 지점이었고 최종 목적지는 베네치아였습니다. 3월 23일 저녁 8시 정각에 기선은 비의 궁전 맞은편에 닻을 내렸습니다. 망명 생활이 시작되었습니다.

첫 몇 해를 크쉐신스카야와 그녀의 동반자이자 비공식적인 남편이었던 안드레이 대공은 자신들의 프랑스 빌라 '알람'에서 지냈습니다. 크쉐신스카야는 결코 가난과 고독 속에서 살지 않았다는 점을 지적해야만 하겠습니다. 사실 이전의 사치만큼은 아니었지만, 가난에 대한 암시 또한 없었습니다. 그리고 다시 손님들, 친구들, 만남들. 세르게이 디아길레프, 타마라 카르사비나, 드미트리 파블로비치 대공(그는 라스푸틴의 살해에 가담했던 바로 그 사람입니다), 파사노 후작과 다른 많은 사람들.

이제 또다시 크쉐신스카야의 회상록으로 돌아가 보겠습니다.

---

16) 고대 아시리아의 반전설 여제.

"나와 안드레이는 종종 우리의 결혼 문제에 관해 논의했다. 우리는 자신들의 행복뿐만 아니라 우리의 결혼으로 인해 안드레이의 합법적인 아들이 될 보바의 입장에 관해 생각하고 있었다. 실제로 지금까지 그의 위치는 애매하고 매우 곤란한 것이었다. 그러나 우리는 황가의 수장인 키릴 블라디미로비치 대공의 허가 없이는 어떤 경우에도 결혼하지 않기로 결정했는데, 그렇지 않을 경우 우리의 결혼은 황실의 혈통에 관한 제도의 관점에서 보면 합법적인 것이 아니기 때문에 우리들은, 즉 내 아들과 나는 성과 작위에 대한 권리를 상실하게 되기 때문이었다."

안드레이의 형인 키릴 블라디미로비치 대공은 허락해 주었고, 1921년 1월 30일에 칸느에 있는 러시아 교회에서 결혼 예식이 성립되었습니다. 결혼식 날 안드레이 공작은 자신의 일기에 이렇게 기록했습니다.

"……멋있는 저녁시간을 보냈다. 마침내 내 꿈이 이루어졌다. 나는 너무도 행복하다."

마틸다 크쉐신스카야도 행복했고 그녀에게는 크라신스카야 공작부인이라는 성과 작위가 주어졌습니다.

파리에서의 생활

대다수의 러시아 은세기의 문화인들(이반 부닌, 블라디슬라프 호다세비치, 알렉세이 레미조프 등등)이 망명지에서 어떻게 살았는지를 생각한다면, 크쉐신스카야의 프랑스에서의 생활은 전체적으로 아무런 부족함이 없었다고 말할 수 있습니다. 여기 그녀 자신이 카프 - 쟈이의 빌라에서 보냈던 세월들에 관해 적은 것이 있습니다.

> "우리는 쾌활함의 화신이었던 아나스타샤 미하일로브나 대공녀를 집으로 맞이하는 것을 매우 좋아했다. 우리는 그녀에게 맞춰 그녀가 사랑했던, 식후에 춤추는 것을 좋아했던 일단의 사람들을 선별했다. 이런 모임들은 언제나 굉장히 즐거웠고, 아놀드(크쉐신스카야 집에서 일종의 집사라고 할 만한)는 아름답게 식탁을 꾸몄으며 식사 후에는 여러 가지 깜짝 이벤트를 준비했다. 춤출 때 아놀드가 모든 조명을 끄자 정원에는 오색 불꽃이 타오르기 시작했는데, 이것은 정말 아름다웠다. 우리는 종종 대공녀와 함께 포도주를 마시고 춤추기 위해 그녀가 좋아하는 레스토랑 〈카를톤〉이 있는 몬테카를로로 가고는 했다……"

이 모든 것이 전혀 심심하지 않은 생활에 대해 이야기하고 있다는 데 여러분도 동의하실 것입니다. 여기에 극장 동료들 - 버지니아 쭈키, 이사도라 던컨, 이반 레쉬케(그는 아주 유명한 테너였습니다), 안나 파블로바, 표도르 샬랴핀과 그 밖의 다른 사람들 - 과의 잦은 만남들을 보탤 수 있을 겁니다. 그 밖에도 크쉐신스카야는 룰렛을 즐겼던 카지노에 가기 위해 몬테카를로로 자주 외출을 했는데, 그녀는 변함없이 '17'이라는 한 숫자에 걸었기 때문에 '마담 17'이라는 닉네임을 얻게 되었습니다. 그녀는 따기도 하고 잃기도 했지만, 어떤 경우에도 신중했고 아무 일도 없는 것처럼 미소를 지었습니다.

하지만 돈은 유성의 파편처럼 빠르게 사라져 갔고 장래 문제가 심각하게 제기되었습니다. 빌라를 팔고, 무용 스튜디오를 위한 장소를 찾기 위해 파리로 옮겨가야만 했습니다. 1929년 2월 5일에 크쉐신스카야는 자신의 가족과 함께 제16구역 10번지 건물의 '몰리토르' 빌라에 정착했습니다. 34~38번의 전화가 이미 가설되어 있었습니다.

1929년 4월 6일에 크쉐신스카야의 스튜디오에서 수업이 시작되었고 그녀의 첫 번째 학생은 타치야나 리프코바였습니다. 마틸다 크쉐신스카야는 재능 있는 교사임이 밝혀졌고 마고 폰테인, 이베트 쇼비레, 파멜라 메이와 같은 다른 많은 유명인들이 최고의 발레를 익히도록 가르쳤습니다.

크쉐신스카야는 자신의 개인 활동도 유지해 나갔습니다. 연극에 출연했고 순회공연을 가졌으며 1936년에는(그녀는 이미 64세였습니다) 젊어진 기분으로 런던의 자선 공연에 참가했습니다. '코벤트 가든'에서 그녀는 자신의 '러시아 춤'을 아주 성공적으로 추었는데, 또다시 '러시아 발레의 여왕'으로 인정받았습니다.

1941년 7월 22일, 모닝커피를 마시던 크쉐신스카야는 파시스트 군대의 러시아 침공에 대해 알게 되었습니다.

"우리의 불행한 조국은 어떻게 될 것인가, 우리에게는 무슨 일이 일어날 것인가?"

그리고 또다시 마틸다 크쉐신스카야는 그 옛날 1917년에 그랬던 것처럼 불안해했습니다. 그러나 모든 것이 순조롭게 해결되었습니다. 조국은 침입으로부터 자신을 구원했고 크쉐신스카야는 계속해서 자신의 순조로운 교육 사업에 종사했습니다.

단 하나의 슬픈 상황이 있습니다. 사람은 세상에 오래 살수록 그 대가로 더 많은 상실을 맛보게 되지요. 크쉐신스카야는 긴 삶을 살았고 그녀의 생애에 많은 동료들을 떠나보냈습니다. 세르게이 디아길레프, 안나 파블로바, 베라 트레필로바, 바츨라프 니진스키…… 그녀는 이 모든 상실들을 당연히 견뎌 냈지만, 1956년 10월 30일에 커다란 충격이 그녀에게 닥쳤습니다. 그녀의 남편이자 아들 블라디미르의 아버지인 안드레이 대공이 숨을 거둔 것입니다.

"내가 그 순간에 느꼈던 것은 말로는 표현할 수 없다. 비탄에 잠기고 쇼크 상태였던 나는 내 인생의 충실한 동반자가 죽었다는 사실을 믿지 않았다. 보바와 함께 우리는 고통스럽게 울음을 터뜨렸고 무릎을 꿇고서 기도하기 시작했다……"

"안드레이의 죽음과 함께 내 삶이었던 동화도 끝이 났다."라고 자신의 회고록에서 크쉐신스카야는 솔직하게 고백하고 있습니다. 그리고 발레리나의 회상록 중 또 하나의 중요한 발췌부분입니다.

"1958년에 모스크바 볼쇼이 극장이 파리로 순회공연을 왔다. 남편의 죽음 이후 일용할 양식을 얻기 위해 스튜디오나 집에서 시간을 보내면서 더 이상 아무데도 외출하지 않았지만, 나는 예외를 만들기로 하고 공연을 보기 위해서 오페라 하우스로 갔다. 나는 행복해서 울음을 터뜨렸다. 나는 이전의 발레를 알아보았다. 그것은 내가 40년 이상을 보지 못했던 바로 그 발레였다. 영혼이 남아 있었고 전통은 살아남아 계승되었다. 테크닉이 완벽의 경지에 도달한 것은 말할 것도 없었다. 다른 곳이 아닌 바로 러시아에서 꽃피울 수 있었다는 점, 다시 말하자면 예술과 테크닉을 결합시킬 수 있었다는 점에서 지대한 공헌이 있었음을 본다."

마틸다 크쉐신스카야는 자신의 회상을 1959년 가을에 끝맺었습니다.

"내 인생에서 나는 사랑도 총애도 보살핌도 받았다. 하지만 나는 슬픔뿐 아니라 많은 악도 보았다. 만약 내가 나에게 행해진 간계들에 대해서 쓴다면 그것을 행했던 사람들에 대해서는 말하지 않을 것이다. 어떤 일이 있었던 간에 누구와도 따지고 싶지 않고 누구에 대해서도 나쁘게 말하고 싶지 않기 때문이다……"

그녀는 그렇게 행동했습니다. 그녀의 책에는 질책도, 어떤 특별한 비난도 없습니다. 그녀는 그렇게 생애 마지막까지 오만한 폴란드 여인으로, 왕립 극장의 프리마 발레리나로 남아 있었습니다. 자신의 인생의 가장 마지막 기간을 그녀는 검소한 파리의 집에서 빈약한 물질적 풍요 속에서 살았지만, 그럼에도 불구하고 많은 불행한 사람들을, 특히 러시아 망명자들을 도와주었습니다. 자비심뿐만 아니라, 그녀 안에 지속되었던 에너지와 낙천성으로 그들을 놀라게 했습니다.

마틸다 크쉐신스카야는 1971년 12월 6일, 자신의 100회 생일까지 불과 아홉 달을 남겨둔 채 숨을 거두었습니다. 그녀는 마지막 안식처를 세인트-제네비예프-드-부아 파리의 공동묘지에 있는 러시아의 '위대한 스타들'의 묘지에서 찾았습니다.

결론적으로 마틸다 크쉐신스카야의 삶은 온갖 종류의 암초를 지나서, 바람과 폭풍우와 싸우면서 자신을 잃어버리지 않고 더 나아가 끝까지 직업적으로 자신을 표현하면서, 동시에 개인적인 행복까지 손에 넣은 채, 인생이라는 거친 바다를 따라 어떻게 항해할 수 있는지를 보여주는 본보기였다는 점을 지적하고 싶습니다. 드문 운명입니다. 사랑할 줄도, 사랑받을 줄도, 무대의 성공의 정점에 도달할 줄도 알았습니다. 만약 다른 유명한 여성들과 비교한다면 (조르쥬 상드, 이사도라 던컨, 소피야 코발렙스카야 등등), 그들이 인생에서 겨우 2~3회 회전에 성공했을 때, 마틸다 크쉐신스카야는 쉽게, 그리고 아름답게 32회 회전동작을 해냈습니다. 행복한 회전 동작입니다. 오직 그뿐입니다.

오늘날 발레리나 크쉐신스카야에 대해서는 많이 이야기하지만 (소련의 망각의 시간은 지나갔습니다), 그녀의 인간적인 운명에 대해서 얘기하는 사람은 거의 없습니다. 우리들이 - 저는 작가로서, 여러분들은 독자로서 - 시도해 본 것이지요.

레닌의 연인, 이네사 아르망

한마디로 정의할 수 없는 인물들이 있습니다. 그들은 지나치리
만큼 다면적이고 복잡합니다. 예를 들면, 이네사 아르망(Инеса А
рман) 같은 사람이지요. 그녀는 누구일까요? 매혹적인 여성, 러시
아의 '프랑스 여자?' 열렬한 혁명가, 참된 볼셰비키? 레닌의 제자
이자 연인? 많은 아이들의 어머니이며 자유로운 사랑의 여신? 아
니면 인생에서 자신의 길을 찾다가 결국에는 막다른 미궁에 빠진
평범한 여자일까요? 그녀는 확실히 그 모든 것이었습니다. 아무튼
좀 더 자세히 알아봅시다.

　어디로부터 나타났느냐 하면 파리로부터입니다. 그녀는 1874 년 4월 26일에 예술가 가정에서 태어났습니다. 그녀의 아버지는 오페라 가수인 테오도로 스테판으로 순수한 프랑스 혈통이었습니다. 어머니 나탈리 빌드는 배우였는데 반은 프랑스계이고 반은 영국계였습니다. 보헤미안들이 많았던 때지요. 재능은 그다지 많지 않지만, 음악과 연애사업은 차고 넘쳤던 보헤미안들 말입니다. 테오도로 스테판과 나탈리 빌드의 두 딸은 이네사와 르네였습니다. 딸들은 16살이 채 되기도 전에 고아가 되었습니다. 처음에 아버지가 죽었고 그 후에 어머니도 죽었습니다. 그들은 숙모의 보살핌 아래서 컸습니다. 숙모는 러시아에 있는 부유한 프랑스 가정에 가정교사로 초대되자 불행한 조카들을 데리고 갔습니다. 프랑스 아가씨들은 모스크바 근교 푸슈키노에서 아들들과 함께 사는 예브게니 아르망이라는 주인집에 있게 되었습니다. 러시아에 귀화한 프랑스인인 예브게니 아르망은 모스크바에 살면서 숲과 영지를 소유했고 푸슈키노에서 모직 염색공장의 주인이었는데 그 건물들은 지금까지 존재합니다. 예브게니 예브게니비치 아르망의 형제, 아들, 사촌들은 러시아와 유럽에서 자신들의 사업을 펼쳤는데, 사업들은 날로 번창했습니다. 젊은 프랑스 아가씨들은 제때에 도착했습니다. 그들의 도착과 함께 감정이 불타기 시작했고 떠들썩하기 시작했으며 활력이 넘치기 시작했습니다. 두 아가씨는 아름답고 우아하고 총명한 두뇌와 날카로운 말솜씨를 가지고 있었습니다. 그들은 러시아 상인과 기업가들의 몽상적이고 꾸물거리는 딸들과는 확실히 달랐습니다.

충분히 예상할 수 있는 일이 일어났지요. 아르망 형제들은 젊은 프랑스 아가씨들을 사랑했습니다. 여기서 그들의 젊음과 아름다움과 쾌활한 성격뿐 아니라 프랑스 혈통이라는 역할이 작용을 했습니다. 프랑스어로 사랑을 속삭이는 것이 더 가깝고 친숙하게 느껴지지 않겠어요? 간단히 말해서, 이네사는 알렉산드르 아르망과 결혼했고 르네는 블라디미르와 결혼했습니다. 물론 부의 축적이라는 관점에서는 신분이 차이 나는 결혼이었지만, 가장과 다른 연장자들은 젊은 아르망 형제의 감정에 반대하지 않았습니다.

아내의 역할 속에서: 행복과 지루함

이네사(러시아어로 그녀는 이네사 페도로브나라고 불렸습니다)는 알렉산드르 아르망가의 여주인이 되었습니다. 그녀는 그 집을 신속하게 자기 것으로 만들었고 자신의 취향대로 개조했으며 자식들도 많이 낳았습니다. 알렉산드르, 표도르, 이네사, 바르바라 4명이었지요. 아이가 많은 어머니였던 것입니다. 그러나 아이들을 돌보는 일은 이네사의 몫이 아니라 보모나 유모의 몫이었습니다. 이네사에게는 한 가지, 집의 여주인이 되는 일만 있었지요. 그러나 그녀는 곧 이 모든 것이, 집, 남편, 사랑 심지어 그녀가 한때 열중했던 자선활동조차도 지루해졌습니다. 정말 그러했습니다. 집에는 무엇이든 있었으나 충만한 만족이 없었습니다. 무엇인가가 더 필요했지요. 영혼은 무엇인가를 갈망했습니다. 몸은 무엇인가를 생각하며 애태우게 되었습니다. 이때 공교롭게도 러시아 사회의 분위기는 프랑스 역사에서 울려 퍼진 자유, 평등, 형제애와 같은 맥락의 충만된 혁명 사상으로 가득 찼습니다. 평안은 하찮게 여겨졌고, 전쟁이 큰 의미를 갖게 되었지요. 이 모든 것은 이네사의 본성에 위압감을 주었습니다. 마르크스주의를 통해 그녀는 레프 톨스토이의 견해에 빠졌습니다. 솔직히 말해 톨스토이주의를 통해 그녀는 혁명의 길에 들어섰습니다.

톨스토이는 무엇으로 이네사를 세뇌시켰을까요? 자신의 일기에서 그녀는 다음과 같이 썼습니다.

"톨스토이의 몇몇 구절과 평가들은 웬일인지 일생 동안 내 마음속에서 떠나지 않는다. 심지어 때로는 인생의 방향을 제시하기도 한다. 예를 들어, 〈전쟁과 평화〉에서 내가 15살 때 읽었던 한 구절이 있는데 이 구절이 나에게 큰 영향을 주었다. 그는 이 작품에서 나타샤가 결혼을 하고서 암컷이 되었다고 말하고 있다. 나는 이 구절이 수치스럽게, 매우 수치스럽게 여겨졌고 마치 채찍으로 나를 때리는 것같이 느껴졌다. 이것은 나에게 결코 암컷이 아닌 사람으로서 남아 있어야겠다는 확고한 결심을 불러일으켰다."

장 자크 루소에 따르면, 단순히 사람이 아니라 자유로운 사람이라면, 자신의 희망과 원하는 것을 향하여 쉽게 나아갈 수 있고 모든 현상에 있어서, 그중 우선적으로 사랑에 있어서 자유로울 수 있습니다.

예를 들어 이네사는 체르늬쉐프스키의 <무엇을 할 것인가?>라는 장편소설의 여주인공인 베라 파블로브나와 주인공의 모델이자 위대한 민주주의자 체르늬쉐프스키가 모든 것을 허락해 주었던 그의 아내 올가 사크리토브나를 역할 모델로 삼았습니다. 이네사는 단조로운 일상에 지루해졌고 또한 인생에 있어서 실험을 행하고 싶어졌던 것입니다.

니콜라이 아그니프쩨프에게는 아그네소츠카라는 여자에 관한 가벼운 시구가 있습니다. 이름을 바꿔봅시다.

다시 계속해서 얘기하면, 아그니프쩨프의 "그녀와 함께 극성스런 사랑 속에서, 완전한 인사불성으로……"라는 구절이 이네사에게는 누구와의 일을 얘기하는 것이라고 여러분은 생각하십니까? 남편의 동생인 블라디미르 아르망입니다. 실제로 블라디미르 자신이 가정의 기강을 훼손할 생각은 아니었을지 모르지만 이네사는 그에게 끌렸습니다. 그녀에게는 알렉산드르보다 그가 더 마음에 들었던 것입니다. 그것은 그의 남성미 외에 블라디미르 아르망의 사상이 그녀를 끌어들였던 것입니다. 그들은 사회 민주주의에 마음을 빼앗겼다는 것과 평범한 민중의 입장을 편하게 하여 행복을 가져오게 하자는 생각에서 일치했습니다.

알렉산드르 아르망은 자신의 동생과 아내의 관계를 알고 충격을 받았습니다. 그러나 그는 푸른 눈의 이네사를 매우 사랑했고 그녀의 배신을 용서해 주었습니다. 그의 고결함은 끝이 없었습니다. 그는 4명의 아이를 가진 아내를 놓아주었습니다. 이네사와 블라디미르 아르망은 모스크바의 오스토젠카 거리에 정착했습니다.

새로운 가정, 새로운 행복이었습니다. 5번째 아이, 이제는 블라디미르 아르망의 아들인 안드레이가 태어났습니다. 그러한 소용돌이 후에는 안정을 취해야 하고 자신의 감정과 이상의 탐구에 종지부를 찍어야 했는데 이네사는 그러지 못했습니다. 그녀는 <뇌우>[17])에서 볼가 강으로 몸을 던진 카테리나처럼 혁명에 뛰어들었습니다. 오스트로프스키의 여주인공은 절망 때문에 몸을 던졌지만, 이네사 아르망은 오로지 오랫동안 민중들이 염원하던 행복을 가져다주겠다는 희망으로 혁명에 몸을 던졌습니다. 자신을 위한 것이 아니라 타인을 위해서 말입니다.

광신이라고요? 그렇습니다. 이네사 아르망은 가족의 행복, 개인적 만족만으로는 좁고 답답하다고 느끼는 사람들 중 첫 번째도 아니며 마지막도 아닙니다. 그들은 소우주에서 숨을 쉴 수 없습니다. 그들에게는 광활한 공간이 필요하지요. 대우주 말입니다. 전 세계의 선을 위한 특별히 맹렬한 활동이 필요한 것입니다. 그들은 '폭풍과 갑자기 밀려드는 것'을 원합니다.

재혼을 통해서 남편과 아내인 블라디미르와 이네사 두 사람은 이 폭풍 속에 빠져들었습니다. 그 결과로 감옥, 유형, 망명이 있었습니다. 그러나 종교적 광신자들에게는 상황이 나쁘면 나쁠수록 더 좋았습니다. 그들에게 있어서 고통은 인생의 고귀한 목적이니까요. 사랑을 주지 말고 고통을 주어라. 일종의 사회적인 사도-메조히즘입니다. 그리고 이네사 아르망은 기꺼이 모든 고통을 감수했습니다. 만약 그녀가 독신의 투사였다면 이 모든 것을 이해할 수 있습니다. 그러나 다섯 아이들의 어머니 아닙니까? 아이들은? 버려진 첫 번째 남편이 아이들의 양육을 맡았습니다. 알렉산드르 아르

---

17) 작가 오스트로프스키의 작품.

망과 나중에 결혼했던 러시아 여자인 스쩨샤는 알렉산드르가 아이
들을 키우는 것을 도왔습니다. 스쩨샤가 죽었을 때 이네사의 아이
들은 그녀의 죽음에 대해 슬퍼했습니다. 그녀는 아이들에게 있어
서 두 번째 어머니였습니다.

　　여기에 모순이 있군요. 아이들은 버려졌음에도 불구하고 자신
들의 친어머니를 매우 좋아했습니다. 그들에게는 엄마와 가끔 만나
는 것이 정말 즐거운 일이었습니다. 그들은 항상 이네사 아르망이
감옥이나 유형지에서 보냈던 편지들을 두려움과 즐거움을 느끼며
읽었습니다. 아닙니다. 그녀는 잔인한 마음을 가진 어머니가 아니
었습니다. 그녀는 아이들을 사랑했지만 자유와 혁명을 더 사랑했을
뿐입니다.

레닌과의 만남

〈레닌〉

1908년 가을에 블라디미르 아르망
은 결핵으로 죽었습니다.
　　이네사는 친구들에게 보내는 편지
에 다음과 같이 썼습니다.

"물론 나는 그가 그렇게 몸이 불편한지 의심하지 않았어. 다만 종기를 없애는 작은 수술을 해야 한다고 생각했지. 내가 도착한 지 2주 후에 그가 죽었어. 나의 모든 개인적 행복이 그와 연관되어 있었기 때문에 그리고 개인적 행복 없이는 살아가기가 매우 힘들기 때문에 그의 죽음은 나에게 있어 회복할 수 없는 상실이었지."

편지에는 다음과 같이 계속됩니다.

"……파리로 왔어. 여기에서 일하고 싶어. 여기 프랑스 사회주의당에서 일하고 싶어. 당에서 일할 수 있게 되고, 모든 일을 할 수 있게 된다면 미래 사업을 위해 비록 작은 경험과 지식이라도 얻게 될 거야."

그녀가 미래의 사업에 대해 생각한 것이지 아이들의 미래에 대해 생각한 것이 아니라는 것은 주목할 만합니다.

다음해인 1909년에 아르망과 레닌의 만남이 이루어졌습니다. 그녀가 35살 때 그녀는 어떻게 보였을까요? 전기 작가 파벨 파들라슉은 그녀에 대해 다음과 같이 묘사했습니다. "길게 땋아 늘어뜨린 풍성한 머리, 열려 있는 작은 두 귀, 깨끗한 이마, 좁고 윤곽이 뚜렷한 입, 그리고 옅은 푸른색의 아름다운 눈, 주의 깊게 먼 곳을 주시하는 슬픔이 깃든 빛나는 눈."

거의 모든 동시대인들이 동감했습니다.

"그녀는 뛰어나게 아름다웠다."
"이것은 어떤 기적이었다. 그녀의 매력에 그 누구도 버티지 못했다."
"그녀는 자기 주위의 공간을 매력과 천성, 사교 매너로 불살랐다. 이네사가 나타나서 말하고 웃기 시작하면 모든 것이 존재하지 않는 것 같았다. 심지어는 그녀가 찌푸릴 때조차도."

볼셰비키 당원들 간에는 "마치 형식과 내용이 일치하는 형태로서 이네사 아르망을 변증법적 유물론 교과서에 포함시킬 수 있다."라는 농담이 오갔습니다. 그렇습니다. 아름다움이 혁명성에 더해졌습니다. 더 없는 결합이지요……

바로 그렇게 블라디미르 일리치 레닌은 이네사와 만났고 그녀를 높이 평가했습니다. 레닌의 삶에 있어서 여자들은 큰 부분을 차지하지 않았다는 것을 지적해야 하겠습니다만(그는 아폴리나리야 야쿠보바에게 청혼했다가 거절당해 나데즈다 크루프스카야와 결혼했으나 그녀는 여자로서가 아니라 믿음직한 당의 동지로서 그를 매혹시켰습니다), 레닌은 이네사 아르망의 여성적인 매력에 끌리지 않을 수 없었습니다.

그들은 어디에서 처음 만났을까요? 이것은 알려지지 않았습니다. 고벨렌 거리에 있는 러시아 도서관인지, 오를레앙 거리에 있는 당 인쇄소인지? 혹시 파리가 아니고 브뤼셀에서 국제 사회주의 지도부의 회의에서인지? 그러나 사실 중요한 것은 어디에서가 아닙니다. 중요한 것은 다른 것, 그들이 만났다는 것입니다.

이네사 아르망에게 있어서 블라디미르 레닌(그들이 만났을 때 그는 39살이었습니다)은 신이었고 스승이었습니다. 그녀는 아르망가에 마님 자격으로 살면서 레닌의 저서 <러시아에서의 자본주의의 발달>을 읽었습니다. 이미 그때 통신교육을 통해서 그녀는 사회주의가 러시아에서 승리해야만 하고 승리할 수 있다는 그의 사상을 믿고 있었습니다.

그러나 승리를 위해서, 스승의 사상의 성취감을 위해서는 많이 그리고 열심히 일해야 할 필요가 있었지요. 그녀는 유럽을 왕래하면서 볼셰비키 당원으로 일했습니다. 다양한 집회와 회의를 준비하고 많은 당 문서들을 번역하고 볼셰비키 출판물을 위해 기사를 스스로 썼습니다. 그녀는 끊임없이 일했으며 단지 감옥에 들어갔을 때만 일을 놓았습니다. 그러나 자유를 얻게 되자 예전과 같이 일을 계속했으며 '이네사 동지'는 믿음직한 당의 조력자가 되었습니다.

조력, 심부름꾼, 아마도 하수인인지도 모르지요. <피가로의 결혼>에서 정력적인 수잔나를 기억하십니까? 그녀는 사랑의 음모에서 백작 부인을 도왔고 이네사 아르망은 당의 지도자, 스승을 위해서, 하지만 그녀 역시 궁전의 하녀로서 일했습니다. 이 점은 특히 1917년 10월 혁명의 승리 후 확실해졌습니다.

로맨스일까요, 로맨스가 아닐까요?

한 늙은 당원에게 레닌과 이네사 아르망 사이에 로맨스가 있었는지에 대해 물었을 때 그는 짧게 "나는 양초를 쥐고 있지 않았어요."라고 답했습니다.

남아 있는 편지들(편지들 중 몇 개는 지금까지 고문서실에 보관되어 있습니다)에 따르면 레닌은 아르망에게 마음이 끌렸고 그녀는 정말로 그를 사랑했습니다. 이것은 당의 검열에 의해 삭제되었음에도 불구하고 그렇게 여겨집니다. 작은 프랑스 도시 뤼미에르에 있던 아르망이 크라코프 시에 있는 레닌에게 썼던 편지들 중 하나는 다음과 같습니다.

"저와 당신은 헤어졌지요. 헤어지고 말았어요. 정말이지 마음이 아파요. 나는 결코 당신이 이리로 오지 않는다는 것을 알고 느낍니다. 잘 알고 있는 장소들을 바라보면서 나는 당신이 여기, 파리에서 내 인생 속에 커다란 자리를 차지했었고 당신에 대한 생각과 아주 많은 것들이 연관되어 있음을 분명히 알았습니다. 나는 그때 당신에게 완전히 빠졌던 건 아니었지만, 당신을 무척 사랑했었습니다. 그리고 지금은 키스가 없어도 단지 당신을 보고 가끔 당신과 기쁘게 대화하고 싶습니다. 그리고 이런 것이 아무에게도 고통을 주지는 않는다고 생각합니다. 당신은 작별을 고했다는 사실 때문에 내가 당신에게 화가 났는지 물어보지요. 아니요. 나는 당신이 자신을 위해서 그런 것이 아니라는 것을 압니다……"

그 편지 속에서 아르망은 론쥬모를 기억나게 합니다. 언젠가 권력을 이용하여 장난치던 안드레이 보즈네센스키[18]는 서사시 론쥬모를 썼습니다.

지금 제재소는 론쥬모에 있다.
레닌 학교에? 론쥬모에?

이것은 서사시의 첫 부분입니다. 서사시는 "레닌은 모든 질문에 대답한다."는 화려한 문구로 끝납니다. 모든 것에! 레닌의 학생들은 입을 벌린 채 그에게 주의를 기울였습니다. 레닌과 다른 관계를 유지한 아르망만 제외하고 말입니다. 그녀는 다음과 같이 썼습니다.

"……나는 듣는 것뿐만 아니라 당신이 말하는 것을 바라보는 것도 좋아해요. 첫째, 당신의 얼굴은 생동감 넘치고 두 번째로 보기가 편했어요.

---

18) 소련 해빙기의 시인.

왜냐하면 이 순간에는 당신이 이것을 알아차리지 못하기 때문이지요."

정말이지 이것이야말로 사랑에 빠진 여성의 고백이 아니겠습니까?

1914년 6월에 레닌은 자신의 마음의 여자 친구에게 긴 편지를 씁니다. 편지에는 논의와 지시와 충고들이 있었고, 그 뒤에 레닌이 프랑스어로 "오! 나는 당신과 천 번이나 키스하고 싶었소……"라는 문구를 덧붙였습니다.

열정적으로 키스하는 레닌이라니요? 있을 수 없는 일이지요……

이네사 아르망은 어느 곳이든 사랑하는 스승을 따라 다니려고 애썼고, 크라코프에 있는 그를 찾아갔습니다. 크루프스카야는 레닌의 여자 친구의 도착을 다음과 같이 설명하고 있습니다.

> "1910년에 이네사 아르망은 부뤼셀에서 파리로 왔고 바로 우리 파리 그룹의 적극적인 멤버 중 한 사람이 되었다. 그녀는 매우 열정적인 볼셰비키의 일원이 되었고 우리 파리 대중을 매우 빨리 그녀 주위에 모이게 했다."

파리, 크라코프, 이 모든 아르망의 방문들을 크루프스카야는 사랑에서 비롯된 행동이라는 암시는 일체 없이, 오로지 정치적 활동으로 해석했습니다. 실제로 그러했습니다. 이네사는 당 지도자의 지시를 따랐을 뿐만 아니라 그를 기분 좋게 하려고 노력했습니다. 레닌의 파트너로 음악회에 갔고 그녀 자신이 피아노를 연주하기도 했습니다. 레닌은 특히 이네사가 베토벤의 <Sonate Pathetique>를 연주하는 것을 듣기 좋아했습니다. 이 감동을 주는 소나타에서 레닌은 미래의 세계 프롤레타리아 승리의 경건한 음조를 포착한 듯했습니다.

음악이 있었고 친밀한 관계도 있었습니다. 서신 왕래가 있었고 때로 그들은 자제력을 잃을 정도로 열정적이었는데, 그렇지 않았다면 후에 레닌이 불안해하지도 않았을 것이며, 썼던 편지들을 돌려달라고 요구하지도 않았을 겁니다. 1914년 7월에 레닌은 이네사에게 다음과 같이 부탁합니다.

> "올 때 우리의 편지를 모두 가져오시오(등기우편으로 편지들을 보내는 것은 불편했습니다. 등기우편의 편지는 친구들이 아주 쉽게 열어볼 수 있으니까요). 직접 편지들을 가져오시오. 그리고 이것에 대해 얘기합시다."

레닌은 <친구들>이 그들이 추측하는 것 이상으로 아는 것을 원치 않았습니다.

그러나 편지들 속에는 감정에 대한 고백뿐 아니라(비교적 많지는 않았지만) 이런저런 단계의 당 전술에 대한 생각들이 담겨 있었습니다.

이네사는 이 모든 것에 관심을 가지고 있었지만 무엇보다도 완전한 여성해방 문제와 성적 파트너 선택의 자유에 대한 문제가 그녀를 사로잡고 있었습니다. 이것에 대해 그녀는 알렉산드라 콜론타이와 같은 생각을 가지고 있었습니다. 그러나 도덕주의자이고 무정한 사람인 레닌은 당의 두 여성과는 다른 관점을 견지했습니다.

1915년 1월 4일에 그는 이네사 아르망에게 다음과 같이 썼습니다.

"친애하는 친구여. 팸플릿에 관한 계획을 좀 더 자세하게 쓰라고 권하는 바이오. 그렇지 않으면 많은 것들이 분명치 않게 되오. 바로 지금 의견 하나를 말해야만 하겠는데 '(여성의) 사랑의 자유에 대한 요구'를 삭제 하도록 조언하는 바요. 이것이야말로 정말로 프롤레타리아의 요구가 아 닌 부르주아의 요구인 것이오……"

관점에 있어서 불일치가 있었다는 사실은 명백합니다. 레닌은 인간의 자유를 제한하고 인간을 단지 역사적인 행위를 위한 재료 로만 남기길 원했습니다. 아르망은 당의 강령과 당의 과업의 테두 리 안에서조차 여자로 남아 있기를 원했습니다. 그녀는 자신과 여 성 동지들을 위해 단지 계급적인 감정만이 아닌, 사적이며 순전히 개인적인 감정의 표출을 위해 작은 틈이라도 남기기를 원했습니다.

당의 삼각관계에 대한 약간의 이야기들

이네사 아르망의 출현과 함께 레닌의 인생에 삼각관계가 형성 되었으나 곧 그것은 사랑의 관계가 아니라 파트너 관계가 되었습 니다. 크루프스카야[19]에게도 레닌은 신 같고 스승 같은 존재였습 니다. 그녀는 이미 초기에 남녀 다수 추종자들과 학생들의 존재를 받아들였습니다. 그럼에도 불구하고 어느 정도 남성 같은 나데즈 다 콘스탄티노브나(크루프스카야)에게서 순수한 여성적인 본질이 완전히 사라진 것은 아니었습니다. 1910년 레닌과 이네사 아르망 의 로맨스 초기에 그녀는 심하게 고통받았고 심지어 질투심으로

---

19) 레닌의 아내.

울기까지 했습니다. 콜론타이가 이야기했듯이 크루프스카야는 모든 사실을 알고 있었습니다. 그녀는 레닌이 이네사에게 깊은 감정을 가지고 있다는 것을 알았고 떠나겠다는 의향을 밝힌 것도 한두 번이 아니었습니다. 레닌이 그녀를 붙잡았습니다.

레닌이 잡았기 때문에 그녀는 그를 위해 어떤 의미가 되고 싶었고 그래서 삼각관계의 한 모서리 역할을 감당했습니다. 게다가 아르망은 예외적으로 공손하게 행동했고, 통속적인 표현으로, 자신의 마음에 든 남자를 다른 여자들처럼 아내로부터 떼어놓으려 하지도 않았으며 그녀는 만남의 '부스러기들', 즉 보고 듣고 키스하는 것에 만족했습니다. 알렉산드르 솔제니친의 표현에 따르면, 이네사 아르망은 단지 레닌의 여자 친구였습니다. 아름다운 프랑스 여자와 아름답지 않은 크루프스카야 사이에는 대등하고 우호적인 관계가 유지되었고 두 명 모두 정확히 삼각관계의 규칙을 지켰습니다. 아르망이 크루프스카야에게 보낸 편지가 바로 이 사실을 증명하고 있습니다. "친애하는 나데즈다 콘스탄티노브나! 내가 얼마나 당신을 보고 싶어 하는지……" 다른 편지에서 아르망은 레닌에게 다음과 같이 알렸습니다.

"나데즈다 콘스탄티노브나와의 관계에서도 좋은 일들이 많았어요. 최근 나눈 대화 중에 그녀는 내가 친밀하고 가까워졌다고 말했답니다……"

크루프스카야는 자신의 회고록에서 다음과 같이 말했습니다.

"가을에 우리 모두는, 모든 우리 크라코프 그룹은 이네사와 매우 친해졌다. 그녀에게는 인생의 즐거움이랄까 열정이 있었다. 나의 어머니는 그녀를 아주 마음에 들어 하셨고, 이네사는 나의 어머니와 이야기하고 함께 앉아 담배를 피우러 종종 들렀다. 이네사가 왔을 때는 더 편안하고 즐거웠다. 그녀는 머무르면서 자신의 삶, 아이들에 대해 많은 것을 얘기해 주었고 그들의 편지를 보여주었으며 그녀의 이야기들로 인해 어떤 따뜻함이 넘쳐흐르는 것 같았……”

그러나 크라코프의 안락한 생활은 전혀 이상적인 것이 아니었습니다. 크루프스카야의 편지들 중 하나에 “B. I.(블라디미르 일리치 레닌)가 다른 사람의 냄비 속을 들여다보는 것을 좋아하지 않았다면 모든 것이 괜찮았을 텐데.”라는 구절이 불쑥 나타난 것은 우연이 아닙니다. 시간이 흘러감에 따라 나데즈다 콘스탄티노브나는 평범한 여성으로 정신을 차린 것이지요. 기만당한 아내로 있는 것을 누가 좋아하겠습니까? ‘다른 사람의 냄비’는 ‘다른 사람의 옷자락’ 또는 ‘여자’의 완곡한 표현입니다.

레닌과의 로맨스 마지막 장

이네사 아르망은 레닌 부부와 함께 열차로, 게다가 같은 칸에 타고 러시아로 갔습니다. 하지만 시간이 지나면서 ‘아름다운 삼각관계’도 허물어지기 시작했습니다. 감정과 열정을 위한 힘도 시간도 이미 남아 있지 않았습니다. 사건의 급격한 흐름이 모든 세 사람, 특히 레닌에게로 밀려왔습니다. 사랑에 시간을 허비하는 것이 현실적으로 이미 불가능했습니다. 이것은 피할 수 없는 감정의 냉각과 맞물렸습니다. 사랑은 동적인 과정이지요. 사랑은 커지거나 줄어드는 것입니다. 레닌의 사랑의 절정은 지나갔습니다. 이네사의 마음을 황폐하게 하는 마음속의 가시만이 남았습니다. 1917년 1월 13일 레닌은 그녀에게 보낸 편지에 다음과 같이 썼습니다.

물론 레닌의 이 문장은 49권으로 된 전집에는 실리지 못하고 삭제되었습니다. 그러나 이것은 레닌이 직접 손으로 쓴 것입니다.

이 편지는 무엇에 관해 말하는 것일까요? 1917년 10월 바로 전까지만 해도 아르망은 그녀의 사랑에는 아무런 희망도 없다는 것을 이해했습니다. 실제로 그러했지요. 현실적인 소나타는 우울하고 슬픈 음색을 지녔습니다.

단지 감정의 타성이 이어졌습니다. 혁명 과업의 소용돌이 속에서 일리치는 때때로 자신의 이전 사랑을 기억했습니다. 아르바트 거리 제네즈니와 글라좁스키 골목, 3/4동 12호 아파트로 그는 물품들을 보냈습니다. 그리고 이네사를 치료하기 위해 자신의 의사를 보냈습니다. 전화기 수리를 위해 정비기사를 보냈고 어느 날은 그녀에게 덧신을 보냈습니다.

물론 필요한 물건이었지만, 아르망에게는 덧신이 필요한 것이 아니었습니다. 그녀에게 필요한 것은 그의 감정과 그의 상냥함과 약간의 친절이 되돌아오는 것이었습니다. 그러나 혁명의 지도자는 제때에 나타나지 않았습니다.

아르망은 44살이었습니다(여자들에게 이 나이는 많은 관계들에 있어서 변화가 오는 나이입니다). 그리고 여기 불행하게도 혁명으로 망가진 생활이 있습니다. 막대한 업무들(그녀는 러시아 사회주의 노동당 모스크바 지역 위원회와 구빈지역 정치 위원회의 간부회 위원이었고, 1918년부터는 러시아 공산당 중앙 위원회 여성 직업담당 분과 위원장이자 전 러시아 중앙 집행 위원회 위원이었습니다). 서류더미들, 세미나, 사람들과의 만남들. 여기에 아이들을 돌보는 것까지, 마침내 아이들이 그녀의 옆에 있었습니다. 이 모든 것이 그녀의 연약한 어깨 위로 떨어졌고 건강에 영향을 미치지 않을 수 없었습니다.

아르망의 일기 속에는 지나칠 정도로 솔직한 문장들이 나타납니다.

"……지금 나는 모든 것에 대해 관심이 없다. 중요한 것은 거의 모든 것이 지겨워졌다는 사실이다. 단지 아이들과 B. I.를 향한 뜨거운 감정만이 남아 있다. 모든 다른 관계 속에서 마음은 마치 죽어 없어진 것 같다. 마치 나의 모든 힘과 열정을 B. I.와 사업에 다 주어버려서 내 마음 속에 사랑의 모든 원천과 예전에 그렇게 풍부했던 사람들에 대한 동정심이 사라져 버렸다. B. I.와 나의 아이들, 그리고 단지 일로 인해 만나는 개인적 친분이 있는 사람들을 제외하곤 나에게는 더 이상 아무것도 없다……나는 살아 있는 시체이고 이 상태는 끔찍한 것이다."

모든 것을 혁명에 바쳤습니다. 모든 것이 타버렸지요. 1920년 9월 9일 아르망은 일기장에 다음과 같이 썼습니다.

"사람들에게 자신의 비밀을 감추면서 나는 사람들 사이에서 걷고 있는 것 같다. 나는 살아 있는 사람들 중에 죽은 사람이고 살아 있는 시체이다……나의 심장은 죽어 있고 영혼은 침묵한다. 그래서 사람들에게 나의 슬픈 비밀을 감추지 못한다……나는 더 이상 따뜻함을 주지 않고 더 이상 따뜻함을 발산할 수 없기 때문에 나는 더 이상 누구에게도 행복을 줄 수 없다……”

아르망의 눈은 초췌해졌습니다. 어떻게 해서든 스스로를 구하기 위해 그녀는 고향인 프랑스로 돌아가기로 결정했습니다. 그러나 레닌이 반대했습니다. 그는 그녀와 만나서가 아니라(그는 시간이 없었고 매우 바빴습니다.) 메모지에 프랑스로 보내달라는 그녀의 부탁에 다음과 같이 대답했습니다.

“사랑하는 친구여! 당신이 몹시 지쳤고, 일과 주변 사람들(아니면 직장 동료들)에게 만족하지 못한다는 것을 알게 된 것은 매우 슬픈 일이었소. 요양소에서 안정을 취한 후 내가 당신을 도울 수는 없겠는지? 여러 가지 방법으로 당신을 기꺼이 돕겠소. 만약 당신이 프랑스로 간다면, 물론 그역시 도울 준비가 되어 있소. 당신이 갈까 봐 매우 두렵고도 두렵소……당신은 체포되어 오랫동안 풀려나지 못할 것이오……프랑스로 가지 않는것이 좋을 듯싶소. 그렇지 않으면 그곳에서 당신은 오랫동안 잡혀 있게될 것이고, 심지어 누군가와 바뀌게 될 것이오. 프랑스로 가지 않는 것이나을 듯싶소.
만약 요양지에 있는 것이 마음에 들지 않는다면, 남쪽으로 가면 안 되겠소? 카프카즈에 있는 세르고에게 말이오. 세르고는 휴식, 태양, 좋은 일을 주선해 줄 거요. 아마도 그럴 것이요. 그는 그곳의 권력자이니까…… 이것에 대해 생각해 보시오……
간절히 부탁하오.
당신의 레닌”

메모를 받은 후 아르망은 레닌에게 전화를 했습니다. “나는 프랑스가 아니라 남쪽으로 가는 것에 동의해요. 세르고에게게로요.” 이번에도 당의 규율이 작동됐습니다.

1920년 8월 17일 레닌은 인민위원회장으로서 공식적인 명령을
내렸습니다.

> "나는 모든 방법으로 아픈 아들을 동반할 여류작가 이네사 페도로브나
> 아르망 동지에게 가장 좋은 거처를 마련해 주고, 치료를 도울 것을 요청
> 한다. 내가 개인적으로 알고지내는 이 당 동지들에게 전적으로 신뢰를
> 보여주고, 모든 방법으로 협조해 줄 것을 부탁한다."

레닌은 '모든 방법으로'라는 단어를 매우 좋아했습니다.

아르망은 카프카즈로 떠났습니다. 당의 동지들이 협조했습니
다. 가설 중 하나에 따르면, 심지어 지나치게 협조했습니다. 그들은
이네사 아르망을 없애버렸습니다. 비밀스런 계산이었습니다. 아르
망의 죽음으로 일리치의 건강에 타격을 주는 것이었습니다. 그리
고 계산은 정확했습니다. 그러나 이것은 가설일 뿐입니다. 공식적
으로 아르망은 베슬란 역에서 콜레라로 죽었습니다.

"이네사는 잘 있습니다." 세르고가 레닌에게 알린 내용입니다.

그런데 며칠 후에 전보가 모스크바로 날아들었습니다.

"특급. 모스크바. 러시아 공산당 중앙 위원회, 인민위원회, 레닌
동지에게. 9월 24일, 콜레라를 앓고 있던 이네사 아르망 동지를 구
하는 데 실패하여 시신을 모스크바로 옮김. 나자로프."

왜 '권력자'인 세르고가 아닌 나자로프일까요? 그러나 이것은
나중에 연구할 일입니다.

마지막 체험

　아르망(그녀 나이 47세였습니다.)의 죽음은 지도자를 놀라게 했습니다. 이네사가 곁에 있었을 때는 그녀를 알아채지 못할 정도로 그녀는 공기처럼 익숙한 존재였습니다. 그러나 그녀가 사라지자 레닌은 문득 숨을 쉴 수 없다는 느낌을 받습니다. 주위에는 당 동료들, 전우들, 반대파들, 적들이 있었지만, 그러나 이네사 아르망은 사랑과 용기를 발산하는 친근한 사람이었습니다. 그리고 그는 예기치 않게 이 순수하고 인간적인 따뜻함을 잃었습니다.

　이네사의 시신은 카프카즈로부터 거의 3주일 동안 옮겨졌고 이 3주일 동안 레닌은 괴로운 생각들과 기억으로 가득 차 있었습니다. 알렉산드라 콜론타이는 1920년 10월 12일, "우리가 그녀의 관을 따라 걸을 때, 레닌은 평소의 모습이 아니었다. 그는 눈을 감은 채 걸어갔고 금방이라도 넘어질 것 같았다."라고 말했습니다.

　나이 든 볼셰비키 엘리자베타 드라브키나는 <겨울 언덕>이라는 책에서 이렇게 회상합니다.

"밤은 가을답게 축축하고 어두웠다. 우리들은 몹시 추워서 떨고 있었고, 인내심 없이 아침을 기다리고 있었다.
우편전신국까지 도착했을 때는 이미 거의 날이 밝아오고 있었다. 우리들 쪽으로 이동하는 장례 행렬을 보았다. 검고 허약한, 그리고 열을 지어 고역을 당하고 있는 말들이 검은 영구차를 힘겹게 끌고 있었다. 영구차 위에는 어두컴컴한 광택으로 빛나는 매우 크고 그래서 무섭기까지 한, 긴 아연 상자가 놓여 있었다.
길가에 서 있으면서 우리들은 뼈가 앙상하게 남아서 겨우, 간신히 다리를 옮기고 있는 말들과 검은색으로 덮인 영구차를 지나보냈다. 그리고 그 뒤를 따라 걷는 블라디미르 일리치, 그리고 그와 나란히 서서 그를 부축하고 걷는 나데즈다 콘스탄티노브나를 보았다. 녹초가 된 어깨와 낮게 숙인 머리는 무엇인가 상상조차 할 수 없는 슬픔을 느끼게 했다. 우리들은 이 끔찍한 상자 속에 이네사의 시신이 담긴 관이 있다는 것을 알았다.”

이네사 아르망에 관한 기록에서 여류작가 라리사 바실리예바는 크루프스카야가 레닌을 부축했던 것이지, 레닌이 크루프스카야를 부축했던 것이 아니라는 사실에 주목했습니다. “이것은 그의 슬픔이지, 그녀의 슬픔이 아니었다.” 놀라울 것이 무엇이겠습니까? 모든 것이 당연한 것이지요.

드라브키나와 그녀의 회상으로 되돌아갑시다.

“그 다음 날 이네사는 붉은 광장에 묻혔다. 그녀의 무덤에 바쳐진 화환들 중에 하얀 생화로 만들어진 화환의 테이프에는 ‘레닌이 이네사 동지에게’라고 씌어 있었다.”

다른 혁명 동지인 안젤리카 발라바노라는 아르망의 장례식에 대해 다음과 같이 묘사했습니다.

“레닌의 얼굴뿐만 아니라 그의 모든 외양이 누구도 그에게 인사할 수 없을 정도로 그렇게 슬픔을 표현하고 있었다. 그는 자신의 고뇌와 함께 단둘이 있고 싶어 했다. 그는 더 작게 보였고, 그의 얼굴은 모자로 가려졌다. 그리고 두 눈은 병적으로 억눌러졌던 눈물 속에 사라진 듯 했다. 군중들이 우리 쪽으로 자꾸 밀려들어 왔으나, 그는 마치 관에 가까이 다가갈 수 있어서 고맙다는 듯이, 떠미는 것에 어떠한 저항도 하지 않는 것 같았다.”

만약 이네사가 실제로 독살당했다면(앞에서 언급했던 가설에 따라서), 권력을 열망하는 일리치의 경쟁자들은 머릿속에서 정확하게 계산하고 있었던 것입니다. "그는 이네사 아르망보다 오래 살 수 없었다. 이네사의 죽음은 그의 병인 암을 촉진시켰다."라고 알렉산드라 콜론타이가 썼습니다.

거의 막심 고리키식의 사랑과 죽음입니다.

이네사의 유골은 '가장 훌륭한 볼셰비키 당원들 중 하나'로 크레믈린 벽에 안치되었습니다. 계급의 법에는 위반되었지만, 일리치의 마음에 들도록 한 것입니다.

이것이 이야기의 전부입니다.

그렇군요. 아직 두 개의 호기심을 유발하는 사건이 남아 있습니다.

첫 번째는 이네사의 여동생인 르네 페도로브나가 죽을 때까지 이네사의 이름을 자신의 입으로 말하지도 않았을 뿐만 아니라, 다른 사람들로부터 듣고 싶어 하지도 않았다는 것입니다.

혁명은 자매를 바리케이드의 양 방향으로 갈라놓았습니다.

이네사는 혁명을 위해 투쟁하였고, 혁명의 승리에 기여했습니다. 여동생 르네는 혁명을 증오했고, 혁명 속에서 혼잡과 동요를 보았습니다. 그녀는 언니를 포함하여 모든 혁명적인 볼셰비키 당원들이 민족과 자신의 가족에게 죽음과 파괴만을 가져왔다고 생각했습니다. 르네 아르망은 이네사와는 다른 삶을, 눈에 띄지 않는 개인적인 삶을 살았습니다. 그러나 변덕스러운 역사는 자매 중 단지 한 명, 이네사만을 피의 황금판에 새겼습니다.

두 번째 사건입니다. 이네사가 죽은 후에 크루프스카야는 이네사의 딸과 친하게 지냈습니다. 1924년 1월 24일, 크루프스카야는 레닌의 죽음에 관해 아르망의 딸에게 알렸습니다.

> "사랑스런 이노츠카, 우리는 어제 블라디미르 일리치를 묻었단다……
> 관에서 좋은 사진들을 빼냈고, 그것을 너에게 보낼 거야. 그때까지 너와
> 구고와 이네소츠카를 안아 줄게. 진한 키스를 보내며. 너의 크루프스카
> 야."

우리가 보기에는, 어머니의 인생에서 비운의 역할을 했던 고인의 사진을 딸에게 보낸다는 사실이 정말 초현실적이지 않습니까? 이네사의 유골은 크레믈린 벽에 단단히 안치되어 있습니다. 레닌의 미라는 마브졸레이[20]에 있는 유리관 안에 놓여 있습니다.

그러면 영혼은? 영혼은 어디에 있을까요? 영혼들은 서로 만났을까요?

---

20) 레닌의 무덤.

영원으로 도약한 예세닌의 아내, 이사도라 던컨

대부분의 화가와 예술가들은 예술과 인생이 각각 따로 간다고 여긴다. 나는 예술로부터 인생을 분리할 수 없다. 특히 자신의 인생을 무용과 분리시킬 수 없다. 무용 자체가 나를 흥미롭게 하는 것은 아니다. 내 흥미를 끄는 것은 삶뿐이다. 나는 예술가로서가 아니라, 인간으로서 새로운 삶을 관찰하고 건설하기 위해서 러시아에 왔다……

— 1924년 5월에 레닌그라드의 잡지 〈예술의 삶〉에 실린 이사도라 던컨의 기사 중에서

도라 안젤라 던컨(또는 그녀가 자신을 불렀던 대로, 이사도라)는 미국에서 태어났는데, 한 기록에 따르면, 1878년 1월 27일에, 다른 기록에 따르면 같은 해 5월 27일에 출생했습니다. 때로는 1877년도가 언급되기도 합니다. 그녀의 첫 회상은 화재와 관련되어 있습니다. 사람들이 그녀를 창밖에 있던 경찰의 품으로 던졌습니다. 그녀가 자서전에서 쓴 것처럼, 그녀는 두 살, 아니면 세 살이었습니다. 불길이 상징적이군요. 이사도라 던컨의 춤 자체가 그녀의 감정과 사고의 불길로 가득 차 있었으니까요.

"모던 댄스 율동의 창시자 중 한 명" – 이렇게 연극 백과사전은 던컨을 소개하고 있습니다. 다른 말로 한다면, 발레 예술의 혁명가

입니다.

그리고 실제로 일정한 형식에 의한 동작을 가진 고전 발레의 틀 안에서 답답함을 느꼈던 그녀는 자연스러운 동작들을 추구했는데, 바로 고대 그리스 무용이 그녀가 그리던 꿈의 무용이었습니다. 그녀는 익숙한 발레 의상(고전 발레 댄서의 무대 의상, 몸에 착 붙는 메리야스)을 튜닉으로 대체했고, 맨발로 춤을 추었습니다(맨발의 여인의 춤). 점차 완성도를 얻게 된 그녀의 공연은 항상 관객을 열광시켰습니다. 물론, 무용 자체의 독창성 이외에도, 그녀의 성공에는 숙명적인 여인의 이미지, 혼을 빼앗는 마법의 효과가 적지 않은 역할을 했습니다. 그녀를 20세기 상류사회의 고급 창녀라고 불렀습니다(그리고 그런 그녀를 아내로 맞은 사람은 바로 지방도시 랴잔 출신의 금발 청년 세르게이 예세닌[21]이었습니다. 역설적이지 않습니까?).

이사도라 던컨(Исадора Дункан)이 예세닌과 만나기 전까지의 인생에는 하나의 계단에서 다른 계단으로 이어지는 성공으로의 힘든 도약, 끊임없는 춤과 순회공연, 여행, 아이들을 가르치는 일(그녀는 아이들과 일할 줄 알았고, 이것을 좋아했습니다), 그리고 로맨스들로 이루어진 긴 치마 자락이 있었습니다. 아직 어린 던컨에게 반한 중년의 폴란드인 얀 미로스키는 그녀에게 키스 세례를 퍼부었을 때, 그녀는 마침내 유일하고 위대한 사랑이 무엇인지 알게 되었다고 확신했습니다. 하지만 <고백>에서 그녀가 지적한 것처럼 그 당시에는 "아직 자유연애라는 이름의 무기를 들지 않았고",

---

21) 이사도라 던컨보다 17세 연하인 예세닌은 러시아의 천재시인으로 '농촌시인'이라고도 불린다. 이사도라 던컨과 예세닌은 결혼 후 이별과 재회를 반복하다 결국 헤어지게 되고 예세닌은 자살한다.

나중에서야 자유연애를 위해 투쟁했습니다.

원숙한 던컨의 연애들, 이것은 독특한 연애 모험과 같은 것으로, 여기에 참여한 사람들은 시인 더글라스 엔슬리와 앙리 바타일, 화가 찰즈 갈레, 작가 안드레 보니에와 가브리엘 다눈찌오, 연극 감독 고든 크랙, 그리고 피아니스트 월터 푸멜, 백만장자들과 천만장자들이 있었습니다. 모두가 이사도라 던컨과 사랑에 빠졌고, 그녀의 발밑에 돈, 영광, 재능을 던질 준비가 되어 있었습니다.

모든 일이 쉽게, 찬란하게 이루어졌다고 말할 수는 없습니다. 씁쓸한 실망들, 소란스런 이별들, 연애의 괴로움들도 있었습니다. 바네사 레드그레이브 주연의 영화 <이사도라>를 본 사람이라면, 유명한 '맨발로 춤추는 여인'의 사랑과 고통의 역사를 눈으로 좇는 기회를 가졌을 것입니다. 그러나 그녀의 전기 작가인 메르세데스 드 코스타가 지적한 것을 상기합시다.

> "이 모든 상황에서 그녀, 이사도라는 모든 사랑의 관계에서 어머니의 역할을 했다. 그녀는 끝까지 아내도, 애인도 되지 못했다. 그녀는 자신의 전부를 연인들에게 주려고 했다. 그녀는 어머니가 아이들에게 헌신하는 것처럼 자신을 주었다."

모성 본능인가요? 그렇습니다, 의심의 여지가 없습니다. 그녀에게는 세 명의 아이들이 있었지만, 운명은 그녀로 하여금 아이들 모두를 잃도록 했습니다(두 아이는 그들을 태우고 가던 자동차가 파리의 센 강 위 다리를 둘러싼 울타리를 뚫고 강에 빠지면서 비극적으로 죽었습니다). 던컨은 예세닌도 이중의 사랑으로 사랑했던 것 같습니다. 여성의 정열로, 그리고 어머니의 부드러움으로.

서유럽에서 커다란 성공을 거둔 후에 이사도라 던컨은 1904년 말 처음으로 러시아에 왔습니다. 그녀는 26세(혹은 27세)였습니다. 예세닌은 그 당시 겨우 9살의 소년이었으며, 앞으로 그를 기다리고 있는 것이 무엇인지 전혀 상상하지도 못한 채 시골에서 살고 있었습니다. 그런데 던컨은 이미 여왕이며, 페테르부르크의 관객들에게 강한 감동을 주었습니다.

그녀의 데뷔는 12월 13일, 페테르부르크 귀족회의에서 열렸습니다. 자신의 첫 번째 공연에서 이사도라는 쇼팽의 음악에 맞춰 <무용의 목가>의 변형을 추었습니다. 그 후 1905년 1월에 모스크바에서, 그리고 다시 페테르부르크에서 공연이 이어졌습니다. 그 후에도 1907, 1908년도 겨울시즌과, 1909년 여름, 1913년 1월에 순회공연이 있었습니다. 다시 말해서 러시아 관객들은 던컨의 춤을 충분히 즐겼습니다.

평판들은 다양했지만 대다수가 열광적이거나 혹은 관리들이 말하기 좋아하는 대로, 긍정적이었습니다.

막시밀리안 볼로쉰:

"이사도라 던컨은 다른 사람들이 말하고, 노래하고, 쓰고, 연주하고, 그리는 모든 것을 춤으로 표현한다…… 그녀 안에는 발레 댄서의 동작은 하나도 없다. 그녀는 아이올로스(바람의 신)의 입에서 나오는 솜털처럼 나는 것이 아니라, 바람으로 인해 기울어지는 유연한 풀잎처럼 음악의 박자에 맞춰 구부러지고 기울어진다. 음악은 그녀 안에서 실현되고 동시에 그녀에게서 나온다……"

또 다른 시인 세르게이 솔로비요프:

"이사도라 던컨은 우리에게 내가 '정신적인 육체화'라고 부르는, 그 육체 상태의 예감을 주었다. 그녀의 춤에서 형식은 최종적으로 물질의 범용함을 뛰어넘고 있으며, 그녀의 육체가 창조하는 각각의 동작은 정신적인 행위의 구현이다. 밝고 기쁨에 넘치는 그녀는, 모든 몸짓으로 자신에게서 카오스의 족쇄를 털어버렸고, 그녀의 육체는 특별하고, 죄가 없으며, 깨끗해 보였다……그녀는 보티첼리의 '봄'으로 나왔다……그녀는 신생아로, 봄에 기뻐했고, 웃었다. 파란 꽃들을 꺾었다. 줄기처럼 햇빛의 파도 속에서 태양을 향했다. 그녀 자체가 우월했고, 빛나고 있었다……"

던컨은 보티첼리의 '봄'으로서만이 아니라, 사랑의 여성 신관으로도 나타났고, 그녀의 주신제의 춤은 광란이며 고통이었습니다. "던컨의 춤은 미래의 담보다"라는 것이 세르게이 솔로비요프의 결론이라는 사실을 덧붙여야만 하겠습니다.

안드레이 벨르이:

"외국인 무용가에 의해 공연되는 흥행물에 간다는 것이 왠지 이상했다. 그러나 나는 갔다. 가볍고, 기쁨에 가득 찬, 어린아이 같은 얼굴을 가진 그녀가 나왔다. 그리고 나는 그녀가 말로 표현할 수 없는 것에 관하여 춤추고 있다는 것을 이해했다. 그녀의 미소에는 새벽노을이 있었다. 몸의 움직임에는 푸른 초원의 향기가 있었다. 튜닉의 주름들은 마치 속삭이는 것처럼, 그녀가 자유롭고 순수한 춤에 몰두할 때, 물결의 거품으로 부서졌다……"

아, 시인들, '흥미로운 사람들!' 그들은 모든 것들을 시적으로, 그리고 은유적으로 파악합니다. 그들에게 기회만 준다면, 그들은 자신의 문체를 보여줄 것입니다!(고의는 아니지만 비꼬는 공격이 되어 버린 점에 대해 사과드립니다. 저도 역시 열중했습니다……)

그런데 여기 마린 극장의 제1 바이올린 주자인 빅토르 발테르는 오케스트라의 연주석에서 비너스 형상의 이사도라가 어떻게 자신의 동굴로 바그너의 탄호이저를 불러오는가를 관찰하면서, 그가 본 것은, 후에 그가 사람들에게 이야기했듯이, 단지 사랑의 여신이 손짓하는 팔과 그녀의 살찐 무릎뿐이었습니다. 이제 여러분도 현실로 돌아오십시오! ……

그리고 물론, 프리마 – 발레리나이자 경쟁자, 명성에 있어 호적수라고 말할 수 있는 마틸다 크쉐신스카야의 아주 흥미로운 견해가 있습니다.

> "이사도라 던컨…… 그녀는 무엇인가 독특하고…… 그녀의 춤에는 많은 즉흥적인 것들이 있다…… 일반적으로 던컨은 적은 수에서는 돋보이지만, 긴 대열에서 그녀는 지루해진다…… 나는 우리의 고전 발레의 신봉자이지만, 이것이 내가 예술의 신전에서 혁신을 완전히 부정하고 있다는 것을 의미하지는 않는다. 오히려 그 반대다. 혁신은 필수불가결하다. 그러나 우리에게 던컨이 보여주고 있는 것 같은 것은 아니다…… 던컨이 하고 있는 것은 미래의 예술이 아니다. 이 점은 그녀의 첫 공연에서부터 이미 5년이 흘렀지만, 그녀의 춤이 조금도 일반화되지 않았다는 사실에서 명확해진다……"

무용들은 실제로 일반화되지 않았지만, 무용가의 형상은 러시아 연극계의 기억 속에 깊이 각인되었습니다. 그래서 혁명과 내전 후에 조금씩 문화적인 삶의 형편이 나아졌을 때, 볼셰비키는 던컨을 기억해 냈고, 그녀를 이제는 소비에트 러시아로 정중하게 초청했습니다. 루나차르스키의 말대로, "이사도라의 세계관의 중심에는 오늘날의 부르주아적인 생활 관습에 대한 위대한 증오가 있고",

볼셰비키는 부르주아에 대한 모든 종류의 증오를 환영했는데, 어떻게 그녀를 초청하지 않을 수 있겠습니까.

초청을 수락하고 나서 이사도라는 망설이지 않았습니다.

> "러시아로 가는 길에 나는 마치 사후에 분리되었던 영혼이 새로운 세계로 자신의 여행을 떠나는 것 같은 느낌을 받았다."

단지 하나의 조건이 있었습니다. 자유로운 영혼이 자연스런 동작들 속에서 자유롭게 표현되는 모던 댄스를 혁명의 나라에서 그녀가 아이들에게 가르칠 수 있는 대중적인 학교를, 일종의 '우리 시대의 미의 박물관' 같은 것을 세우는 것을 도와주는 것이었습니다.

1921년 가을에 43세의 이사도라 던컨은 볼셰비키의 나라에 모습을 드러냈습니다.

≪페테르부르크의 겨울들≫에서 게오르기 이바노프는 이렇게 썼습니다.

> "1921년 말에 이사도라 던컨은 예전 같지 않은 명성을 되돌리기 위해서 모스크바에 도착했다. 그녀는 이미 전혀 젊지 않았고, 뚱뚱해졌고 무거워졌다. '여신과 같은, 맨발로 춤추는 댄서', '살아난 조각상'으로부터 남아 있는 것은 거의 없었다. 던컨은 거의 춤을 출 수 없었다. 그러나 이것은 그녀가 입추의 여지없이 가득 찬 모스크바 볼쇼이 극장의 갈채를 즐기는 것을 조금도 방해하지 않았다. 이사도라 던컨은 숨을 헐떡이면서, 손에 붉은 깃발을 들고 무대로 뛰어나왔다. 이전의 던컨을 보았던 사람들에게는 이 광경이 충분히 슬픈 것이었다. 그러나 어쨌든 그녀는 세계적인 명성을 가진 이사도라였고, 중요한 것은 외국의 유명 인사들이 자주 찾아오지 않았던 '붉은 수도'에서 춤을 췄다는 점이었다. 더구나 붉은 깃발을 들고서 춤을 추었다! 열광적인 박수는 그치지 않았다. 인민

위원회의 위원들에 둘러싸인 레닌 자신도, 황제의 특별석에서 그들에게
신호를 주었다······”

그런데 여기 화가 유리 안넨코프는 자신의 회상록 <나의 만남
의 일기>에서 하나의 현상으로 혁명 수도의 이사도라를 묘사하고
있습니다.

“공산주의 이데올로기에 사로잡힌 이사도라 던컨은 1921년 모스크바에
도착했다. 붉은 머리의, 경박하고, 우울하고, 생각이 없고, 관대하고, 조
소받는, 전 세계의 탕자들에 의해 더럽혀져 ‘둔카’라는 별명으로 불린
그녀가 모스크바에서 그녀에게 할당된 프레치스텐까 거리에 있는, 러시
아를 떠난 발레리나 발라쇼바의 소유였던 저택에서 프롤레타리아 아이
들을 위한 모던 댄스 학교를 열었다······
예세닌, 마리엔고프, 쉐르쉐네비치, 그리고 코시코프와 함께 나는 종종
이미지즘의 아지트가 되어 버린 던컨의 저택에서 떠들썩한 주연의 밤을
보냈다. 식료품들과 포도주들은 크레믈린에서 직접 공급되었다. 던컨은
예세닌에게 매료되었으며 이것은 아주 당연한 일이다. 나의 나스쨔만이
그를 ‘미남자’라고 여긴 것이 아니었다. 로맨스는 질풍 같았고, 던컨의
공산주의적 이상주의만큼이나 짧았다.”

스톱! 스톱! 그런데 어떻게 러시아인 시인과 미국인 무용가 사
이에 만남이 일어났던 것일까요?

또다시 게오르기 이바노프의 이야기에게 주목하겠습니다. 여기
≪페테르부르크의 겨울들≫에 그의 가설이 있습니다.

“첫 공연 후 그녀를 기념하여 개최된 만찬에서 저명한 무용가는 예세닌
을 보았다. 성공에 흥분한 그녀는 자신을 예전같이 아름답다고 생각했
다. 그리고 자신의 습관대로 참석자들 가운데서 그녀와 오늘의 승리를

함께 '나눌' 가치가 있는 사람을 찾으면서 만찬의 참가자들을 둘러보았
다…….

던컨은 자신의 '미끄러지는 듯한' 걸음걸이로 예세닌에게 다가갔고, 오
래 생각하지 않고 그를 껴안고 입술에 키스했다. 그녀는 그녀의 키스가
이 '변변치 못한 얼뜨기'를 행복하게 해 주었다는 것을 의심하지 않았
다. 그러나 그녀의 입맞춤은 이미 취해버린 예세닌을 화나게 했다. 그는
그녀를 밀어버렸다. '그만둬, 못된 년!' 러시아어로 내뱉은 그 말을 이해
하지 못한 채, 그녀는 다시 한 번 예세닌에게 더 강하게 입을 맞추었다.
그러자 그는 손을 들어 올려 세계적인 유명인사의 뺨을 큰 소리가 나게
때렸다. 이사도라는 경악하여 농촌 아낙네처럼 소리를 지르며 울기 시작
했다. 곧바로 술이 깬 예세닌은 서둘러 그녀의 손에 입을 맞추었고, 위
로하며 용서를 구했다. 그렇게 그들의 사랑이 시작되었다. 이사도라는
용서했다. 그녀는 그 자리에서 반지의 다이아몬드로 창문의 유리를 긁어
글을 썼다.

Esenin is a huligan,
Esenin is an angel, -
'예세닌은 훌리건이다. 예세닌은 천사다.' 곧 무용가와 그녀의 아들 같
은 '농민 시인' 의 로맨스는 합법적인 결혼으로 완성되었다."

엠마누엘 게르만의 ≪예세닌에 관한 책 중에서≫ 발췌합니다.

"그 당시 그에게는 많은 친구들이 있었다. 여자 친구는 없었다. 한방을
쓰는 자신의 동료의 목가적인 로맨스에 질투했던 것을 기억한다.
－여자애들 하고는 이제 끝이야. 그런데 나는……
알려진 대로. 자연은 공허함을 참지 못한다. 이 공허함이 곧 이사도라
던컨을 가득 채웠다."

게르만은 화가인 야쿨로프의 스튜디오에 나타난 이사도라를 다
음과 같이 묘사하고 있습니다(게르만의 가설에 따르면, 바로 이곳

에서 그와 그녀는 처음으로 만났습니다).

> "이국적으로 선명한 외모에, 안에는 모피를 댄 시베리아산 피혁을 입은
> 몸집이 크고 눈이 큰, '튀어나온 눈을 가진 헤라'라고 표현할 수 있는
> 그녀는 전 세계의 무대에 올랐던 여성다운 태도를 지닌 채 자신에게 낯
> 설고 새로운 사회에 들어왔다."

원칙적인 면에서 본다면 그들이 어디에서 처음 만났는가는 그
렇게 중요하지 않습니다. 만찬회장에서인지, 아니면 스튜디오에서
인지. 저 개인적으로 보다 더 중요한 것은 그들이 어떻게 서로를
이해했는가 하는 점입니다. 게르만이 패거리에 대해 쓴 것처럼, 이
일행은 카페 '페가수스의 마구간의 한 구획'에서 모였습니다.

> "우리는 영어도, 프랑스어도 마찬가지로 잘하지 못했다. 러시아어로 읽
> 고 쓰는 것은 그녀에게 어려웠다. 독일어가 곤경에서 벗어나게 해 주었
> 다. 그녀는 독일어로 유창하게 말했지만, 영어 악센트가 있었다. 우리들
> 중 누군가가 독일어를 겨우 할 줄 알았다.
> 바로 그렇게 합의했다.
> 예세닌에게는 미소가 말을 대신했다. 그렇지 않으면, 별 생각 없이 그녀
> 와 러시아어로 이야기를 시작하고는 했다.
> ─ 정말 이해하고 있지, 이사도라?
> 그녀는 정말로 그를 이해했다."

이해─이것은 훌륭합니다. 그러나 이것은 정말로 무엇이었을까
요? 사랑? 갈망? 아니면 수학적인 착실한 계산인가요? 여기 동시대
인들의 몇 가지 의견이 있습니다.

엠마누엘 게르만이 예세닌에 관하여 말합니다.

"마지막 몇 년 동안 그는 좋지 않게 마셨다. 술에 익숙하지 않은 사람들
이 취하는 것처럼 곧장 취했다. 그렇게 던컨에게 만취했다."

이사도라에 대해서 말합니다.

"던컨은 시들어 가는 여성의 감상적이고 적의를 지닌 사랑으로 예세닌
을 사랑했다."

아나톨리 마리엔고프:

"예세닌은 이사도라 던컨이 아니라 그녀의 세계적인 명성과 사랑에 빠
졌다. 그는 그녀 – 나이 들고 몸이 불었지만, 머리를 염색한 아직 아름다
운 여성 – 와 결혼한 것이 아니라, 그녀의 명성과 결혼했다……"

나탈리야 크란디옙스카야:

"예세닌의 사랑은 그녀에게 지독한 식욕 증진용 알코올음료 같은, 인생
의 주연에서 마지막 음식에 따라 나오는 톡 쏘는 양념 같은 것이었
다……"

또다시 ≪나의 세기≫라는 회고록 중에서 마리엔고프를 인용
합니다.

"이 늙은 현대화된 미로의 비너스(매우 닮았다)와 함께 예세닌은 심지어
'신들의 양식', 즉 겨자와 소금으로 간한 차가운 양고기를 먹는 것조차
거슬렸다. 그가 유행가(속요)를 지은 것은 이유가 있었다.

양고기를 원하지 않아,
상처 입었기 때문에.
부상자는 곧바로 가슴으로
양고기의 여주인으로!

그런데 가장 두려운 것은 자작나무로 만든 삼인용의 부부 침대에, 솜털로 만든 극히 가벼운 이불 밑에 그는 몽롱할 정도로 만취했을 때만 누울 수 있었다는 사실이다. 그의 일상적인 문구인 '나와 같이 마시자, 추한 암캐야'는 그렇게 유명한 시에 변함없이 등장했다…… 예세닌은 사랑받고 있었다. 이사도라는 사랑하고 있었다. 예세닌이 뺨을 내밀면 그녀는 입 맞춰 주었다……"

물론, 언제나와 같이 마리엔고프에게는 처음에 라이흐[22]에게 그랬던 것처럼 던컨에 대해서도 확실한 악의가 넘쳐나고 있습니다. 그런데 여기보다 더 객관적인 관찰자이자 예세닌의 전기 작가 중 한 명인 일리야 쉬나이더가 이 평범하지 않은 커플-예세닌과 던컨-에 대해 기록한 것이 있습니다.

"그들은 역시 대동소이했고, 서로가 서로를 닮았으며, 하나의 형상을 하고 있었다. 두 사람 다 지나칠 정도로 재능이 있었으며, 둘 다 감정적이고, 억제할 줄 모르며 분별이 없었다. 두 사람 다 서로에게 끌어당기는 힘과 동시에 밀어내는 힘을 소유하고 있었다. 그래서 그들의 로맨스는 '불행할' 뿐만 아니라, 누가 뭐라 해도 역시 행복하며 불행한 혹은 불행하며 행복한 것이었다. 그리고 다른 것은 될 수 없었다."

로맨스의 발전에서 관계의 벡터가 자신의 역할을 했던 것일 수도 있습니다. 따로 보면 던컨은 호랑이고, 예세닌은 양입니다. 모든

---

22) 예세닌의 전처. 여배우였으며 이 책에서 후반부에 소개함.

것이 가능하지만, 두 유명인의 관계는 곧 사랑 - 증오의 관점으로
넘어갔습니다.

- 당신은 암캐야 - 라고 예세닌이 그녀에게 말했습니다.
- 그럼 당신은 수캐야 - 라고 던컨은 그에게 대답했습니다.
유리 안넨코프가 회상합니다.

"한번은 던컨이 소파에 누워 있고 예세닌은 그녀의 입술에서 떨어져서,
내 쪽으로 뒤돌아보며 소리쳤다.
- 내게는 이 모스크바의 아메리카가 극도로 싫어졌어! 어디로든 사라져
버렸으면!
그리고 거친 목소리로 마리엔고프에게
- 네가 나를 대신해 줘, 톨카, 제발!"

그러나 누가 대신하겠습니까? 늦었습니다. 쥐덫은 꽝 하고 닫
혔습니다. 1922년 5월 2일에 세르게이 예세닌은 이사도라 던컨과
의 혼인신고를 했는데, 이 혼인은 그가 숨질 때까지도 파기되지 않
았습니다.

신문기자인 세묜 보리소프는 회상록에서 던컨의 한 저녁 공연
에 예세닌이, 그의 자리를 남겨두었는지 알아보지도 않은 채, 그
녀의 공연을 보러 지미나 극장으로 향했던 사건을 묘사하고 있습
니다.

"그는 오랫동안 설명을 했고, 자신을 들여보내 줄 것을 요구하면서 검표
원과 서로 욕을 퍼부었다.
- 나는 던컨의 남편이야 - 라고 그는 소리쳤다.
들여보내 줬다. 우리는 무대 뒤로 갔고, 던컨이 돌아오기를 기다렸다. 예

세닌을 보자 그녀는 그에게 달려와 목을 껴안았다.

그러고 나서 예세닌의 가슴을 가리키면서 그녀는 이렇게 말했다.

- 여기에 그리스도가 있어요…… 그리고 이마를 툭툭 두드리면서 덧붙
였다. - 그런데 여기에는 악마가 있어요……"

소비에트 문학가 이반 그론스키가 던컨에 대해 평가한 것을 인
용하는 것이 적절하겠군요.

"예세닌에게 가장 큰 영향을 끼쳤던 것은 이사도라 던컨이었다. 던컨은
가장 커다란 존경을 받을 만하다. 그녀는 세계적인 명성을 가진 예술가
이고, 그녀는 아주 좋은 사람이고, 매우 넓은 마음, 지혜, 감정을 지닌
사람이다. 그녀는 문자 그대로 위대한 예술가이다. 그녀는 예세닌을 사
랑했고, 그를 위해 싸웠지만, 아무런 결과도 얻지 못했다. 그는 조금 개
선되었지만 온 힘을 다해 일하거나 정상적인 삶을 살 정도는 아니었다."

<예세닌과 이사도라 던컨>

혼인 신고 후 8일이 지난 1922년 5월 10일에 예세닌과 이사도라 던컨은, 예세닌이 루나차르스키 앞으로 썼던 것처럼, '자신이 관계한 시인 그룹들의 책 출판 관계 일로' 비행기를 타고 독일로 떠났습니다.

그 당시의 한 풍자가는 비행의 원인을 전혀 다르게 기술했습니다.

그런 사람을 비행기는 어디로 데려갔나?
고대의 아테네로, 던컨의 폐허로.

독일, 벨기에, 프랑스, 이탈리아, 그리고 미국을 방문하고 나서 세르게이 예세닌은 1923년 8월 2일에 조국으로 돌아왔습니다. 15개월간의 여행이었습니다.

예세닌은 자신과 던컨이 같은 자격으로 다닌다고 생각했습니다. 그런데 아니었습니다. 류릭 이브네프가 지적했습니다.

"그가 아무리 진심으로 이사도라를 사랑했더라도, 이미 혁명 전에 인정을 받았던 유명한 러시아 시인 예세닌으로서가 아니라, 세계적인 명성을 가진 예술가의 동반자로서 외국 청중들의 주목을 끌었다는 사실은 그의 자존심에 상처를 남기지 않을 수 없었다. 그는 단지 '부가적인 센세이션'이었고, 어떻게 해도 순회공연이란 경기의 중요한 에이스가 되지는 못했다……"

예세닌에게는 단지 알코올 중독자이자 스캔들 메이커로서의 평판이 꼬리처럼 따라다녔는데, 그렇지만 그 자신이 이 신화를 바꾸려고 하지 않았을 뿐만 아니라, 반대로 이것을 강화시키기 위한 모든 일을 했습니다.

그리고 내 유명세도 더 나쁘지는 않다. ―
모스크바에서 파리의 인간쓰레기까지
나의 이름은 공포를 일으킨다,
야비하고, 큰소리의 욕설처럼……

예세닌은 늘 던컨과 누가 더 중요한지에 대한 논쟁을 벌였습니다. 그는 확실히 자존심이 상했습니다.

― 발레리나는 결코 진정으로 위대해질 수 없어, 왜냐하면 그녀의 영광은 그녀와 함께 죽게 되니까. ― 확신에 차서 예세닌이 말했다.
― 그렇지 않아, ― 이사도라가 대답했다. ― 만일 발레리나가 정말로 천재적이라면, 그녀는 사람들에게 그들과 오랫동안 남아 있을 무엇인가를 주게 돼. 사람들은 그녀의 예술을 결코 잊지 않을 거야. ― 예세닌은 동의하지 않았다.
― 당신은 단순히 댄서일 뿐이야, 사람들이 와서 당신에게 감탄하는 것은 사실이야, 열광해서 소리치기까지 하지. 그러나 진실은 이사도라 던컨의 사망 후에는 아무도 당신에 대해서 기억하지 않을 거라는 데 있어. 몇 년이 지나면 당신의 쟁쟁한 명성은 흔적도 남아 있지 않을 거야……
알겠냐고, 이사도라. ― 이 모든 말을 예세닌은 러시아어로 말했고(통역사인 롤라 키넬이 통역해 주었다), 이사도라의 얼굴에 대고 내뱉은 마지막두 단어만을 그는 영어식으로 발음했는데, 마치 바람을 따라 그녀의 유해를 불어서 흩어지게 하는 것처럼, 매우 표정이 풍부한 비웃는 몸짓을했다.
그가 이사도라를 약 올리고 있는 것이 확실했다. 좋은 의미로서가 아니라, 농담이 아니라, 그녀를 상처 입히려는 명백한 의도를 가지고 약 올렸다. 그리고 던컨은 이것을 즉시 깨달았다. 그녀는 통역사에게로 돌아섰다.

-그가 실수하고 있는 거라고 그에게 말하세요. 나는 사람들에게 아름다움을 선사했어요. 나는 그들에게 가장 소중한 모든 것을 주면서 춤을 추었어요. 이 매혹은 죽지 않아요. 그것은 어디에선가 보존될 거예요.
던컨의 눈에는 눈물이 빛나고 있었다. 형편없는 러시아어로 그녀는 절망적으로 소리 질렀다. "아름다움은 죽지 않아! ……"
던컨의 아픈 곳을 찔렀고 성공적으로 '모욕을 줬다'는 사실에 만족한 예세닌은 한발 물러났고, 장난치듯 자신의 아내이자 여자 친구이고 명성에 있어서 경쟁자인 이사도라의 등을 두드렸다. "어휴, 이사도라!"(미국인 여기자 프레드리카 블레어의 책 ≪이사도라≫, 1986 중에서)

이 모든 장면은, 이와 유사한 다른 장면들처럼, 러시아어만큼 영어도 잘 알고 있었던 젊은 통역사 롤라 키넬의 눈앞에서 벌어졌습니다. 문제는 독일 비스바덴에서 일어났습니다. 롤라는 예세닌과 던컨이 매일 서로 비꼬아서 말하는 것을 어떻게 받아들였을까요? 우리에게는 이 평범하지 않은 커플을 그녀가 어떻게 받아들였는지, 말하자면, 그녀의 '시각적인 촬영' 역시 흥미롭습니다.

"살찐 중년 여인은 오렌지-분홍빛의 실내가운을 입고 우아하게 팔 다리를 쭉 펴고 소파에 반쯤 누워 있었다…… 1분이 지나서 그녀가 일어났고, 방 안을 걷기 시작했을 때, 나는 살찐 것과 나이가 물러서는 것을 보았다. 그녀는 타고난 경탄할 만한 우아함과 함께 아름다워지기 시작했다. 이것이 이사도라였다. 시간이 얼마 지나서 하얀 실크 파자마를 입은 젊은 남자가 침실에서 나왔다. 그는 미국의 보드빌에 나오는 러시아인 댄서를 닮았다. 밝은 금발의 물결치는 머릿결, 하늘색의 푸름을 가진, 쉽게 남을 신뢰하는 눈동자, 그리고 강인한 근육질 몸의 자신에 찬 동작. 나는 그렇게 예세닌과 알게 되었다. 후에 나는 그가 언제나 그렇게 순박해 보이는 것은 아니라는 사실을 알게 되었다. 타고난 두뇌를 가진 그는 때때로 교활하고 의심쩍은 인간이란 인상을 남겼다. 그리고 또한 예세닌은 완전히 아이처럼, 매우 감수성이 예민했고, 난폭하고 콤플렉스를 느끼는 시인이자 농민이었다."

또 하나의 증언을 인용하겠습니다. 그것은 이사도라의 여자 친구인 메리 데스티의 관찰입니다. 메리 데스티는 자신의 책에서 다음과 같이 쓰고 있습니다.

"세르게이, 여기는 내가 사랑하는 여자 친구야. 이쪽은 메리, ─ 하고 이사도라는 말했다. ─ 메리, 너도 그에게 열광하게 될 거야. 그는 아이 같아……"
그리고 이어서 식사시간이었다. 세르게이는 얼마나 즐겁고 유쾌한 사람이었는지! 그는 자신의 시들을 읽어주었는데 정말로 올림푸스에서 내려온 젊은 신, 도나첼로의 살아난 춤추는 파우누스(목신)를 닮았다. 그는 1초도 자리에 앉아 있지 않았다. 자주 어딘가로 뛰어갔고, 기쁨에 넘쳐서 이사도라 앞에 무릎을 꿇기도 했고, 지친 어린아이처럼 자신의 곱슬머리를 그녀의 무릎에 올려놓기도 했다. 그러면 그녀의 아름다운 손들은 그를 쓰다듬어 주었고 눈에서는 마돈나에게서처럼 빛이 흘러넘치고 있었다."

얼마나 목가적이며, 얼마나 전원시 같습니까! 목면의 손수건을 눈가에 가져가는 것은 기다려 주세요. 감동하는 것도 기다려 주세요. 그렇습니다, 예세닌은 감동적이고 감상적이기도 했습니다. 그러나 다른 상태이기도 했습니다. 난폭하고 거칠었지요. 바로 그 책에서 메리 데스키는 이런 대화를 인용했습니다.

"하느님, 맙소사, 이사도라, 너 무슨 소리를 하는 거야? 나는 그가 감히 너에게 손을 댔다는 것을 믿지 못하겠어.
─ 알고 있니. 이것은 그의 기묘한 행위 중 하나야, ─ 라고 그녀는 대답했다. ─ 하지만 내 말을 믿어. 그는 악의에서 그런 것은 아냐. 그가 술을 마시게 되면, 완전히 이성을 잃고, 나를 자신의 가장 커다란 적으로 생

각해. 나는 그가 술을 마시는 것 자체를 반대하는 것은 아니야. 가끔은
나도 이런 지독한 세상에 살면서 왜 모든 사람들이 술을 마시지 않는
것인지 놀라기도 하거든. 러시아인들은 아무것도 어중간하게 하질 않아
서 만약 술을 마셨다 하면, 그렇게까지 마시는 거야. 나에게는 그가 시
내에서 모든 것을 부셔버려도 상관없어. 만약 그것이 그에게 만족감을
준다면. 하지만 나는 그가 나를 망가뜨리는 것은 원하지 않아······
그녀가 이 말을 끝내기도 전에, 홀에서 마치 그곳으로 말 탄 카자크인
부대가 들이닥친 것처럼, 믿을 수 없는 소음이 울려 퍼졌다. 나는 그녀
의 손을 잡고 그녀의 방으로 이끌었으며, 열쇠로 문을 잠갔다. 그리고
세르게이가 문을 두드리기 시작했을 때, 나는 이사도라를 홀로 끌고 갔
고, 우리는 악령처럼 계단을 따라서 밑으로 빠르게 달려 내려갔다. 문
앞에서 이사도라는 잠시 지체했는데 호텔의 수위에게 자신의 남편이 아
프니 우리가 의사를 데려올 때까지 그를 감시해 주길, 그리고 ‘그가 심
하게 아프기 때문에 그를 아주, 아주 상냥하게 대해 주기를’ 부탁하기
위해서였다. 호텔 수위는 모든 것을 하겠다고 답했다······”

모든 일이 이렇게 흘러갔습니다. 싸움 – 화해 – 평온 – 사랑 – 싸
움 – 그리고 또다시 순환하면서.

베를린에는 예세닌의 친구인 쿠시코프가 있었고, 예세닌은 종
종 그와 함께 던컨에게서 도망쳤는데, 그는 “술을 잔뜩 마시고 시
를 썼다.”고 쿠시코프는 회상했습니다. 그러면 던컨은 남편 – 시인
을 찾기 위해 출발했습니다. 한번은 그녀가 아마조네스처럼, 붉은
긴 옷을 입고 손에는 승마용의 채찍을 들고 조용한 펜션으로 쳐들
어갔습니다. 때릴 것이 아무것도 남아 있지 않을 때까지 날뛰었습
니다. 예세닌을 외투 보관실 뒤에서 찾아냈습니다. “따라와요!”라
고 던컨은 프랑스어로 말했습니다. 예세닌은 입을 다물고 따라갔
습니다······.

어쩐지 이런 장면은 믿어지지 않지만(온순한 양의 역할의 예세

닌?), 누가 알겠습니까, 어쩌면, 이런 일이 있었는지도 모르지요.

1923년 봄에 베를린의 페르스터 레스토랑에서 게오르기 이바노프는 예세닌을 보았습니다.

"나는 몇 년 동안 예세닌과 만나지 않았다. 언뜻 보기에 그는 거의 변하지 않았다. 하늘색 눈동자와 밝은 머리카락, 바로 그 소년 같은 모습. 그는 내게 손을 내밀면서 마치 용수철 위에서처럼 가볍게 뛰어올랐다.
 ─안녕하시오! 얼마 만인지요…… 바쁘시지 않으시면, 무엇이든지 마시지요. 싫으십니까? 그럼, 제가 당신을 배웅하도록 하지요…….
그는 갑자기 멈춰 선다.
 ─괜찮으시면, 〈아들론〉에 있는 우리 방으로 뛰어가실까요? 이사도라를 깨웁시다. 그녀도 기뻐할 거예요. 우리에게 터키산 커피를 끓여줄 겁니다. 가시지요, 네? 저는 당신과 있는 게 편합니다. 사과나 설명이 없어도 되니까. 저는 또다시 그녀와 싸웠고, 그것 때문에 오늘 혼자 식사했거든요. 훌륭한 여편네죠. 유명인에 머리도 좋고. 그런데 무언가가 부족해요. 가장 중요한 것이. 우리 러시아인들이 영혼이라고 일컫는 것 말이지요."

게오르기 이바노프는 예세닌의 설득에 넘어가지 않았습니다.

베를린에서 다음번에, 바로 그 레스토랑에서 이리나 오도예프체바와 니콜라이 오춥, 그 밖에 두 명의 러시아 시인들이 예세닌과 만났는데, 오도예프체바는 그를 처음으로 보았습니다. 만남에 관한 그녀의 신선한 회상은 더 흥미롭습니다.

"예세닌은 내 잔에 보드카를 따랐다.
나는 머리를 가로저었다.
 ─저는 안 마셔요.
 ─부당하군요! 당신은 배울 필요가 있어요. 보드카가 도움이 될 거예요.

－무엇에 도움이 된다는 건가요?－하고 나는 물었다.

－애수요. 권태도요. 만약 보드카와 포도주가 없었다면 나는 이미 오래 전에 이 세상에서 사라졌을 거요. 또한, 물론 여자들이 있지요. 사랑에 빠지면 두려운 것이 없지요! 대신 술 취한 다음에 그런 것처럼 나중에는 더 안 좋지요. 무서울 정도로 혐오스럽지요.

그는 잠시 침묵했다.

－또 짐승들이 있어요. 말들, 암소들, 개들. 저는 아주 어렸을 때부터 언제나 그들과 친했어요…… 열 살 때, 나는 아직 한 명의 소녀와도 키스하지 않았기 때문에, 사랑이 어떤 것인지 몰랐지만, 소의 낯짝에 입 맞추면, 연약함과 흥분으로 인해 몸이 떨렸어요. 콧구멍은 부드럽고, 입술은 그렇게 젖어 있고 따뜻하고, 그들의 눈동자는 얼마나 아름다웠는지! 그리고 이제 여자들이 내 마음에 들 때 역시, 내게는 그녀의 눈동자가 소의 눈동자 같아 보여요. 그렇게 크고, 태평하고, 슬프니까요. 바로 이사도라의 눈동자처럼……"

그 후 세르게이 예세닌은 결국 이리나 오도예프체바로 하여금 샴페인을 마시도록 강요했고, 그녀를 호텔 <아들론>으로, 이사도라에게로 데려갔습니다.

"여기 우리가 왔어!－라고 그는 선언한다.－손님들을 맞아, 이사도라! 이사도라 던컨은－나는 그녀를 초상화를 통해서 알고 있었다－분홍빛 실크가 닳아빠진 깊숙한 안락의자에 앉아 있다. 그녀는 긴 옷을 닮은, 소매가 없는 연보랏빛 드레스를 입고 있다. 밝은 빛의 머리는 귀 옆에 '달팽이 모양'으로 정리되어 있다. 어깨 위에는 긴 스카프가 있다. 그녀에게는 창백하고 아무런 표정도 없는, 약간 부은 듯한 얼굴과, 왠지 움직이지 않는, 초점 없는 눈길이 있다.

－예세닌!－하고 비난도 기쁨도 담지 않은 목소리로 그녀는 소리치고 철사처럼 몸을 펴면서 곧장 안락의자에서 일어난다.

예세닌은 카펫 위로 자신의 긴 외투를 던지고 유행하는 평평한 구두 '쉬미'를 신은 다리를 앞으로 길게 뻗고 그녀의 안락의자에 앉는다. 그녀는 반쯤 미소를 지으면서 그의 모자와 외투를 집어 올리고 그것들을 입구에 걸고, 오줍과 나와 친절하게 인사를 나눈다. 예세닌은 우리를 그녀에게 소개시켜 줄 필요를 느끼지 않았는데, 그것이 그녀를 놀라게 하지는 않은 것 같았다. 입구에서 자신의 외투를 벗는 데 성공했던 무질서의 회원들은 겸손하게 조금 떨어져서 앉는다.

－샴페인！－하고 예세닌이 명령한다. －그리고 차량, 커피, 사탕, 과일들. 빨리. 반카, 손풍금을 가져와. 나는 유행가를 부를 거야……”

예세닌이 아코디언으로 스스로 반주하면서 유행가를 큰 소리로 부르는 동안 이사도라는 오도예프체바 곁의 소파에 앉았고 그녀와 ‘아주 여성적이고, 대단히 내밀한 대화’를 시작했습니다.

“당신과 영어로 이야기할 수 있어서 정말 좋네요. 사실 예세닌의 친구들은 자신들의 언어 이외에는 한마디도 몰라요. 이것은 정말로 힘들어요. 그리고 지겨워졌어요. 아, 얼마나 지겨워졌는지! 그는 자신만을 사랑하는 에고이스트에, 질투심이 강하고, 난폭해요. 결코 시인과 결혼하지 마세요. －갑자기 그녀가 내게 충고한다.

나는 웃는다.

－나는 이미 시인의 아내인데요.

그녀는 찬성하지 않는 듯이 고개를 젓는다.

－후회하실 거예요. 분명히! 두고 보세요. 시인들은 혐오스런 남편들이고, 나쁜 연인들이에요. 내 말을 믿으세요. 배우들이나, 교수들, 서커스의 투사들이나, 운동선수들보다도 더 나빠요. 군인들이나 공증인들도 꽤 나쁘지 않아요. 하지만 가장 훌륭한 것은 외판원들이죠. 바로 그들이야말로 진정한 연인들이에요. －그리고 그녀는 외판원들의 소질과 장점들을 칭찬하기 시작한다.

－그런데 시인들은, －그녀는 계속한다. －그들에 대해서는 말할 가치도 없어요. －폐물들! 말로 하는 성과밖에 없어요. 그리고 그들 중 대다수는 게다가 알코올 중독자예요. 그런데 알려진 대로 알코올은 사랑의 즐거움의 적이죠. ……”

그 후에 무슨 일이 있었을까요? 식기들을 깨부수는 일련의 소란이 있었습니다. 샴페인, 과일들, 사탕들, 사치스런 호텔 방은 말할 것도 없이 그 돈이 어디에서 났을까요? 부유한 던컨은 그녀의 사랑의 기대를 저버렸던 자신의 시인 남편을 위한 지출에 돈을 아끼지 않았습니다. 그렇지만 던컨은 백만장자가 아니었고, 화가 난 예세닌은 마리엔고프에게 보낸 편지에서 불평을 했습니다.

> "이사도라는 아름다운 여자이지만, 반카 못지않게 거짓말을 해. 그녀가 러시아에서 우리들에게 노래 불렀던 그녀의 은행들과 성들은 모두 엉터리야. 우리는 무일푼이야……"

유럽과 미국에서 보낸 예세닌의 편지들은 숨기지 않은 푸념으로 가득 찼습니다. 예세닌은 이사도라를 비판했습니다. 유럽을 욕했습니다. 미국을 헐뜯었습니다.

던컨과의 이별

예세닌과 던컨의 관계는 교착상태에 빠졌습니다.

> 뿌려라, 아코디언아. 암캐…… 암캐……
> 아코디언 연주자는 손가락들을 파도로 흘린다.
> 나와 함께 노래하자. 더러운 암캐야,
> 나와 함께 노래하자……
>
> ……밭으로 간다면 너를 허수아비로 만들어

까마귀를 놀라게 하겠지.
울화통이 터질 때까지 그녀는 나를 괴롭혔다
모든 면에서……

그렇습니다, 던컨은 예세닌을 질투로 - 예세닌이 관계하는 모든 남자와 모든 여자에 대해서 - 조였습니다. 그를 자신에게서 한 발자국도 놓아주려고 하지 않았습니다. 예세닌은, 당연히, '뒷다리를 차올렸습니다.' 사납게 날뛰었습니다. 이 시에서처럼, 자신의 여자를 '못된 년'이라고 불렀고, 그녀를 저주했습니다. 그러나 마지막에는 순전히 예세닌적입니다.

그대의 개 목걸이에
냉정해질 때다.
사랑하는 사람아, 내가 울고 있소,
용서해 주오…… 용서해 주오……

러시아 민중의 사랑규칙에 따르면 모든 것이 이와 같지요. 때렸다 - 후회했다, 욕했다 - 달래줬다. 부부싸움은 '칼로 물 베기'입니다. 그러나 이 모든 것은 일정한 한계까지입니다. 그리고 그들에게는 서로 끌어당기고 있던 끈이 끊어졌습니다. 그들은 서로에게 지치고, 염증이 난 상태로 러시아로 돌아왔습니다. 이사도라는 크림으로 갔고, 그곳으로 예세닌도 도착해야만 했었습니다. 어찌되었건 이사도라는 그곳에서 그를 기다렸지요. 거의 매일같이 던컨과 던컨의 스튜디오의 감독 - 관리자이자 그녀의 수양딸 이르마의 남편이었던 일리야 쉬나이더로부터 예세닌 앞으로 전보가 왔습니다. 갈리나 베니슬랍스카야가 지적합니다.

"이 전보들은 앞으로 다가올 복잡함, 설명, 어쩌면 비극의 불가피성에 대하여 상기시키면서 그를 귀찮게 했고, 극도로 신경을 거슬리게 했다. 그는 계속해서 이것을 어떻게 즉시 끝낼 수 있을까를 생각했다. 하루는 아침에 깨어났고, 침대에 앉아서 전보를 썼다.
'나는 이미 파리에서 말했소, 내가 러시아로 떠날 것이라고. 당신은 나를 매우 화나게 했지. 당신을 사랑하지만 당신과 함께 살지는 않을 것이오. 지금 나는 결혼했고 행복하오. 당신 역시 그러기를 바라오. 예세닌'"
그리고 보냈습니다.

'아내' – 이것은 갈리나 베니슬랍스카야였습니다. 외국에서 도착해서 예세닌은 바로 그녀의 방에 거처를 정했던 것입니다. 베니슬랍스카야는 오래전부터 예세닌의 시에 매혹당한 상태였고, 그에게 충실한 여자 친구였으며, 출판 관계 일에서 대리인이자 조수였습니다. 예세닌은 혼자가 아니라, 그의 여동생 카티아와 함께 머물렀습니다.

그러나 이사도라 던컨과의 애정 드라마가 여기에서 끝난 것은 아니었습니다. 이사도라는 모스크바에 나타났고, 예세닌은 그녀에게 해명하러 가야만 했습니다. 해명의 결과는? 자신의 회고록에서 베니슬랍스카야는 이렇게 쓰고 있습니다.

"내가 그를 발견했을 때, 그의 악몽 같았던 상태를 상상한다는 것은 괴로운 일이다. 정말로 온몸을 떨면서, 끊임없이 뒤를 돌아보았고, 이를 갈았다. 내가 다가갔을 때, 내 손을 아플 정도로 꽉 쥐었고, 마치 내가 떠나고, 그를 남겨두는 것을 두려워하는 것처럼, 계속해서 손을 놓지 않았다. 끊임없이 되풀이했다. '이야기해야만 하오, 제발 나가지 마요⋯⋯ 나를 이사도라에게 끌고 갈 것이오 – 당신은 그것을 허용하지 말아요. 무슨 일이 있어도 날 내버려 두지 마시오, 그렇지 않으면 내가 죽소.'"

여기에는 해설이 필요합니다. 예세닌 자신만이 이사도라에게 끌렸던 것이 아니라, 자신의 친구들, 베니슬랍스카야가 쓰고 있는 것처럼, "그의 영광에 달라붙었던 사기꾼들, 교활한 놈들, 그리고 기생충들"이 그를 그녀에게로 끌고 갔던 것입니다(그들 가운데 그녀가 들었던 이름은 이반 프리블루드느이, 마이쩰로 라비노비치, 세묜 보리소프, 요시프 악셀로드 등등이었습니다). 예세닌과 이사도라의 결합은 그들에게 유흥과 음주라는 추가적인 이익배당금을 주었습니다. 그래서 예세닌을 거의 강제적으로 던컨의 품으로 밀어 넣었던 것입니다. 이 모든 만남들은 많은 술, 소동, 그리고 심지어 코카인을 수반했습니다. 한번은 베니슬랍스카야가 문자 그대로 이 패거리의 집게발로부터 시인을 끌어냈습니다. 그녀는 다음과 같이 쓰고 있습니다.

"나는 이미 행복하다, 모든 위험들은 지나갔다, 나는 설명했다. '집으로 가요, 이제는 이미 어떤 곳으로도 도망가면 안 돼요.' 예세닌은 취해 있었지만 모든 것을 이해했다. '그래, 좋아, 잘 끝나는 것은 아주 좋아.'"

이렇게 두 여인이 - 이사도라 던컨과 갈리나 베니슬랍스카야 - 예세닌을 두고 맹렬하게 싸웠습니다. 마지막 전투에는 예세닌의 여동생인 18세의 카티아도 참가했습니다. 세르게이와 카티아는 던컨을 만나러 갔습니다.

"두 시간이 지나서 그들은 브류솝스키로 돌아왔고, 웃음을 터뜨리며, 카티아가 던컨에게 S. I.(예세닌)와 단둘이서 이야기하는 것조차 기회를 주지 않았다는 것과 쉬나이더가 저지하려고 해 봤지만, S. I.가 화가 폭발한 척하면서 그를 겁주었다는 것, 그들이 마차를 지불할 돈이 없었는데 일행 중 누구도 의도적으로 돈을 주려고 하지 않았지만, 그럼에도 불구하고 그곳에서 벗어났다는 것을 앞다투어 이야기했다. 이것이 던컨과의 마지막 만남이었다. 하나의 매듭이 풀렸는지, 아니면 잘렸는지, 어떤 것이 더 옳은지 나는 모른다."(G. 베니슬랍스카야. 예세닌에 대한 회상)

그럼에도 불구하고 때때로 이사도라 던컨의 이름이 떠올랐습니다. 그녀에 대하여 예세닌 자신이 종종 회상했고, 베니슬랍스카야 역시 여자의 호기심 때문에 계속 시인에게 그녀는 어떤 여자였는지, 그는 그녀에게 어떤 감정을 느꼈는지를 물었습니다. 예세닌은 이렇게 대답했습니다.

"열정, 대단한 열정이 생겼었고, 일 년 동안이나 지속되었지만, 그 후 모든 것이 지나갔어. 그리고 아무것도 남지 않았지, 아무것도 없었어. 정열이 있었을 때는 아무것도 보지 못했지만, 지금은…… 맙소사, 내가 얼마나 눈이 멀었었는지. 내 눈이 어디에 있었던 거지? 이것은 확실히 언제나 그렇게 눈이 멀어버리지……"

그렇습니다. 세르게이 예세닌은 시력을 회복했고, 자신 옆에 다른 여자-갈리나 베니슬랍스카야-를 보았습니다. 이사도라에게 무슨 할 일이 남아 있겠습니까? 그녀는 이해했습니다. 그녀의 사랑에 종말이 왔다는 것을. 만약 그렇다면, 러시아에 남아 있을 의미가 없었지요. 그녀는 프랑스로 떠났습니다. 그녀의 인생에서 가장 좋았던 시기가 지나갔습니다. 사랑은 끝났고, 나이는 가을로 접어들었습니다. 어떤 대대적인 순회공연에 대해서도 생각조차 할 수 없었습니다. 관객의 관심은 젊은 발레 스타들에게 묶여 있었으니까요.

1925년 12월에 세르게이 예세닌의 비극적인 죽음[23]에 관한 소식이 전해졌습니다. 기자들은 던컨에게 달려들었습니다. 그녀는 신중하고 당당하게 대답했습니다.

이사도라 던컨에게는 1년 반 조금 넘는 시간이 남아 있었습니다. 1927년 9월 14일에 숙명은 그녀를 따라잡습니다. 그녀는 '바람을 가르면서' 드라이브하기 위해 경주용 자동차에 앉았습니다. 태양빛 새와 감청색의 꽃들이 수놓아진 진홍색 스카프로 목을 감았습니다(그녀는 스카프를 너무나 좋아했습니다!). 왼쪽 등 뒤로 넘긴 스카프는 펄럭이면서 그녀를 따라서 날고 있었습니다. 그 후 정차했을 때, 아래로 떨어져서 바퀴에 걸렸고, 바퀴에 감기면서 이사도라의 목을 꽉 눌렀습니다. 몇 초 만에 모든 것이 끝난 것입니다.

어이없고 비극적인 죽음입니다. 자동차를 타고 가던 그녀의 두 아이도 예전에 그처럼 어이없고, 비극적으로 죽었고, 그때는 그녀와 함께 전 세계가 울었었지요. 하룻밤 만에 파리 예술 아카데미 학생들이 도시에 있던 모든 흰 꽃들을 사들였고, 그녀의 집 정원에 있는 나무들과 관목들의 가지에 꽃들을 고정시켰습니다. 클로드 드뷔시는 밤새도록 피아노 앞에 앉아서 슬픈 멜로디를 연주했습니다. 그리고 여기에 이미 이사도라 자신은 없습니다. 또다시 세상이

---

23) 예세닌의 자살.

전율했고 슬픔 속에서 얼어붙었습니다……

우리는 앞에서 세르게이 예세닌이 화가 나서 한 말들을 인용했는데, 그것은 그의 사후에 그의 시는 남을 것이지만, 이사도라 던컨의 무용에 대한 기억은 인류의 가슴속에서 영원히 사라질 것이라는 내용이었습니다. 시인이 틀렸습니다. 시들지도 않았고, 이사도라 던컨에 관한 전설도 살아 있습니다. 그리고 그들의 미친 듯한 사랑의 로맨스도 사람들의 기억 속에 남아 있습니다. 그들의 이름은 영원히 결합되었습니다.

시간은 잡을 수 없을 정도로 빠르게 뛰어갑니다. 예술도 변합니다. '스타'들이 나타났다 사라져 버립니다. 그러나 발레에서 영원히 남아 있을 이름들이 있습니다. 예를 들면, 안나 파블로바, 마틸다 크쉐신스카야, 올가 스페십체바 등입니다. 이 대열에 이사도라 던컨도 서 있습니다.

1993년 1월에 모스크바에서 유네스코의 주관하에 페스티발 <이사도라의 기억들>이 열렸고, 거기에 전 세계의 발레 거장들이 도착했습니다. 이사도라 던컨이 1911년에 실현했던, 그녀가 제작한 글룩의 오페라 <오르페우스와 에우디케아>가 재구성되었습니다. 다시 고대의 이상을 얻으려는 시도가 있었습니다. 춤과 음악, 그리고 시적인 단어들의 결합입니다.

페스티벌 기간에 키노쩬트르에서 전시회 <이사도라 던컨과 세계>도 개최되었습니다. 도착한 사람들은 이사도라 던컨의 춤에 헌정된 로댕, 브루델, 박스트와 다른 화가들, 조각가들의 작품들을 보았습니다.

전설은 살아 있습니다. 전설은 계속해서 살아 있을 것입니다.

이국의 별이 된 여배우, 알라 나지모바

<영화 사전>에서 알라 나지모바(Алла Назимова)는 미국의 여배우로 소개됩니다. 그러나 그녀는 러시아에서 태어났습니다. 예술 극장에서 스타니슬랍스키의 충실한 문하생이 되길 원했지만 그러지 못했습니다. 그녀는 행복을 찾아 미국으로 떠났습니다. 그녀는 극장에서 연기를 하며 할리우드를 거의 정복했습니다. 왜 거의 정복했다고 말할까요? 최근 발행된 <할리우드의 스타>는 미국의 스타 200인의 명단에 그녀를 포함시키지 않았거든요. 그녀는 안타깝게도 거의 잊혔지만, 역사의 진실을 바로 세워 봅시다.

부연설명으로 시작해 봅시다. 생각나는 것들을 두서없이 읊어댔으니까요. 1995년 말에 연극학자 마리나 리타브리나의 <알라 나지모바의 미국 정원>이라는 책이 극히 적은 발행 부수로 출간됐습니다. 이것이 알라에 대한 유일한 모노그래프입니다. 우리의 동시대인들에게 알라라는 이름은 단지 푸가초바[24]와 연상이 될 뿐입니다. 그러나 현대 스타보다 더 찬란하게 빛났던 연극과 영화계의 스타, 바로 알라 나지모바가 있었습니다. 그녀는 미국의 산맥과 비슷한 기이한 운명에 휩쓸렸습니다.

옐레나 솔로바가 주연한 니키타 미할코프의 영화 <노예의 사랑>을 기억하시는지요? 아마도 많은 사람들이 지금 그 여배우가 미국에 살고 있다는 것을 알 것입니다. 그런데 무엇을 했을까요? 그녀는 그곳에서 여배우가 아니고 단지 일개 한 사람이며, 심지어 할리우드의 문턱을 통과하는 시험조차 보지 못했습니다. "영화를 찍는 것, 러시아인의 얼굴을 가진 여성을 표현하는 것이 무슨 목적을 가지나요?……" 옐레나 솔로바는 한 인터뷰에서 자신의 입장을 표명했습니다. 어째서 자신에게 일어난 상황들을 어렵게 생각하고 고통스럽게 해결했을까요? 삶에 대한 그런 태도는 성격에 대해 말해 줍니다. 알라 나지모바에게는 남다른 성격이 있었습니다. 그녀는 난관에 놀라지 않았습니다. 그녀는 그것을 극복했지요. 그녀는 확고한 지위를 얻는 것에 자신의 목표를 세웠고, 그것을 얻어냈습니다. 종국에 어떤 평가를 받았는지는 다른 문제입니다. 중요한 것은 목표입니다……

---

24) 현재 러시아의 인기가수.

어린 시절, 젊음, 스튜디오에서의 배움,
연극에서의 첫걸음

알라 나지모바는 1879년 6월 4일 얄타의 시골 약국 집안에서 태어났습니다. 그녀의 진짜 이름은 아젤라이다 레벤톤이었습니다. 집안의 전설에 따르면 이 성은 스페인의 라벤더에서 온 것인데 이름 모를 스페인의 밀수업자 혈통으로부터 알라 나지모바의 타고난 모험심이 기원했다고 볼 수 있습니다. 모든 것은 우리가 아주 조금 알고 있는 유전자가 결정하지요! ……

야콥 레벤톤 집안에는 4명의 자녀가 있었고, 그중에 둘이 여자였습니다. 언니 니나는 가수가 되는 것을 꿈꿨고, 동생 아젤라이다는 바이올리니스트가 되고 싶었습니다. 레벤톤은 비록 약사였지만, 처방전에만 길이 있지 않다는 것을 알았습니다. 그는 딸들을 좀 더 좋은 교육을 하는 기숙학교 중 하나에서 교육받게 하기 위해 스위스로 보냈습니다. 약병들은 생계를 위해서는 나쁘지 않았지만, 예의범절, 음악, 외국어는 삶을 위해 필수였습니다. 그래서 어린 아젤라이다는 바이올린을 열심히 켰습니다. 그리고 어딘지 길고 격식에 얽매인 듯한 아젤라이다라는 이름보다 울림이 있고 간단한 알라라는 이름이 더 좋았습니다.

알라가 11살이 되었을 때 그녀는 얄타로 돌아와서 배웠던 모든 것을 선보였습니다. 인생에 있어서 첫 번째 사례금은 크리스마스 자선 콘서트에서 받은 오렌지 한 자루와 초콜릿 사탕이었습니다. 어린 바이올리니스트는 어른들 사이에서 인기를 얻었지만, 얄타 중학교에서는 다른 학우들에게 끊임없이 조소를 당하였는데, 그것은 그녀가 러시아어보다 독일어와 불어로 말을 더 잘했다는 것 때문이었습니다. '세 라 비',[25] 이것을 그들은 용서하지 않았던 것이지요……

"나의 여가 시간 전부는 놀이 대신 러시아어 공부와 올바른 발성법 연습으로 보냈다."

나중에 나지모바는 이렇게 회상했습니다.

발음과 억양, 이것은 그녀의 전 생애의 채찍이었습니다. 그녀가 미국에 도착하기 전에 이미 영어를 배웠지만, 다시 발음의 깨끗함과 정확성을 위해 노력했습니다.

처음에 음악은 알라의 중요한 최후의 수단이 될 것 같았습니다. 그녀는 림스키 코르사코프처럼 명성이 있는 선생님이 있는 오데사 음악원 부설 학교에서 공부했지요. 하지만 무대에서 그녀의 성공은 종내 음악이 아니라 극과 율동 재능이 결정적이었고, 그녀는 음악가가 아니라 배우가 되었습니다.

16살 때, 알라 나지모바는 가족 드라마를 겪어야 했습니다. 그녀의 어머니가 젊은 장교와 함께 아버지에게서 도망쳤고, 아버지는 어머니를 용서하지 않고 계모를 받아들였습니다. 집은 작은 지옥으로 변하였고, 절박한 희망은 그곳에서 달아나는 것이었음이 쉽게 예상됩니다. 어디로 갈까? 물론 모스크바로……

열차에서 네미로비치단첸코 감독이 사랑하는 여배우 올가 크니

---

25) '이것이 인생이다.'라는 프랑스어.

페르와 인사를 나누게 되었습니다. 행운이었을까요? 아마도 그런 것 같네요. 정해진 목표를 굳게 추진하는 사람에게는 이런 유사한 사건들이 어김없이 닥치지요. 크니페르의 추천에 따라 나지모바는 블라디미르 이바노비치 네미로비치단첸코가 운영하는 극 분야 음악 애호가 협회의 시험을 보았습니다.

그녀는 받아들여졌지만, 큰 부대조건이 있었습니다. 젊은 얄타 아가씨는 너무 화려했고, 명백한 남부 지방 사람의 억양으로 말하고 있었거든요.

"뚱뚱한 여배우를 위한 자리는 극장에서 익살극 하나뿐이다." 블라디미르 이바노비치가 투덜거렸고, 이 말은 알라에게 심한 모욕을 주었습니다. 알라는 급격히 여위어 갔습니다. 아버지의 죽음과 그로 인한 금전적 도움의 고갈이라는 상황은 그녀로 하여금 더욱더 여위어 가게 했습니다. 삶의 어려움은 단순하지 않았지만(예술을 위한 투쟁에서 돈이 없는 시골 처녀), 그러나 알라는 명확한 목표와 성격을 드러냈고, 무너지지 않았을 뿐 아니라, 초기 문하생의 틀에서 벗어났습니다. 그녀는 금메달감이었으나, 상을 살 만한 재산이 없었습니다.

스튜디오를 나온 후에는 예술 극장에서 일했습니다.

첫 번째 역할은 연극 <요한 그로즈니의 죽음>에서 굶주린 군중 속에서 대사 하나를 하는 거지 노파역이었습니다. 잘 해냈습니다. 실제로 거지였으니 다른 비유적인 의미에서 연구가 필요 없었지요. 음악 애호가 협회 학교를 졸업하면서 그녀는 아젤라이다 야코블레브나 레벤톤이라는 이름을 버리고 새로운 이름인 알라 알렉산드로브나 나지모바를 택했으며, 상징적으로 집안과 인연을 끊고 새로운 인생을 시작했습니다. 알라 나지모바라는 이름으로 그녀는 세상에 알려졌습니다. 그러나 이 말에 진실을 덧붙이길 원합니다. 알려졌었고 그리고 잊혀 버렸다는 것 말입니다. 아! 사람의 기억의 본성은 그런 것입니다. 그 당시의 모든 우상들을 다 기억하는 것이 아니라 단지 선택된 이들만을 사람들은 기억합니다. 베라 홀로드나 야를 기억하지만 알라 나지모바를 기억하지는 않습니다.

젊은 초보 연기자에서 영화와 연극의 우상이 되기까지는 매우 긴 가시밭길이었습니다. 마리아 리타브리나의 책에서 일부분을 인용해 봅시다.

"……여름에 나지모바는 보부루이스크, 모길레프, 민스크에 가서 셰익스피어에서 어딘지 저속한 보드빌[26]까지 맡겨지는 모든 역을 연기했다. 그렇게 그녀는 네미로비치의 충고에 따라 여름 내내 석 달을 보내야만 했다. 그녀는 단지 8주 만을 참았다. 예정보다 빨리 돌아왔을 때 다행스럽게도 네미로비치가 모스크바에 있었다. 먼저 그녀는 선생님에게 지방 극장에서의 일의 방식이 그가 학생들에게 스튜디오에서 가르친 것과는 근본적으로 차이가 난다는 것을 말했는데, 즉 그는 학생들이 스튜디오에서 상투적으로 연기하는 것을 가르쳤지만, 지방에서의 일은 예술 극장의 방침에 전적으로 따르는 것을 의미한다고 말했다. 그리고 이런 말은 앞으로 나아가게 하지 못하고 뒤로 가게 했다. 대화는 그녀가 '대역'의 자격으로 예술 극장에 남는 것으로 귀착되었다. '대역' 말이다.
ㅡ그러면 스타니슬랍스키에게 가라. 그러나 너를 위한 배역은 없다. ㅡ 네미로비치가 말했다.
다정하게 그녀를 맞이한 스타니슬랍스키는 네미로비치의 마지막 말을 되풀이했다.
ㅡ 네 배역이 없어. 도대체 무엇을 할 거지? 너는 연기해야만 하는데. ㅡ
ㅡ 저는 단순히 객관적인 가치로 연극하는 것을 원치는 않아요. 저는 주

---

26) 통속적인 소극.

연을 원하지 않습니다. 저는 몇 개의 무대와 등장에 참여하여 더 배우고 싶어요. 저는 당신의 무대배치를 배우고 싶습니다. - 스타니슬랍스키는 도와주었다. 그는 다음과 같이 말했다.
- 네가 그것을 원한다면, 좋다. 예술 극장에 있어라. - ”

꿈은 실현되었을까요? 그러나 과연 이것이 꿈이었을까요? 그것은 깨진 거울 조각이었습니다. 예술 극장에서 나지모바는 대체로 연습시간에 홀에 앉아 있었습니다. 거무스름한 젊은 남부 아가씨는 어떤 역을 연기했을까요? 열정적인 집시 또는 스페인 사람? 그러나 그러한 배역은 예술 극장 레퍼토리에는 없었습니다. 지상의 어린 요정들과 공손한 꽃장수들? 그러나 그것들은 이미 연구소에서 거친 역들이었습니다. 극장 여배우들이 주연 배우로 성공하는 것은 거의 불가능했습니다. 올가 크니페르, 마가리타 사비츠카, 마리아 록사노바, 마리아 릴리나, 마리아 안드레예바의 위치는 확고 부동했습니다. 이마로 벽을 깨지는 못하지요. 1900년에 알라 나지모바는 예술 극장을 포기했습니다. 그녀의 나이 21살이었습니다. 그녀는 젊고 신선했으며, 아름다웠으며, 그녀에게 있어서 여배우로서의 재능은 성숙했습니다. 그녀는 출연하고 싶은 욕구를 강하게 느꼈고, 위대한 감독의 극장을 포기했습니다. 그녀가 이렇게 하지 않았다면 자신의 일생을 파멸시켰을지도 모르지요. 성공의 파랑새는 기다리지 않습니다. 파랑새를 스스로 잡아야 합니다.

알라 나지모바는 자신의 운명을 파벨 오를레네프와 묶기로 결심했습니다.

오를레네프는 어떤 사람일까요? 그의 실제 성은 오를로프입니다. 1869년 2월 22일 태어났고, 나지모바보다는 10살이 많았지요.

페테르부르크의 수바린 극장과 모스크바의 코르샤 극장에서 연기하다가 무대 뒤의 음모들을 참지 못하여 가장 유명한 <유랑 극단>의 하나에서 객원 배우가 되었습니다. 전 러시아와 유럽을 돌아다니고 미국을 두 차례 방문했습니다(그러나 이것은 이미 알라 나지모바와 함께였습니다.). 크지 않은 키와 쇠약한 체격에도 불구하고 오를레네프는 힘 있는 목소리를 가졌고 그것을 이용할 줄 알았으며, 또한 극도의 휴식을 갖는 것을 좋아했는데 말하자면 그는 예민한 영혼의 배우였습니다.

이상한 한 쌍이었지요. 교육, 기질, 성격이 다른 나지모바와 오를레네프는 서로 노력하여 다소간 상호 조화하고 보충했습니다.

모스크바에 남겨진 나지모바는 코스트롬으로 갔고, 자신의 첫 계약을 그곳에서 했습니다. 코스트롬 다음에 빌로에 도착했습니다. 이 두 도시에서 나지모바는 셰익스피어, 몰리에르, 하우프만, 입센의 작품들에서 실질적인 배역을 얻었습니다. 이 가벼운 소극들은 노래, 춤, 악기(피아노, 기타, 바이올린)를 연주하는 그녀의 능력을 필요로 했으니까요. 코스트롬에서 파벨 오를레네프는 젊고 신선한 여배우를 마음에 두고 있었습니다. 온 마음으로 그녀를 사랑했으며, 단순하지 않았습니다. 굉장했지요. 젊은 알라 나지모바의 미모는 오를레네프의 심장을 처음부터 끝까지 관통했습니다.

오를레네프와 나지모바는 무대에서 함께 공연을 하게 되었고, 이것이 그녀에게 좋은 배움의 장이 되었습니다. 그녀는 자신을 무장하는 데 오를레네프의 독특한 방식들을 받아들였습니다. 그녀가 극장에서 주인공의 위치를 차지하기 위해서는 아직까지 그녀에게 단정 지어진 '귀족 바람둥이 여자' 역할에서 벗어나야 했는데, 비평가들 사이에서 그녀는 표적이 되었습니다.

"아름다운 외모와 냉랭한 목소리, 생기 없는 어조를 가진 여배우이다.
이 결점을 그녀는 풍부하게 리듬 있는 동작, 독특한 몸짓과 자세로 보충
하려고 노력했다. 여배우는 기술적으로만 말하면서 많은 것을 연기하고
모든 역할에 있어서 단지 타인의 말을 반복한다."(《극장과 예술》잡지,
1903, No.44)

나지모바와 오를레네프

나지모바와 오를레네프는 1902년 여름에 매우 가까워졌습니다.
빌로에서부터 그들은 이미 '달콤한 한 쌍'이 되어 페테르부르크로
옮겼습니다.

나지모바는 오를레네프에게 믿음이 있었을까요? 웃기는 질문입
니다. 극장에서 믿음은 존재하지 않습니다. 극장에서는 자기 혼란
과 열정을 갖는 사람, 불변의 냉담한 이별이 난무합니다. 다른 것
은 창조적 관계인데 나지모바는 오를레네프에 대하여 기본적으로
이 창조적 관계를 굳건하고 오래 유지했습니다.

그러는 사이 한때 재무부 장관 보좌관이었던 세르게이 비트의
사무실에서 일한 세르게이 골로빈이 알라 나지모바의 공식적이고
유일한 합법적인 남편이 되었습니다.

그러면 애인, 숭배자, 흠모자들이 있었을까요? 물론 그들은 있
었지요. 그들 중에는 심지어 파베르제 제품의 사치스런 시계를 나
지모바에게 선물한 대공작 콘스탄틴도 있었습니다. 파벨 오를레네

프는 역시 중요하였지만 다시 강조하자면 창조적 연합이 명백하게 사랑의 관계보다 우위였습니다. 게다가 이 커플 관계에서 나지모바는 앞서 있었지요. 그래서 오를레네프는 어떤 애 어른과 유사한 (모든 시대에 걸쳐 러시아에서 매우 전형화된 유형입니다) 약한 의지를 가진 온화하지 못하고 변덕스러운 인간이었습니다. 나지모바는 오를레네프 일행의 거의 모든 행정과 재무 일을 이끌었습니다.

패거리의 일원 중에 하나인 알렉산드르 므게브로프는 이렇게 적고 있습니다.

"나지모바 역시 오를레네프를 사랑했던 것 같다. 그녀는 억제되지 않는 광적인 성격을 오랫동안 참을성 있게 견뎠는데 특히 오를레네프가 그녀를 여배우로 창조할 때 독특한 힘을 가진 어떤 것이 그에게 나타났다. 대부분의 경우 그의 영향은 나지모바에게 대단했다. 여러 번이나 그녀의 강하고도 무서운 기질 때문에 관계가 단절되었는데 그의 영향에서 벗어나고픈 것보다 예술가로서 오를레네프의 타협하지 않는 방식이 그녀의 진짜 소망에 전적으로 답하지 않았기 때문이었다."

말하자면, 지혜 겨루기였지요. 1904년 그들은 코모 호숫가에서 휴식하고 입센의 <유령>을 초연하기 위해 이탈리아로 갔습니다. 그러나 갑자기 오를레네프가 일에 흥미를 잃고 우울증에 빠져서 술을 마셨습니다(이탈리아의 포도주가 입센의 드라마보다 더 그의 마음을 끌었지요). 나지모바는 참지 못하고 자신의 정부이자 선생님을 버렸습니다. 그녀에게 버림받고 모든 돈을 음주로 날린 오를레네프는 간신히 러시아에 도착했습니다.

<유령>의 초연은 소란스럽게 지나갔습니다. 평론가들에 따르면, 오를레네프는 오스왈드역을 훌륭하게 연기했고, 나지모바가 연

기한 레지네는 그늘 속에 있었습니다. 아마도 알라의 마음속에서는 격정이 사납게 일어났을 것이고, 그녀는 스스로에게 말했을 겁니다. "나의 성공의 시간도 올 거야!"

1904년 오를레네프 일행은 베를린에서 객연했습니다. 예브게니 치리코바의 극 <유태인>은 전 러시아 식민지를 당황하게 했습니다. 결국 매표소는 비었습니다. 공연을 구하기 위해 나지모바는 자신의 귀금속을 저당 잡혔습니다. 어디에서 다음 공연을 하지? 여기서 오를레네프에게 좋은 생각이 떠올랐습니다. "미국으로 가자. 우리 시대 극 활동가들에게는 그곳이 바로 천국이야."

러시아의 환상─미국

아, 미국! 수만 명의 사람들과 수천의 배우와 여배우들의 꿈이 있는 곳. 그곳에서 망가지는 모두는 클라렌스 다로우의 격언에 따라 깊이 연구해야 합니다. "만약 당신이 미국에서 행복하다면 당신에게 모든 것이 순조롭지 않음을 의미한다." 왜냐하면 미국은 꿈이며 동시에 비애인 것을 추가해야 하니까요.

그러나 열정적인 오를레네프는 깊이 생각하지 않았고 무정부주의자 표트르 크로포트킨 공작의 추천서와 심지어 돈까지 얻어 기차로 1905년 3월 1일 처음으로 뉴욕에 갔습니다. 3월 23일 바다 건너 그곳에 실험극을 올렸습니다.

오를레네프와 모든 단원들은 '러시아의 정신'의 반향과 위대함으로 미국을 감동시키고 러시아 기질의 웅장함으로 미국을 사로잡길 원했습니다. 감동도 얻어내지 못했고 황홀도 없었지요. 그러나 오를레네프의 재능과 나지모바의 감성, 감정의 진실은 놀라운 것이었는데 그 기원에는 스타프롭스키도 스타니슬랍스키도, 어떤 러시아 이론적 감독도 없었습니다.

러시아 배우들의 보호자 중 하나인 크레인시는 화려한 접대로 그들의 명예를 세웠습니다. 여러 가지 말들이 오갔고 모두 경건하게 들었습니다. 다만 한 사람 오를레네프만이 괴로워했고 나지모바에게 초조하게 말했습니다. "저 악마가 도대체 언제 우리를 식탁으로 부를지 물어보구려……" 크레인시는 깨끗한 러시아어로 경멸하는 미소를 지으며 대답했습니다. "잠시만 기다려요. 위대한 사람."

'위대한 사람'은 꿈꾸었습니다. "우리는 미국에 러시아 극장을 세울 것이다." 그러나 이 꿈은 실현되지 않았고 원칙적으로 실현될 수도 없었습니다. 형식에 얽매인 미국인들은 과도하게 표현이 풍부한 러시아 사람들을 잘 이해하지 못했습니다. 오를레네프는 러시아, 자신의 고향 관객들에게 돌아왔고 사람들은 오를레네프가 무대 위에서 타올라 자신을 불사르고 관객들을 발화시키는 것을 보기 원했습니다.

그의 삶의 여자 친구인 알라 나지모바는 딱 한 번 깊은 상처를 오를레네프에게 주었는데, 그것은 그와 헤어져 미국에 머물기로 결정한 것이었습니다. 1911년 나지모바에게 물었을 때 그녀는 러시아로 돌아가기를 원하지 않았고 이렇게 대답했습니다.

"다시는 집으로 돌아가지 않을래요. 나는 영원히 미국에 머물고 싶어요.

미국의 배우들이 러시아의 배우들보다 친절해요. 그들은 다른 이의 성공
에 대해 질투심이 강하지 않고, 극단주들은 러시아에서 우리에게 했던
것처럼 매일 포스터에 새로운 극을 내놓지도 않아요.”

나지모바의 이 말 속에는 낡은 고국에 대한 고통스러운 반항이
있었습니다. 그녀는 확고했고 결정적으로 러시아와 이별하고 미국
을 찾았습니다. 미국은 체험하지 못한 전망으로 유혹했습니다.

1906년 가을 러시아로 오를레네프에게 전보가 날아왔습니다.

“오지 마세요. 당신이 방해할까 봐 나는 두려워요.”

개인적인, 그리고 연극적인 가교의 소실입니다. 이 일에 대해
알라는 아쉬워했을까요? 그렇습니다. 하지만 노년의 향수에서뿐이
었습니다. 1943년 오를레네프가 죽고 난 후에 언니 니나에게 이렇
게 적고 있습니다.

“오를레네프의 사진들이랑 언니보다는 나를 위해서 더 중요한 모든 것
들이 나왔어……”

결국 나지모바는 자신의 운명을 교환했습니다. 카드 용어로 표
현하자면, 자기 패를 보지 않고 성공적인 배열을 추측하며 패를 두
기로 결정한 것입니다. 사업이나 사업 비슷한 일에는 위험이 도사
리고 있지만, 실제로 카드에서 전승할 기회가 적지는 않지요. 그렇
지만 극장이고 예술입니다, 게다가 미국이구요……

뉴욕 무대에서 객원 공연했던 베라 코미사르젭스카야는 말했습
니다.

> “사무에 지친 미국 사람들에게 느끼고 생각하게 하는 순수예술은 낯설
> 다. 그들에겐 단지 볼만한 것들이 필요하다. 그들의 마음을 끈 것은 사
> 격과 마술, 꽃불, 기계효과였다. 대포에서 발사되어 풀장 속으로 들어가
> 는 배우가 그들에겐 필요했다.”

미국으로 떠난 예전 모스크바 예술극장의 배우 리차드 발레슬
랍스키가 코미사르젭스카야의 말을 반복했습니다.

> “예술을 배우려면 러시아에서만 가능하다. 예술로서의 극장은 오직 그
> 곳에서만 존재한다. 나는 여기 미국에서 ‘삶의 전투’를 배웠다. 돈과 확
> 고한 지휘를 위한 전투…… 그러나 내가 예술과 예술의 현재 상황에
> 대해 생각할 때 나는 변함없이 러시아에 대해 생각한다. 왜냐하면 그곳
> 에서만이 예술이 가능하기 때문이다.”

나지모바는 이 의견에 대해 어떻게 생각했을까요? 아마 분명히
언젠가 한번 이것에 대해 생각했을 것입니다. 실행이 필요했고, 성
공을 얻었고, 지위가 확고히 되었고, 돈과 인기를 얻었습니다. 삶의
전투에 가담했던 것이지요. 이 싸움에서 알라 나지모바는 자신을
예술적 투쟁으로 드러냈습니다.

나지모바의 첫 번째 흥행주인 리 슈베르트는 용감한 사람이었
고 새로운 러시아 여배우와 단번에 5년 계약을 맺었으며, 자루 속
에 어떤 고양이가 있는지 정확히 파악하지 않은 채 사인했습니다.
‘고양이’는 능력 있어 보였고, 리 슈베르트는 파산도 하지 않았을
뿐만 아니라 성공을 거두었습니다.

미국에는 스타니슬랍스키나 네미로비치단첸코와 같은 독재적
인 감독은 없었습니다. 나지모바에게는 창조적인 발전과 환상의

충만한 자유가 허락되었습니다. 그녀는 그녀의 직관이 자신에게 가르치는 대로 자신의 기호에 따라 자신의 역할을 조율했습니다. 취향은 탁월했고, 직관은 매우 뛰어났습니다.

작은 키에 매우 가벼운 나지모바는 ≪헤다 가블러≫(1906년 11월 13일 영어로 초연되었습니다)에서 거의 이국적인 외모의 키가 큰 여자로 출연했습니다. 높이 올린 머리, 높은 굽. 긴 옷자락이 있는 수직의 줄무늬를 가진 긴 의상을 입은 여배우의 모든 동작은 표정이 풍부한 특색을 지녔고, 모든 면에서 그녀는 특별한 조각상이었습니다.

입센 희곡의 심리적 삽화에서 나지모바가 연기한 여주인공은 먹이에게 뛰어오를 준비를 하고 있는 굶주린 표범이나 풀 속에 숨어 있는 뱀을 연상시켰습니다. 가끔 맹수성이 예기치 않게 무방비와 약점에 자리를 양보했는데, 그때 나지모바는 일부 평가에서 '부서지기 쉬운 석고상', '고무 인형'을 연상시켰습니다. 칭찬일색에서 부정적인 평가도 나타났던 것이지요. 어떤 비평가들은 정열적이고 섹시한 그런 아름다운 여배우가 왜 지루한 입센의 희곡 ≪냉혈한 러시아인≫에 출현했는지에 의혹을 제기했습니다.

그러나 알라 나지모바는 완강하게 자신이 좋아하는 입센의 연극을 계속했습니다. 그녀는 39번가에 ≪나지모바 극장≫을 열어 자신이 만족하는 연극을 올렸습니다. 공연을 위해 놀라운 의상도 제작했고, 에로틱한 포즈의 효과를 가미했습니다. 새로운 요부의 형상을 자기의 것으로 만들었던 것이지요. 1913년 희첸스의 희곡 ≪벨라돈나≫에서 특별한 성공을 거두었습니다. 광고 중 하나에서는 이 연극을 이렇게 불렀습니다. "나지모바와 사랑, 남편들과 비도덕적인 여성들에 대한 그녀의 시선” 사진 속에 사치스러운 모피를 입고 현대적인 모자를 쓴 나지모바가 있었습니다. 그러나 ≪벨라돈나≫에는 사치스러운 모피뿐 아니라 실제적인 카니발 의상과 분장이 있었고, 알라 나지모바의 캬바레 연극은 유행테마와 어떤 면에서 유사했습니다.

나지모바는 39번가의 ≪나지모바 극장≫에서 자신의 미래의 남편, 법적으로가 아니라 실제 남편인 젊은 영국 배우 찰스 브라이언트와 사귀었습니다. 그들의 관계는 12년 동안 계속되었는데, 브라이언트가 키 크고 잘생겼다는 것이 사귀는 이유라고 나지모바는 기자 앞에서 농담조로 얘기했습니다. “당신의 남편을 정말 사랑하십니까?”라는 질문에 그녀는 확실하게 대답했습니다. “나는 행복합니다. 그는 잘생겼고, 정확히 6피트입니다.”

알라 나지모바는 언니 니나에게 1912년에 쓴 편지 중 하나에서 다음과 같이 적고 있습니다.

> “찰스는 선과 매력과 충실로 뭉쳐져 있어. 세상의 어느 누구도 그보다 훌륭하지 않고 그는 아직 어느 누구도 사랑하지 않았던 것처럼 나를 사랑해. 나는 마치 꿈속에 있는 것 같아……”

과장일까요? 자기기만일까요? 누가 사랑에 빠진 여자의 마음을 가졌나요? 찰스 브라이언트는 어떤 천사도 아니었습니다. 게다가 그는 진부한 남자 첩에 다를 바 없었습니다. 평범한 배우였고, 감독이었기 때문에 브라이언트는 알라 나지모바의 명성과 돈으로만 생활을 유지했습니다. 그는 그녀에게서 돈을 거의 다 빼앗고 나자보다 젊은 ‘수혈자’인 돈을 가진 여자를 찾아 나지모바를 못 본 체했습니다.

　찰스 브라이언트는 미국에서 나지모바가 열중한 단 한 사람의 정부는 아니었습니다. 그녀의 명단 속에는 부자 레지날드 반더빌트, 작가 제롬 K. 제롬, 화가 시기문트 이바놉스키, 사진작가이며 외과 의사인 폴 이바노, 배우 브라이언 타이넌이 있었습니다. 그래도 역시 알라 나지모바에게 가장 가깝고 소중한 사람으로 남은 것은 그녀의 언니 니나였습니다. '내 사랑하는 언니' 그녀는 언니에게 긴 편지를 써서 미국 생활에 대해 얘기했고 러시아의 생활에 대해 강하게 호기심을 가졌습니다.

　"정오까지의 쓸모없는 잠, 쓸모없는 란츠로의 초대, 점심 후의 유쾌한 결근, 의미 없는 만찬 초대……" 이 편지의 독특한 일부분입니다. 실제로 알라 나지모바는 미국에서 체류하는 첫해에 힘겹게 일했습니다. 모든 것은 성공과 돈의 달성으로 이루어졌습니다. 이 모든 것이 이루어졌을 때 나지모바는 뉴욕 근교 포체스터에 집을 소유하였고, 자신의 정원을 가꾸었습니다(정원. 이것은 그녀의 전 생애에 걸친 푸른 꿈이었습니다.). 이제 모스크바로부터 언니 니나를 불러올 수 있었습니다. 니나는 자신의 가족들과 함께 도착하여 자신의 성을 보다 영어식인 성인 뉴톤으로 바꿨습니다.

　나지모바의 집에는 많은 술잔과 골동품에서부터 아이들의 그네까지 있었습니다(그녀 자신의 아이는 없었지만, 조카를 매우 사랑했지요.). 나지모바의 가구는 꼬임이 없는 소러시아풍이었고, 이것은 향수를 자아냈습니다.

　친척들과의 관계는 어떠했을까요? 조카딸 중 하나인 루시 뉴톤은 알라 이모가 아이들과 노는 시간을 좋아하고 그들을 작은 말에 태우고 다니고 비누거품을 가지고 장난치게 놓아두었으며, 그들에게 비싼 선물을 주었다고 회상했습니다. 그럼에도 불구하고 그들이 만약 자신의 일을 방해하면 참지 못했지요. 어느 날 그녀가 연기 연습을 할 때 아이들이 지나치게 떠들었습니다. 화가 난 나지모바는 첫 번째로 손에 걸린 전지가위를 들고 정원으로 달려 나가 아이들이 높이 날리고 있던 연줄을 잘라버렸습니다. 그리고 그녀는 이것으로 성에 차지 않아 루시의 머리채도 잘랐습니다. 루시는 죽는 날까지 자기 이모의 이런 거친 행동을 용서할 수 없었습니다.

할리우드의 불꽃

미국의 극장에서 연극을 하고 할리우드에서 영화를 찍지 않는 것은 물론 어리석습니다. 알라 나지모바는 어리석음을 피했습니다. 그녀는 그때까지 극장 무대에서 했던 것처럼 영화판에 결정적으로 들어갔습니다. 1916년 11월 <뉴욕 타임즈>는 연극계의 프리마돈나 알라 나지모바가 자신의 재능의 폭을 다시 한 번 보여주며 새로운 예술적 형태에 완벽하게 적응했다고 확인했습니다.

알라 나지모바는 모두 22편의 영화를 찍었습니다. 첫 영화는 1916년 <War Brides>였고 마지막 작품은 1944년의 <Since You Went Away>였습니다. 삶의 약 28년 동안 영화 속에 있었습니다. 최고의 흥행은 영화 <천년 묵은 장미나무>였고, 여기에서 나지모바는 어떤 선과 악이 혼합된 카바레의 디바 역을 소화했습니다. 이 영화 이후에 알라 나지모바는 노마 탈머지, 메리 피크포드 등과 함께 할리우드의 스타 목록에 자리를 차지했습니다.

앨버트 카플란 감독의 영화 속에서 이국적인 동양 여자 역으로 알라 나지모바의 위치는 더욱 확고해졌습니다. 할리우드의 여배우들은 삶에서 부귀를 원합니다. 나지모바는 '선셋'대로 8080번지에 2층으로 된 호화로운 저택을 구입했습니다. 저택은 흰 난초와 닮아 있었고, 옆에 정원까지 만들었습니다. 나지모바가 여배우로서의 재능 말고도 순수하게 기술적인 남성적 사고를 가지고 있었음이 명백합니다. 그녀는 모든 기술적 개선을 좋아했습니다. 자신의 설계에 따라 물 밑에서 빛이 비추어지는 풀장이 만들어졌습니다(1918년 이 놀라운 일이 생겨났습니다.). 힘 있는 삼나무, 종려나무, 화원, 백합으로 된 둑, 그늘이 많은 오솔길, 정원에는 아름다운 것들이 많이 있었고 그곳에서 매우 기분 좋게 휴식하고 긴장을 풀었습니다.

알라 나지모바는 자신의 명성에서 정점에 있었습니다. 바꿔 말하자면 사회적 지휘가 높은 손님들을 초대하는 데 아무런 문제가 없음을 의미합니다. 엘리노어 두세, 표도르 샬라핀, 안나 파블로바, 미하일 폰킨, 더글라스 페어뱅크스와 메리 피크포드, 작가 써머셋 모옴, 존 오하라, 할리우드의 떠오르는 스타 로돌프 발렌티노……물론 많은 젊은 배우와 단지 무성영화에서 크게 성공하길 꿈꾼 노인들도 있었습니다.

별장과 정원 주위에서 나지모바의 손님들에 대한 많은 유언비어가 돌아다녔습니다. 집에서 어떤 상상할 수 없는 축제가 벌어진다고 악의적인 말까지 나왔지요. 아무런 축제도 아니었지만 참석자들은 프랑스 왕족풍 의상에서 아랍 족장 의상까지 확실히 이해할 수 없는 의상들을 입고 참석했습니다. 가장 무도회는 정원에서 매우 효과적으로 볼 수 있었습니다.

그러나 놀라운 정원, 알라 나지모바의 '지상 낙원'은 사라졌습니다. 1926년 재정적 파산으로 부득이하게 집과 정원과 결별했지요. 30년 대 초반에 그녀는 다음과 같이 회상했습니다.

"나는 할리우드에 아름다운 집이 있었다. 오랫동안 나는 가장 좋아하고 비싼 물건들이 나를 감싸고 있으면 행복할 것이라고 꿈꿔 왔다. 어느 날 아침 눈을 떴는데 나의 하녀가 나에게 집 앞 맞은편 산에 불이 나서 불길이 번져 곧 우리 집을 덮칠지도 모른다고 말했다. 나는 제일 먼저 나에게 가장 중요한 가치가 있는 무엇을 구해야만 한다고 생각했다. 나는 침실로 들어가 둘러보았다. 아니야. 여기에는 그런 게 없다고 생각했다. 나는 서재로 들어갔다. 아니야, 나는 내 모든 돈을 가져갈 수 없다고 스스로에게 말했다. 나는 방에서 방으로 옮겨 다녔으나 그 어떤 것도 찾을 수 없었다. 무엇인가 그것 없이는 내가 살 수 없을 것 같은 것은 아무것도 없었다. 나는 침실로 돌아갔다. 그곳 침대에서 몇 개의 사진을 보았다. 종이에 사진들을 싸서 집으로부터 뛰어나왔다. 내가 얼마 가지 않았을 때 하녀가 나를 따라잡으며 불길이 잡히고 집은 이제 안전하다고 말했다. 나는 집으로 돌아갔고, 이상한 발견을 했다. 웬일인지 나는 내 집이 전처럼 많이 좋지 않았다. 이 경험 덕분에 나는 그곳에 내게 정말로 의미가 있는 그런 것은 없다는 것을 알았다. 오늘 나는 그렇게 많은 것들을 갖지 않아서 훨씬 더 행복하다……"

상실에 대해 평온한 것은 매우 현명하지요. 그러나 그런 현명함은 갑자기 오는 것이 아니라 이별의 순간에 옵니다. 여배우 알라의 정원이 매매되는 며칠 동안 그녀의 동시대인이 기억하는 하나는 다음과 같습니다.

"거의 의식이 흐릿한 상태에서 정원을 어슬렁거리며 자기 자신에게 무언가를 중얼거렸다. 그녀의 말은 어떤 주문을 연상케 했다. — 누구도, 어느 때에도, 이 아름다운 나무들을 베지는 못해. — 그녀는 마치 기도하는 것처럼 중얼거렸다."

그러나 운명의 아이러니에 따라 가장 사랑하는 것은 파멸했습니다. 나무들은 잘려 나갔습니다. 처음에 '알라의 정원'은 '알라하의 정원'이란 이름으로 스타들과 할리우드 방문객을 위한 호텔로 바뀌었다가 그 후 1957년 불도저에 의해 철거되었습니다.

정년기의 알라 나지모바

알라 나지모바는 이미 40대였습니다. 새로운 별들이 빛났다가, 밝게 빛나는 것들 사이에서 지평선 뒤로 쉽게 사라졌습니다. 모두가 그러했지만, 나지모바는 시간과 싸웠습니다. 그녀는 카플란의 영화 <붉은 등>(1919년)에 화려하게 출현했습니다. 그녀는 한꺼번에 백인 여자와 중국 여자 두 명의 역할을 연기했습니다. 나지모바가 연기한 사시 여주인공 마이 리는 많은 미국 여배우들의 명성을 가렸습니다. 잘 차려입은 그녀는 그들과 똑같지 않았습니다. 그녀는 대단히 옷을 잘 입는 배우였고 매번 새로운 의상으로 세간에 센세이션을 불러일으켰습니다.

<메트로> 영화사의 계약에 따라 나지모바는 시나리오와 배역, 그리고 상대배우를 직접 선택하는 특별한 권리를 위임받았습니다. 보수는 어떠했을까요? 일주일 13,000달러, 당시에는 엄청난 돈이었

지요.

　나지모바는 유명한 연인들과 위대한 소설을 영화로 만들기로 마음먹었습니다. 첫 번째로 사랑의 여신 아프로디테를 떠올렸습니다. 그러나 아프로디테가 되기 위해서는 새로운 종교적인 조형미가 필요했지요. 그래서 나지모바는 나타샤 람보바를 고용했습니다. <아프로디테>의 떠들썩한 초연은 1919년 12월 브로드웨이에서 이루어졌습니다. 그러나 스크린에는 나타나지 않았습니다.

　영화 아프로디테는 이루어지지 않았고, 그때 마가렛 고티에의 <바람난 부인>이 나왔습니다. 나지모바가 42세의 나이에 어떻게 젊고 매력적인 외모로 돌아갔을까요? 노년의 흔적을 지우고 특별한 마술을 창조해 내도록 위탁받은 외과 의사가 그 일을 해냈습니다.

　나지모바는 촬영할 때 엄격한 생활 규칙으로 스스로를 학대한다고 펫시 루트 밀러는 기억했습니다. 아침 7시에 일어나서 구운 빵과 함께 연한 차를 마시는 것이 촬영 있는 날의 모든 식사였습니다. 아마도 그녀가 <바람난 부인>의 모습을 육체적인 고통을 통해 다시 얻기를 원했던 것이 아닐는지요. 나지모바의 눈에 띄는 외모, 하늘로 올라간 눈과 입술을 가진 마르가리타는 마치 아르망 뒤발을 연기한 로돌프 발렌티노와 나지모바의 돌발적인 포옹처럼 세계의 모든 영화 잡지에 나타났습니다.

　여기에서 당시 알라 나지모바와 로돌프 발렌티노, 나타샤 람보바의 관계에 대해 말해 봅시다.

　로돌프와 나지모바는 파리에서 알게 되었고 그는 그녀보다 16살이나 어렸습니다. 저녁때 <무랑 루즈>에서 발렌티노는 그녀의 연기에 대한 자신의 감탄을 표현하기 위해 나지모바가 있는 테이블로 다가갔습니다. 그러나 예기치 않게 날카로운 반격을 받았습니다. 나지모바는 테이블을 치고 친구 다그마르 고돕스키에게 소리쳤습니다. "어떻게 감히 이런 불량배를 내 식탁으로 데려올 수 있어? 네가 어떻게 이 애송이를 나에게 소개할 수 있지?"

적당하고 단순한 러시아식 표현으로 말하면, 이후에 나지모바와 발렌티노는 친교를 맺었습니다. 1921년 그들은 영화 <바람난 부인>에서 주인공으로 출연했습니다. 젊은 미남, 라틴계 연인의 정형인 발렌티노는 나이 든 나지모바의 마음에 들지 않을 수 없었습니다. 그녀는 그를 항상 자신의 문하생과 숭배자들 사이에서 수행원으로 두길 원했습니다. 그러나 열정적인 발렌티노는 소심한 숭배자로 있지 않았고, 항상 더 이상을 기대했지요. 나지모바, 발렌티노, 람보바의 악명 높은 삼각관계가 되었습니다.

나타샤 람보바는 러시아 혈통이 아닌 다른 어떤 혈통이었습니다. 그녀의 이름은 러시아에 대한 애착의 동경으로 만든 단순한 러시아식 필명이었습니다. 람보바는 창조적이고 재능이 있었습니다. 발레리나, 의상 담당자, 20세기 나지모바 영화의 디자이너였습니다. 세련된 미학자이고 오스카 와일드의 숭배자였습니다. 현대적인 아이들, 타락한 여 승려, 엉뚱한 여신, 지혜와 미, 강철 같은 의지의 보기 드문 결합. <바람난 부인>과 나지모바의 후속 작품 <살로메>는 전문가들의 견해에 따르면, 나타샤의 마취제 속에서 나지모바에 의해 창조되었습니다.

알라 나지모바가 나타샤 람보바에게 끌리는 것은 놀라운 일이 아닙니다. 두 명의 재능 있고 극도로 감성적인 여자들은 서로 간에 이끌릴 수밖에 없었지요. 동성애 관계였냐고요? 나지모바의 연인

중 하나인 폴 이바노는 나지모바가 양성애자인가라는 질문을 기자로부터 받았으나 답을 하지 않았습니다. '그렇다'도 아니고 '아니다'도 아니지요.

도대체 그녀가 레즈비언인가 아닌가가 어떤 의미를 갖는지요. 핵심은 다른 데 있습니다. 나지모바는 람보바를 자신처럼 간주했고 람보바와 발렌티노가 공식적으로 결혼하길 원하는 것을 알았을 때 이것을 배신행위처럼 인식했습니다. "루지는 그녀와 사랑에 빠졌는가? 정말로 빙산에 대해 사랑에 빠질 수 있는가?" 나지모바는 마음속으로 말했습니다.

"감정은 감정이고 일은 일이다." 나지모바는 자극받지 않고 일을 중지하지 않았습니다. 1923년 1월 7일 나지모바의 가장 잘 알려지고 가장 해괴한 무성영화 <살로메>가 초연되었습니다. <살로메>에서 여배우는 젊음의 진짜 기적을 보여주었는데 43세의 여자가 14살의 소녀로 보이는 데 성공했던 것입니다.

영화는 복잡하고 허식적이며 지나치게 미학적으로 나타났습니다. 영화는 '영혼의 밤의 방향'으로 잠재의식의 범위로 향해졌습니다. 나지모바는 영화에서 람보바식 디자인을 선보였는데, 금속의 차가움이 벌거벗은 뜨거운 사람의 육체와 대조를 이루었습니다. 나지모바는 공주와 창녀의 두 입장에서 어린 순수함과 원숙한 유혹의 혼합물로서 유대인 황녀를 연기했습니다. 그리고 이 모든 것이 거대한 동방의 구부러진 칼들을 배경으로 흑인 경비병들을 경작했습니다. 간단히 말해, 연속적인 작위적 방법이었습니다. 그러나 작위적인 방법이 매표소에 강하게 영향을 미쳤고, 람보바의 예술적인 실험들은 나지모바에겐 파멸적인 것이었습니다.

할리우드는 나지모바 - 살로메를 담담하게 받아들였으며 많은 관중이 특별한 환희를 나타내지는 않았습니다. 여자 흡혈귀시대는 지나갔었던 것이지요. 미국의 관객들은 또 다른 할리우드의 스타 그레타 가르보가 창조한 열정의 매력들에 보다 더 열광했습니다.

나지모바 부인(어느 순간에 그녀는 이렇게 불렸습니다)시대는 무정하게 지나갔습니다. 우연치 않게 나중에 나지모바는 이전에 미국이 열광했던 자신의 영화에 대해 용기 있는 비판을 내렸습니다.

"나는 내 영화들을 혐오한다. 그 당시에는 말이 없는 것을 보완하기 위해 모든 것을 녹음했다. 이것은 끔찍했다. 촬영기술과 분장술! 아, 나의 매력! 마치 나는 어떤 야만적인 종족이 만든 영화에 사로잡혀 있는 것과 같았다……"

그리고 다른 인터뷰에서 고백합니다.

"모든 이 동물원 때문에 나는 부끄럽다."

허버트 브레넌 감독은 다르게 표현했습니다. "그녀는 무슨 이유에선지 위대한 처녀 메리 피크포드를 연기하고 싶어 하는 위대한 미국배우였다."

작가 에드워드 바겐크네히트는 이렇게 덧붙였습니다.

"그녀는 모든 것이 부족했다. 그녀는 사라 베르나가 되기에는 부족했고 연극적인 명성이 부족했다. 그녀는 자신이 영화에서 하고 싶었던 것을 할 기회조차 적었다. 그녀는 반드시 모든 것이 되어야만 했다. 그녀는 내내 메리 피크포드나 마벨 노만이 될 수 있음을 증명하길 원했다."

그러나 무엇을 했을까요? 나지모바는 정말 탐욕스러운 여자를 창조했습니다. 아주 원숙한 중년임에도 불구하고 그녀는 매혹적이고 젊은 처녀로 연기하길 시도했으나 부단히 한층 더 발전된 영화 기술은 그녀에게 더 이상 거짓과 거짓으로 꾸며진 젊음을 용인하지 않았습니다.

세월이 개인적인 쇠퇴를 가져왔습니다. 찰스 브라이언트는 젊고 재산 있는 여자와 결혼했습니다. 로돌프 발렌티노는 심한 복막염으로 예기치 않게 죽었습니다. 나지모바의 할리우드 성공은 일몰을 향해 기울었습니다.

절망적인 삶

다시 한 번 마리나 리타브리나의 책을 인용합시다.

"끝이라고? 전혀 틀리다. 그것은 그녀에게 해당되는 것이 아니었다. 그녀가 자기 자신을 위해 기록했고 매일매일 구체화했던 생활의 시나리오에는 끝이라는 단어가 없다. 하나의 배역이 끝날 때까지 연기되었고 제때에 전환되었다는 것을 간단히 이해할 필요가 있다. 용서하라, 늙은 삶이여! 이제 그녀는 라넵스카야[27]가 되어 다시 기차에 몸을 싣고 싫증난 애인, 잃어버린 정원을 뒤로 하고……"

알라 나지모바는 할리우드를 떠났고 여배우로서의 자만심은 남아 있지 않았습니다. 그녀는 심지어 도르래에서 비누 '룩스'를

---

27) 〈벚꽃동산〉에 나오는 여성.

선전하는 광고조차 피하지 않았습니다. 그녀는 이미 젊은 익살꾼으로 보이기를 원치 않았고 자신을 여성스러운 성숙함으로 길들이길 원했습니다. "예술이 있는 여기!" 한 인터뷰에서 여배우는 말했습니다.

나지모바는 뉴욕시 극장에서 에바 리갈렌을 재해석하여 연기했습니다. 1928년 10월 15일 <벚꽃 동산>이 초연되었습니다. 나지모바가 라넵스카야 역을 했는데 전혀 시들지 않았고 망가지지 않았으며 그칠 줄 모르는 열정이 타올라 '파리풍의 멋'과 결합되어 있었습니다.

<벚꽃 동산> 다음에 나지모바에게는 러시아 상연목록의 다른 역할이 있었습니다. 거기에서 나지모바는 기쁨에서 슬픔으로 평안에서 불안으로 바꿔가며 연기했습니다. 그녀는 자신의 무대 의상들의 대조 속에서 연기하기를 좋아했습니다. 그녀는 검은 옷을 입기도 하고 눈처럼 흰 옷을 입기도 하고 때로는 실제로 아무것도 입지 않기도 하였는데 언제나 반박할 수 없는 매력이 있었습니다.

비평가들은 나지모바의 연기 비밀이 머리부터 발끝까지 모든 신체가 연기를 하는 것이라고 평가했습니다. 그녀는 말과 몸짓의 조화의 신비로움을 이해했습니다. 1932년 연극 <상喪 - 전기의 운명>에서 젊은 테네시 윌리엄스는 그녀를 보았습니다. 나지모바의 연기는 그를 동요시켰고 그는 반드시 드라마 작가가 되겠다고 결심했습니다. <전기>를 통해 극작가인 유진 오닐은 나지모바의 뛰어난 연기를 칭찬하며 종내 그녀가 자신이 쓴 것과는 전혀 다르게 연기를 한다고 지적했습니다. 자신의 환상들 속에서 나지모바는 언제나 매우 멀리 돌아다녔습니다.

'세 번째 젊음'이라는 표현이 있습니다. 알라 나지모바는 젊지 않은 나이에 자신이 좋아하는 입센에게로 돌아가 다시 <유령>에서 알팅 부인을 연기했는데 1935년 12월 12일 크리스마스 전에 초연되었습니다. 나지모바는 극장의 나이 든 늑대 브룩스 아킨슨이 <뉴욕 타임즈>의 독자들에게 자신이 오랫동안 연극에 대해 비평할 수 없다고 말하도록 그렇게 연기했습니다.

> "위대하다는 것은 공허한 말이다. 기록된 것은 없고 모든 것은 난센스이며 커다란 계산에 따라 인쇄소의 타이프 기계는 멈추어야만 한다……"

그러나 기계들은 전력을 다해 일했고 그것들 덕분에 우리에게까지 알라 나지모바의 연기에 대해 비평가들한테서 나온 말들이 남겨졌습니다. "이것은 연기가 아니다. 이것은 대량 최면이다." 비평가 이브닝 조르넬은 감동하여 목이 메었습니다. 경력이 있는 비평가들은 여배우가 연기한 헤다 가블러를 분석했습니다. 그런 분석에 대해 알라 나지모바는 이렇게 답했습니다.

> "나는 변하지 않았지만, 주위의 모든 것이 변화되었다. 입센의 헤다는 가식적인 사람이다. 이것은 사실이다. 세기의 경계선에서 여자는 많은 부분에서 단순하게 육체적 대상이 되었으나 오늘날은 정신적인 모델이 되었다. 나는 그때 실용적인 직물로 장식된 현대적인 소파 위에서 효과적인 포즈로 마음을 끌었는데 적당하게 연기를 했다. 나는 천천히 말을 했고 효과적인 몸짓을 했다. 1906년대에 이 모든 것은 사실이었다. 1936년대에 이것은 거짓이 되었다. 오늘날 헤다는 더욱 공허하게 앉아 있고 침묵한다. 이 미심쩍은 평안은 그녀가 무언가를 꺼내려 한다는 것을 추측할 수 있게 한다. 만약 그녀가 말을 한다면 더 빨리 말할 것이다. 우리는 모두 미쳐 있다. 무언가 일어나건 아니건 우리 모두는 서두

른다. 서두르는 것이 규범이다. 쉬는 것은 경시된다. 현대의 비극에서는 끝까지 연기하지 않을 필요가 있다. 그럼으로써 비극은 비극이 되는 것을 멈추지 않는 것이다. 일의 핵심은 변하지 않고 단지 수행 양식만이 변한다.”

만약 시대라는 기계가 존재했다면 1996년 알라 나지모바가 입센의 헤다를 현대적인 여성의 관점에서 매우 신경질적이고 반쯤 미친 여자로 연기했었을 것이라는 걸 예상하는 건 쉽습니다.

1936년으로 되돌아갑시다. 병은 부득이하게 나지모바를 따뜻한 캘리포니아로 돌아오게 했습니다. 그녀는 다시 영화를 찍었으나 예전같이 상상할 수 없는 보수는 없었지요. 그녀는 이미 호화롭지 않게 살았습니다. 좁은 교우관계였지만 그들 중에는 예술극장 출신의 리차드 볼레스랍스키, 마루차 우스펜스카야, 아킴 타미로프, 미하일 체홉 등의 예전 배우들이 적지 않게 있었습니다.

루벤 마물랸의 영화 <피와 모래>(1941)에서 그녀는 이미 주인공이 아니었고(리타 헤이워드가 주연이었습니다), 카페에서 단순한 청소부 일을 하는 주인공의 어머니였으며 어떤 효과적인 의상도 없었습니다. 그러나 그녀는 자신의 연기기술로 예전과 같은 감동을 주었습니다.

나지모바의 끝에서 두 번째 배역은 소설가 토르톤 와일드의 소설을 영화화한 <성 류도빅 왕의 다리>에서 후작부인이었습니다. 영화는 1944년에 나왔습니다. 파시즘과의 전쟁이 계속되었습니다. 나지모바는 무관심하게 지낼 수 없었습니다. 그녀는 자신의 집사와 종업원을 적십자에서 일하도록 파견했고, 연합군에게 개인 도서관의 책과 원조물품을 몇 개의 컨테이너로 보냈습니다.

그녀는 이미 60살이 넘었지만 전혀 부자가 아니었습니다. <알라의 정원>을 대신해 해바라기와 화분에 담긴 협죽 몇 개가 있었을 뿐입니다. 어느 누구도 배역을 제안하지 않았고, 예전 할리우드 스타는 천천히 빛을 잃어 갔습니다. 대가족 레벤톤 류톤가는 분열되었습니다. 새로운 가정부 글레스카 마르샬이 알라와 니나 자매가 갈라서도록 모든 것을 처리했습니다. 나지모바는 좀 더 좁아진 주변 속에서 홀로 남겨졌습니다.

"나는 아무것도 가진 게 없어요. 집도, 돈도, 개도 없고, 보석 역시 없지요."

삶의 마지막 해에 그녀는 리포터에게 여러 번 말했습니다.

어떤 작은 기쁨이라도 있었을까요? 그렇습니다. 라디오 극작가 아르치 오볼레르의 작은 연애 소설에서 알라 나지모바의 젊고 늙지 않는 영혼에 대해 말했습니다.

그녀는 독서를 했습니다. 자신의 집필에 대해 깊이 생각했으나 자신의 모든 삶을 바친 영화와 극장을 표현할 수 없었고 그녀의 육체와 심리적인 기분이 파멸의 모습을 예고하고 있었습니다. 쓸모 없다는 느낌, 이것은 가장 무서운 불치병입니다.

1945년 7월 13일, 66세의 나이로 알라 나지모바는 혈전증으로 사망했습니다. 위대한 배우 한 사람이 무대 인생을 떠났습니다.

일설에 따르면 그녀의 유해는 바다에 뿌려졌다고 합니다. 그녀는 바다를 매우 사랑했습니다……

보리스 파스테르나크의 시에 다음과 같은 구절이 있습니다.

모두 싫증난다.
단지 네게만 싫증나는 것이 주어지지 않았다.
날들은 흘러가고,
해들도 지나간다.
그리고 천년들, 천년들.
파도들의 하얀 물보라 속에,
숨어서
아카시아의 하얀 향기 속으로,
아마도, 바다,
네가 그것들을,
데려 가고, 데려간다……

별과 바다. 그것들을 제외하고는 세상에서 놀랍거나 아름다운 것은 아무것도 없습니다. 바다의 파도는 영원을 생각나게 합니다. 별들은 짧은 삶의 무상함을 생각나게 합니다. 별이 밝으면 밝을수록, 더 슬프게 그녀는 사람들의 가슴에 흔적을 남겼습니다. 알라나지모바. 그녀는 살았습니다. 그녀는 사랑했습니다. 그녀는 싸웠습니다. 그녀는 사라졌습니다…….

블록의 아내, 벨르이의 연인, 류보피 멘델레예바

영혼은 지향하다 늦었다.
불안한 비상 속에서 멈추었다.
어떤 비밀인지를 알지 못했다,
어떤 꿈들인지를 이해하지 못했다……

— A. 블록. 연작 "아름다운 부인에 대한 시들"
중에서

    천재의 아내, 여자 친구, 여신. 나탈리야 니콜라예브나 곤차로바, 소피야 안드레예브나 베르스, 안나 그리고리예브나 스니트키나, 류보피 드미트리예브나 멘델레예바……이들을 푸시킨, 톨스토이, 도스토옙스키, 블록과 나란히 놓는 것이 쉬울까요? 한마디로 말하기는 쉽지 않습니다. 천재는 자신에게 가까운 사람의 인격을 짓누르고 변형시키는데, 이것에 대해서는 논쟁할 필요가 없지요. 천재와 나란히 놓이는 것이 행운이라는 것은 말할 나위 없습니다. 덕을 보는 셈이지요. 모순이 되나요? 그렇습니다. 그러나 모든 우리의 삶은 모순들로 가득 차 있습니다. 자, 이제 짧은 서문 뒤에 지나이다 기피우스가 '블록의 아내'라고 표현한 류보피 멘델레예바(Любовь Менделеева)에 관해서 이야기해 봅시다.

류보츠카는 위대한 화학자 드미트리 멘델레예프의 두 번째 결혼에서 생긴 첫째 딸이었습니다. 그녀는 아버지로부터 좁은 눈과 몽골리안의 광대뼈를 물려받았습니다. 그녀는 1880년 12월 29일 남회귀선 근처에서 태어났습니다. 미래의 아름다운 부인을 예견할 수 없을 정도로 평범한 소녀였습니다. 뚱뚱하고 잘 웃었지요. 아기였을 때조차도 연극을 좋아했고 가정극에 즐겁게 참여했습니다.

이웃 샤흐마토프가의 청년 알렉산드르 블록은 보블로보에서 세익스피어의 오펠리어 역을 한 류바 멘델레예바를 보고 난 후, 그녀의 울림이 좋은 목소리에 사로잡혔습니다. 시골 헛간에서 상연된 극에서 블록 자신은 햄릿이었습니다. 두 사람의 관계는 복잡하게 발전했습니다. 처녀로서의 내면의 떨림을 류바는 블록으로 하여금 절망에 빠지도록 한 엄격함과 오만함의 가면 속에 숨겼습니다. 블록은 시에서 썼습니다.

그녀는 날씬하고 키가 크며,
언제나 오만하고 엄격하다.
나는 매일 멀리서
그녀를 주시한다, 모든 일에 준비하면서, ―

희망 없는 사랑의 영향으로 젊은 시인은 아름다운 부인의 형상을 창조해 내고 사랑하는 아가씨에게 천상의 용모를 부여하면서 환상과 거의 황홀상태에 빠졌습니다. 그는 시뿐 아니라 철학에도 열중했고 따라서 류바를 세상의 영혼, 영원의 여성, 다른 철학적 범주들과 동일시했습니다.

1902년 11월 8일 알렉산드르 블록은 류바 멘델레예바로부터 메모를 받았습니다. "나의 사랑하고 친애하고 귀중한 사슈냐,[28] 나는 당신을 사랑해요! 당신을" 메모는 관계, 논쟁, 잦은 언쟁 심지어 블록의 자살기도의 길고 긴 해명을 앞서는 것이었습니다.

약 1년이 지난 1903년 8월 17일에 모스크바 근방의 타라카노프 교회에서 결혼식이 있었습니다. 결혼 행렬이 보블로보에서 출발했습니다. 많은 손님들을 위해 식탁이 차려졌습니다. 젊은이들은 주연의 끝까지 머물지 않고 페테르부르크로 서둘러 열차를 타고 가서 산딸기로 만든 작은 방울이 달리고 리본이 둘러진 말이 끄는 트로이카(삼두마차)를 타고 달렸습니다……

아름다운 시작이었지요.

동시대인인 페트롭스키의 편지에 다음과 같은 글이 있습니다.

"블록은 '아름다운 부인', 시베리아 톤돈의 딸, 곱슬머리의 처녀, 소피야의 목소리, 신의 총명함을 가진 시네옥의 공주와 결혼했다. 그녀는 참으로 우리로 하여금 기사가 되도록 하는 그런 사람이었다고 예식에 참석했던 세료자 솔로비요프는 말한다."

지나이다 기피우스는 자신의 회고록에서 다음과 같이 썼습니다.

"누군가에게 내가 질문했다. ―당신은 블록이 결혼했다는 걸 아십니까? ―평온한 대답이 있었다. ―네, 류보피 멘델레예바와 했지요. 물론 나는 그녀가 여전히 뚱뚱한 그런 소녀인 걸 알고 있었지요."

한쪽에서는 '아름다운 부인'으로, 다른 한쪽에서는 평범한 뚱보

---

28) 알렉산드르의 애칭이 사샤이고 사슈나는 사샤를 더 친근하게 부른 것임.

아가씨로 보았습니다. 같은 인물에 대한 다른 시각입니다.

자, 젊은 부부에게 돌아갑시다. 그녀에게는 행복을 위한 모든 것, 미, 재능, 사회적 위치, 일정한 재산이 있었습니다. 그러나 행복은 얻어지지 않았습니다. 매우 예민한 문제가 가정의 행복이지요. 블록의 엄마가 아들 부부의 관계에 대해 시샘이 매우 많았고, 시인의 아내에게 연정을 느낀 친구 안드레이 벨르이, 그리고 다른 원인들이 외적 상황으로 나타났습니다. 그리고 정상적인 가족 관계를 방해하는 내적 상황들이 있었는데, 그것들은 바로 블록 자신에게 있었지요.

류보피 드미트리예브나가 나중에 표현한 것처럼, 결혼의 기본에서 블록은 잘못된 생각을 품고 있었습니다. 심리학자와 성 연구가들은 남성이 여성들에게서 '성녀'와 '방탕녀' 그리고 때로는 동시에 두 가지 모습을 모두 본다고 생각합니다. 알렉산드르 블록은 류바에게서 단지 성녀만을, 단지 아름다운 부인의 모습만을 보았습니다. 그는 젊은 아내에게 음란한 사랑은 고결한 관계를 유지하는 조화를 일그러뜨리고 파괴하는 악마적인 진실의 왜곡이며 정신적인 사랑의 왜곡이라고 강조했습니다.

결혼 직전 블록이 쓴 일기에서 류바에 관한 주목할 만한 메모입니다.

"언제나 거의 침울한 표정으로 나와 겨우 말한다······ 도대체 무엇을 할 필요가 있는가? 나는 포옹하고 싶지 않다. 왜냐하면 포옹은 단지 순간적인 진동일 뿐이니까. 더 나아가면 악취가 심한 괴물의 습성이 된다. 나는 말하고 싶지 않다. 말은 과거에도 있었고 앞으로도 있을 테니······ 나는 말이나 포옹, 그 이상을 원한다······ 내가 원하는 것은 적중할 것이다."

적중하지 않았습니다. 적중할 수 없었고, 포옹을 넘어서고 키스를 넘어서고 사랑을 넘어서는 것은 있지 않았습니다. 이 모두는 불가사의한 허구입니다. 꿈이지요. 블록은 시에서는 그것을 성공했지만 삶에서는 도저히 실현할 수 없었습니다.

시와 성과의 비밀스런 관계가 있습니다. 한 가지는 당신의 여신으로 세워놓은 여성을 신비롭게 하고 그녀에게 사랑의 찬가를 증정하는 것입니다. 다른 것은 육체와 피를 가진 실제적인 여성으로서의 그녀와 사는 것입니다. "아름다운 부인들과는 일반적으로 함께 살지 않는데, 블록의 가족 드라마는 그가 '아름다운 부인'과 결혼했다는 데 있다."고 나데즈다 만델슈탐은 지적합니다.

1911년 11월 7일자 블록의 일기 중에 또 하나의 메모가 있습니다. "……톨스토이의 제1권을 받았다. 류바가 자신의 만족을 얻었다……"

어떤 만족? 블록과는 달리 류바는 최고의 정신적인 영역에서 살지는 않았다는 것을 지적할 필요가 있습니다. 그녀는 지상의 여성이었고 게다가 육감적이고 관능적이었지요. 그녀에게는 현대적인 말로 건강하고 친밀한 성생활이 필요했습니다.

1912년 10월 16일 블록의 글입니다.

"밤에 나의 사랑스럽고 작고 애처로운 사람에게 예민한 감정이 나타난다…… 그녀는 침울하고 힘들게 산다. 나와 함께 있는 것 역시 우울하다. 나는 그녀에게 아무것도 줄 수 없다."

여기에서 불화, 몰이해, 깊은 불만을 볼 수 있습니다. 시인의 자서전적 일기에 나타난 블록과 그의 아내와의 관계를 추적해 보는

데 있어 블록의 숙모 마리야 안드레예브나 베케도바야가 1903년 11월 2일에 류바에 대해 쓴 글이 흥미롭습니다.

> "그녀는 의심할 여지없이 그를 사랑한다. 그러나 그녀의 변함없는 여성스러움은 아마도 순전히 외적인 것일 것이다. 온화함도, 인내도, 평온도, 희생할 능력도 없다. 나태함, 방자함, 완고함, 시어머니인 알랴가 지적한 붙임성 없는 성격, 가난, 평범함. 나는 이미 이 모든 저속한 것들을 원하지 않는다는 것을 그녀에게 말하기조차 겁난다. 모든 면에서 그녀는 매우 영리하다. 비록 전혀 성숙하진 않아도 매우 재능 있고, 솔직하기까지 하다. 그녀는 자신의 결점들을 알고 그를 사랑한다…… 그는 그녀의 비위를 맞추는 일에 지쳐 있고, 그녀의 변덕, 익숙지 못한 생활 조건들, 그리고 무지함들에 이미 지겨워하고 있다. 그녀는 부드러운 꽃처럼 신선하고, 그는 창백하고……"

거의 1년이 지난 1904년 8월 13일의 글입니다.

> "……류바와 생활한 1년은 좋지 않은 쪽으로 지독한 변화를 일으켰다. 그녀는 그를 더 행복하게 하지도 더 좋게 하지도 않는다. 오히려 반대다. 이것은 무엇이란 말인가? 그녀는 불친절하고 자존심이 강하고, 방종하다. 그녀는 시어머니 알랴를 그렇게 사랑하지도 않았고 그녀에게 잔인하다……"

베케토바는 공정하지 못한 증인입니다. 그녀는 전적으로 자신의 조카인 블록 편이지요.

지나이다 기피우스가 객관적인 입장에서 쓴 회고록의 일부입니다.

> "블록은 건강하지 않았다. 우리는 어느 저녁에 갈레르나야에 있는 그의 작은 아파트로 그를 보러 갔다. 아파트는 꽉 죄는 듯하고 쾌적하며 단순

했다. 많은 책들이 있었다. 블록 자신은 집에서 답답하고 평범하게 있었지만 그의 아내는 매우 달라져 있었다. 작은 방, 작은 티 테이블에 어울리지 않게 아름답고 컸다. 그녀 안에서 빛이 작렬하여 그것으로부터 그녀의 주된 매력이 발산되었다. 우리는 그녀가 그동안 연극에 열중해서 많은 일을 했으며 사적인 일행과 함께 러시아 지역들을 돌아다녔다는 것을 알았다. 그러나 반복하건대, 이것이 그녀를 변화시킨 것은 아니었다. 그렇다, 그녀 속에 있는 여배우로서의 끼는 매우 단순하여 느껴지지 않았다. 그녀 안에는 빛이 있었는데 예전의 것이 아닌 다른 것이었고, 그녀는 매우 달라져 있었다.”

1906～1907년 겨울과 1907～1908년 겨울에 블록의 집을 자주 방문했던 시인이자 문학 연구가인 모제스쯔 고프만은 다음과 같이 썼습니다.

> “블록의 가정생활은 나에게 잘 이해되지 않았다. 그는 매우 아름답고 매우 매력적인 류보피 멘젤레예브나와 결혼했고 그녀와 매우 사이좋았으나 아내로서의 그녀를 경멸하였다.”

그들은 바로 그렇게 살았습니다. 겉으로 보기엔 함께였으나 실제는 따로따로였지요. 블록은 자기 나름대로 매혹되어 열렬히 사랑에 빠진 나탈리야 볼로호바, 류보피 젤마스 등등이 있었고 류보피 멘델레예바에게는 그녀 나름대로 안드레이 벨르이, 게오르기 출코프 등등이 있었습니다.

알렉산드르 블록과 안드레이 벨르이는 1904년 1월에 알게 되었습니다. 두 시인의 우정은 급속도로 좋아졌지요. 두 사람은 세계의 영혼, 러시아의 이미지 탐구에 몰두하였고 영원한 여성성의 전형들과 그 밖의 다른 것들을 숭배했습니다. 병행하여 벨르이와 류바의 관계도 발전했습니다. 처음에는 남매 같은 감정이었다가 다음에 사랑하는 사이로 바뀌었습니다.

그 모든 것은 마리야 베케도바가 1906년 8월 7일 일기에 쓰고 있습니다.

> "보리스에게서 얼굴 찌푸림, 우둔함, 허식을 볼 수 있는지는 알 수 없지만 이 모든 가식의 희열을 보는 것은 참기 어렵게 짜증났다. 바로 류바가 극단적으로 사랑에 빠진 젊은 시인과의 관계에서 자신의 허영심 많고 미심쩍은 우정이라는 연기를 해냈다……"

베케도바는 정확하지 않았습니다. 류바만 연기했던 것이 아니라, 보리스 부가예프(그가 안드레이 벨르이입니다)도 연기했지요. 누구한테 그랬냐고요? 남편과 친구들 앞에서입니다. 알렉산드르 블록 앞에서 말이지요.

1905년 6월 15일 류보피 드미트리예브나는 샤흐마토프에서 안드레이 벨르이에게 사랑 고백에 대한 답장을 씁니다.

> "사랑하는 보리스 니콜라예비치. 나는 당신이 나를 사랑한다는 것이 기뻐요. 당신의 편지를 읽었을 때 매우 따뜻하고 진지했어요. 나를 사랑해 주세요. 좋아요…… 그러나 당신이 살아가는 것을 돕고 당신이 고통으로부터 벗어나도록 돕는 것을 저는 할 수 없어요…… 나를 보러 들르실 때 우리가 만날 수 있지요…… 당신을 사랑하는 류바."

1906년 3월 11일 페테르부르크에서 쓴 것입니다.

> "사랑하는 보랴,[29] 나에게 기이한 일이 있어요. 나는 아주 평온하답니다. 사샤[30]를 사랑해요. 당신과 있었던 일이 쓸데없는 것이 아니라는 걸

알아요. 그러나 내가 당신을 정말 사랑하는지는 모르겠지만, 이걸로 고민하지는 않아요. 아무것에도 놀라지 않아요. 평온하게 사샤를 사랑하고 평온하게 지내고 있어요. '사랑하는' 이라고 말한 건 무엇이냐고요? 당신은 내가 당신을 사랑하고 앞으로도 사랑할 것이라는 걸 모르나요? 사랑하고, 믿고, 불러 봐요……예브게니 이바노프(그녀가 모든 것을 털어놓은 사람으로 류바의 마음을 탐내는 사람 중 한 사람입니다.)는 해결책이 세 가지라고 생각하고 있어요. 사랑하는 이여, 사랑하는 이여, 아무것도 모르겠어요! ……사랑을 두려워 말아요……단지 두려워 말고, 두려워 말아요! 강해지세요!……나를 사랑해요, 사랑하세요! 당신에게 키스를 보냅니다. 당신의 류바."

현대의 독자인 당신은 이 혼란한 감정 덩어리에서 무엇을 이해했습니까? 멘델레예바는 누구를 사랑했을까요? 블록? 벨르이? 둘다?……편지를 좀 더 읽어봅시다.

8일 후인 3월 19일입니다.
"……나는 당신과 절교하지 않았어요…… 당신은 나의 악마성과 모든 나의 유혹들을 전부 알지요. 당신을 보고 다시 당신에게 더 가깝게, 더 가깝게, 더 가깝게, 끌립니다…… 그러나 나는 원치 않고, 필요치 않아요. 필요 없어요! 만일 아신다면, 내가 어떻게 사샤를 배신하지 않고 당신과 있을지 말씀해 주세요! ……"

3월 20일입니다.
"원하는 만큼 당신에 대한 내 사랑을 쓸 수가 없어요. 당신을 만날 필요가 있어요! 오세요! 당신에게 오래오래 키스하며……"

1906년 4월 중순에 안드레이 벨르이는 블록에게 씁니다.

---

29) 보리스의 애칭형.
30) 블록을 말함.

"자네는 나와 류바와의 관계를 알 걸세. 그것은 말로 표현할 수 없다네.
류바는 나에게 모든 사람들 중 가장 가까운 사람이네. 누이이고 친구이
지. 그녀는 나를 이해하고 나는 그녀 안에서 변형되고 완전해진 내 자신
을 느낄 수 있네…… 그녀는 내가 파멸과 같은 벼랑으로부터 벗어날
수 있기 위해 나에게 정신적으로 필요하네. 나는 항상 키메라들과 싸우
고 키메라들은 나를 에워싸고 있지. 나를 구원하는 것은 류바를 통해 실
현되네. 나는 항상 그녀와 단지 남매로만 있을 준비가 되어 있네. 그러
나 나는 여전히 류바에게 반했다네. 완전히 무분별하게도……"

편지의 끝에 "자네의 형제 보랴"라는 사인이 있습니다.

무엇을 말하는 걸까요? 그들은 실제로 정신적인 형제였습니다.
별들의 공간에 살고 있는 시인과 신비주의자는 결코 평범한 지상
의 아내에게 평범한 지상의 행복을 줄 수 없었습니다. 시간이 흐름
에 따라 삼각관계는 더할 수 없이 뜨거워졌고 1906년 8월에 안드
레이 벨르이가 알렉산드르 블록에게 결투를 청했습니다. 다행히도
결투는 성사되지 않았습니다.

벨르이와 류바 사이의 로맨스는 폭풍처럼 예민하게 신경질적으
로 발전되었습니다. 1906년 10월 16일에 그녀는 벨르이에게 다음
과 같이 씁니다.

"나는 사랑이 하나라는 것을 언제나 알았어요. 그리고 만일 당신과 사랑
에 빠지는 용기를 주었다면, 이것은 타락이었을 겁니다…… 나는 어쩌
면 평생 동안 이것을 없앨 거예요. 당신과 우리에게 있었던 것들을
……"

로맨스의 이 모든 반전, 관계의 세세함, 감정의 뉘앙스가 흥미
를 일으킨 세 사람의 운명은 아니었습니다. 그들은 많은 지인들에

게 소중한 존재들이었습니다. 그 자신이 고백했듯이 벨르이는 벽난로 앞에서 기피우스 자매가 밤새워(돌아가는 상황의 복잡성 속에서) 알려주는 매일의 웅성거림이 끝나기를 기다렸습니다.

단지 상상해 보십시오. 밤, 벽난로, "류바가 그를 어떻게 사랑하고 당신을 어떻게 사랑하는지"에 관한 탄식 섞인 대화들.

결국 안드레이 벨르이가 제일 먼저 견디지 못했습니다. 희망이 없는 것 때문에 그는 네바 강에 몸을 던지기조차 했으나 안개가 방해했지요. 괴로운 심정으로 그는 국경을 넘었습니다.

그가 파리에서 썼습니다.

류보피 멘델레예바는 헤어짐을 견디어 내는 데 벨르이보다 덜 힘들었습니다. 그녀에게는 가족과 남편이 있었고, 연극에의 몰두가 있었으니까요. 그녀는 바사르기나라는 성으로 드라마 극에서 에필로그에 출연했습니다. 블록의 시를 암송하면서 출연했지요. 이미 혁명이 끝난 후였기 때문에 그녀는 시 <열 둘>을 암송했습니다. 고르네이 이바노비치의 아들인 니콜라이 추콥스키가 다음과 같이 회상했습니다.

"류보피 드미트리예브나가 암송했고, 블록은 옆에서 의자에 앉아 있었다. 류보피 드미트리예브나는 시끄럽게, 연극식으로, 윙윙 소리를 내며 암송하다가 앉았고 다시 벌떡 일어났다. 무대의 그녀는 육중하고 둔하기조차 했다. 어깨가 드러난 그녀의 완전히 노란 팔들은 이쪽저쪽으로 몸부림쳤다. 블록은 잠자코 있었다. 나에게는 그때 그녀가 암송하는 걸 듣는 것이 그에게는 불쾌하고 수치스러운 것같이 여겨졌다……"

여기에서 대부분의 회고들은 동정에 차서, 더 진실하게 말하면 블록에 대한 큰 사랑과 그의 아내에 대한 혐오에 차서 기록되었다고 말하는 것이 적절하군요. 그리고 여기에 천재의 남다른 현상이 반영되어 있습니다. 그는 순수하고 순결합니다. 단지 그를 둘러싼 모든 가까운 이들이 방해하고 해를 끼치는 것이지요.

류보피 드미트리예브나에게로 돌아갑시다. 블록은 그녀가 무대에 열중하는 것을 찬성하지 않았습니다. 1912년 10월 16일 그는 일기에 다음과 같이 썼습니다.

"자신의 분장실에 가지 않고, 나에게 미심쩍은 자신의 친구들을 만나지 않고 이미 창백해지고 의기소침해져서 아침마다 오랫동안 침대에 누워 있다. 그녀는 우울하다……"

'우울하다'라는 단어가 젊은 류바의 많은 설명하기 어려운 행동들의 핵심 단어입니다. 학생 때 그녀는 우울함 때문에 선생에게 잉크병을 던졌습니다. 우울함 때문에 또 다른 로맨스, 게오르기 출코프와의 로맨스를 시작했습니다.

출코프는 작가이고 상징주의자였으나 블록이나 안드레이 벨르이와는 달리 재능이 적었으며 깊이 생각하지 않고 예민하지도 않으며 더 이성적이고 냉정한 정신 상태를 가졌습니다.

류보피 드미트리예브나와 출코프와의 로맨스는 겨울에서 1907년 봄에 발전되었습니다. 블록이 상냥한 가면으로 볼로호바에게 격렬하게 열중하는 것에 도전해서 그리고 데카당주의의 가벼운 술기운과 가벼운 사랑놀이를 맛보기 위해서 류보피 드미트리예브나는 출코프를 선택했습니다. 이런저런 깊은 감정들이 생기지도 않았고 삶의 스케치였습니다. 사랑이 아니라 단지 소녀의 스케치였지요. 가벼운 수채화 말입니다.

출코프는 자신을 '생기 없는 수도사'에 비유하여 시 속에서 자신을 세 번째 인물로 썼습니다.

그 후 그는 다리를 건너 떠났다
저녁때의 알지 못하는 여자를 찾아서:
그리고 그는 무분별하고 단순했다
술집에서 붉은 잔을 기울이면서……

안드레이 벨르이와의 스캔들처럼 게오르기 출코프와 류보피 드미트리예브나의 관계도 비밀스럽지 않았습니다. 또 하나의 중요한 사항은 출코프가 블록과 친했다는 것입니다. 그러나 오늘의 우리에게 놀랍지 않게도 출코프와 류보피 드미트리예브나와의 관계는 블록을 흥분시키지 않았습니다. 알렉산드르 알렉산드로비치 블록은 자기 아내의 '외도'를 자기 자신의 범죄로, 자신의 결코 멈추지 않는 범죄에 대한 대답으로 파악했는데 바로 블록의 책 1912년 10월 17일자에 그렇게 기록되어 있습니다. 이것은 이상한 것이 아닙니다. 이것은 은세기, 데카당 계열의 정신이고 분위기인데 그 속에는 가족과 배우자에 대한 충실함이 아닌 자유연애 숭배가 있었습니다.

출코프의 중편 <맹인들>에서 주인공인 화가 루닌은 그의 아는 사람의 아내인 류보피 니콜라예브나 베슈메찌예바와 만납니다.

"—나는 집으로 가는 걸 원치 않아요. —루닌의 어깨에 기대며 그녀가
변덕스럽게 말했다. —나는 섬으로 가는 걸 원치 않아……
돌섬에서 그녀는 마차를 재촉했다.
—빨리! 빨리!
갑자기 그녀는 머리를 뒤로 젖혔다.
—사랑하는 이여! 사랑하는 이여! 키스해 줘요!
루닌은 고분고분하게 그녀의 차가운 입술을 자신의 차가운 입술로 꽉
눌렀다.
—우리는 죽은 사람들이야. —류보피 니콜라예브나가 두려움으로 속삭였다."

실제는 무엇일까요? 작가의 상상은 무엇일까요? 필경 출코프의
중편에서는 모든 것이 한꺼번에 뒤얽혀 있는 듯합니다.

류보피 드미트리예브나에게는 작가인 예브게니 이바노프(그는
그녀보다 네 살 적었습니다)와 또 다른 짧은 로맨스가 있었습니다. 나
중에 그는 그 당시 유행한 성 문제들에 대한 이론가가 되려고 시도하
기조차 했고 그것들을 자신의 선집 <바로 그것, 사랑! 삶의 스케치
들, 사랑의 악몽과 무분별의 실루엣>에서 자세히 다루었습니다.

류보피 드미트리예브나와의 짧은 관계는 무분별도, 악몽도 수
반되지 않았고 그저 모든 것이 삶의 스케치였습니다. 비록 이바노
프의 말에 따라 "날개를 단 류바가 삶을 향해 날아올랐던" 그 어떤
순간일지라도.

아닙니다. 날지 못했지요. 다른 일이 일어났습니다. 류보피 드
미트리예브나가 임신을 한 것입니다. 1909년 2월 2일 아기가 태어
났습니다(블록의 아기가 아니었지만 그는 단번에 아기를 인정하고
아기를 사랑할 준비가 되었습니다). 8일 만에 아기는 죽었습니다.
베케토바의 일기입니다.

"……나는 아주 작은 아이가 매우 가여웠다. 그는 죽은 게 더 나았다. 그러나 마음속에 심한 슬픔과 눈물이 흘렀다. 나는 류바가 아기를 조금밖에는 가여워하지 않았다는 것 때문에 아기가 가엾다. 정말 그녀는 고양이처럼 몸을 흔들고 구태의연하게 또 다른 걸 시작할까? ……"

반년 후 7월 3일의 기록입니다.

"아름답고 명랑한 아이들(블록과 류바를 말함)이 왔다. 류바는 다시 예전처럼 젊어지고 좋아졌다. 그들의 암흑으로부터 기쁨이……단지 휴일이 얼마나 오래갈지는 모르겠다."

물론 휴일은 오래가지 않았습니다. 세 사람, 블록, 류바, 그리고 시어머니의 관계가 더 강하게 팽창했습니다. 예브게니 이바노프에게 보낸 편지 중에 블록의 어머니인 알렉산드라 안드레예브나 쿠블리쯔카야 – 피오투흐에 대한 글이 인상적입니다.

"……사샤에 대한 그녀의 영향력은 지금 나에게 더 무서운 것이에요. 그녀 앞에서 나와 함께 있는 그는 극도로 뻣뻣해지고 내 속에서 하나의 끝없는 공포를 본답니다. 그녀가 없으면 그는 선량해지고 비밀이 없으며 상냥해요."(1911년 1월 31일)

시어머니와 며느리는 일반적으로 어려운 사이이고 류바의 경우에도 매우 힘들었습니다. 알렉산드라 안드레예브나는 지나치게 자신의 아들을 사랑했고 게다가 이 사랑은 그녀의 정신병으로 더 복잡해졌습니다. 그리고 그녀와 류보피 드미트리예브나 사이에 블록에 대한 영향력을 놓고 끊임없는 다툼이 일어났습니다. 비록 평화로운 때가 있었을지라도 불화는 자주 발생했습니다.

1920년 10월 4일 알렉산드라 안드레예브나의 편지 중 일부를 봅시다.

시인의 죽음이라는 비운의 날이 다가오고 있었습니다. 병조차도 그의 가장 가까운 사람들인 아내와 어머니를 화해시키지 못했습니다. 블록은 괴롭고 두려워 참을 수 없었습니다. 그의 침대 옆에 충실하기도 하고 불성실하기도 한 아내 류바가 있었습니다.

시인이 죽은 다음날에 안드레이 벨르이는 류보피 드미트리예브나가 내내 울었으나 "오늘은 원기 있고 냉정하다(단지 창백하다)."라고 썼습니다.

자신의 회상록에서 코르네이 추콥스키는 블록의 어머니에 대한 올가 포르슈의 다음과 같은 이야기를 인용하였습니다.

그러나 그러한 것은 날카로운 비애의 상황에서만 말할 수 있는 것이겠지요.

알렉산드르 블록은 삶에서 떠나갔고 류보피 드미드리예브나의 두 번째 삶이 시작되었습니다. 첫 번째 삶에서 그녀는 아름다운 부인이고 유명한 시인의 아내였습니다. 두 번째 삶에서는 단지 미망인일 뿐이고 이미 아름답지 않았지요. 게다가 새로운 권력 형성의 불안하고 두려운 시대를 살아야만 했습니다. 시와 예술이 무엇보다도 뒷전으로 밀렸습니다. 일부 지식인들은 해외로 이민 갔고, 다른 이들은 굴복하거나 니콜라이 에르드만의 표현대로 붉은 노동자 계급 속에서 일하게 되었습니다.

류보피 드미트리예브나도 힘들었습니다. 20년대에 그녀의 삶을 세밀한 연대기 편자인 코르네이 추콥스키의 일기형식의 기록에서 추적할 수 있습니다.

1923년 5월 18일.
"블록의 아내 집에 갔었다. 그녀는 연극에 매우 빠져 있다."

1925년 3월 3일.
"어제 류보피 드미트리예브나를 보았다. 그녀가 가난을 가장한 것인지 아니면 실제로 그녀가 매우 가난한지 모르겠다. 가운데 심한 자국이 있는 낡아빠진 부인용 외투를 입고 문 옆에 서서 프랑스어를 자신이 번역할 것을 제안하였다. 유명한 러시아 시인들 중 한 사람의 미망인이고 '아름다운 부인'이었으며 멘델레예프의 딸인 그녀가! 나는 그녀에게 돈벌이를 만들어 주려고 하지만 그녀가 유능하지 않은 번역가라고 생각한다."

1925년 3월 22일.
"블록의 미망인이 나에게 전화했다. 그녀의 목소리에서 필사적인 것이 느껴진다. 그녀는 비참할 정도로 가난하다. 내가 무엇을 할 수 있을까? 어떻게 도와주지? ……"

그리고 기록은 "쉐브첸코의 일기를 읽는다. 주목할 만한……"

이라고 계속됩니다.

> 1926년 3월 4일.
> "3일에 국립도서 출판사 계단에서 '아름다운 부인' 류보피 드미트리예브나를 만났다. 크고 약한 45살의 여성은 국립도서 출판사에서 교정자로 일한다. 잠시 담배 피우러 마당으로 나왔다. 좁은 눈, 이마 위에는 따로 땋아 얹은머리가 있었다. 다른 교정자들과 잡담한다.
> ─ 류보피 드미트리예브나, 오래전부터 이곳에 계셨습니까?
> ─ 매우 오래전부터요……
> ─ 누가 당신을 있게 했지요?
> ─ ……르이꼬프가 루나차르스끼에게 편지 썼고, 루나차르스끼가 게흐뜨에서 써서 지금 내가 모든 걱정에서 자유로워졌지요.
> 그녀가 찬미할 만한, 영원한 여성이라는 그런 감정은 그녀에게서 조금도 눈에 띄지 않고, 모든 주위의 것들도 유사한 무의미한 감정들의 발달을 조성하지 않는다."

코르네이 이바노비치의 해석은 적절했습니다. 세상은 달라졌고 그 속에 '무의미한 감정들'이 있을 곳은 없었지요. 류보피 드미트리예브나의 예전 기사인 게오르기 출코프는 나데즈다 만델슈탐의 표현에 따르면, 평화로운 삶을 살았고 당국과 놀랄 만하게 화합했으며, 안나 아흐마토바에게 손님으로 가서 블록의 아내에 관한 이야기들로 그녀를 즐겁게 해 주었습니다.

류바 자신은? 레닌그라드 프랴쥬크의 한 아파트에서 블록의 아주머니인 베케토바와 함께 살았습니다. 고전 댄스에 관한 책을 썼고 키로프와 말르이 오페라 극장의 예술가인 나탈리야 두진스카야, 바흐땅 차부키안과 다른 발레 단원들과 함께 일했습니다. 한 방으로부터 모든 가구가 꺼내져 큰 거울과 발레 막 장치가 설치되었습니다. 작은 부분은 손상되지 않은 채 남겨졌습니다. 블록의 소파, 그 위에 있는 타티야나 기피우스가 그린 시인의 초상화와 마루 위에 놓인 짐승가죽.

베케토바와 달리 류보피 드미트리예브나는 손님들을 좋아하지 않았고 고독하게 살았습니다. 한때 그녀의 정신적 친구는 예브게니야 크니포비치였는데, 그녀는 알렉산드르 블록의 최후의 문학적 연인들 중 한 사람이었습니다. 시인의 죽음은 그들의 연령 차에도 불구하고 그들을 친하게 만들었습니다. 류보피 드미트리예브나는 크니포비치와 자신에 대해서, 블록과의 삶에 대해서 많은 것을 얘기했습니다.

자신의 회고록에서 크니포비치는 류보피 드미트리예브나의 높은 교양, 그녀의 대범함, 몇몇 단호함과 동심을 유지하는 것을 지적했습니다. 우연치 않게, 아마도 블록은 자신의 시대에 그녀를 아이의 얼굴과 아이답지 않은 진지함을 가진 인형의 모습으로 그렸을 것입니다.

블록과의 자신의 삶에 대한 류보피 드미트리예브나의 회고를 들으며 크니포비치는 굳은 결론을 내렸습니다. 남편과 아내 사이를 누구도 판단할 수 없다!

류보피 드미트리예브나는 1939년에 59세로 죽었습니다. 이것이 아름다운 부인에 대한 모든 이야기입니다. 그것을 그녀에게 증정한 블록의 시로 완성해 봅시다.

애수도, 사랑도, 원망도 없다,
모든 것이 사라졌고, 흘러갔고, 멀어졌다……

하얀 몸통, 추도식의 목소리들
그리고 너의 황금빛 노……

  이 행들은 시인의 유언처럼 해석될 수 있습니다. 삶의 순간을 가치 있게 하고 자신의 '황금빛 노'로 물살을 조급하게 젓지 마세요. 목표를 향해 젓도록 하십시오. 그리고 처음에 삶의 방향을 정확하게 결정할 필요가 있다는 것은 진실입니다. 유감스럽게도, 아름다운 부인은 이것을 하지 못했습니다.

세로프의 초상화, 이다 루빈슈테인

　　사회에서 첨예한 논쟁을 불러일으키는 그림들이 있습니다. 예를 들어, 에두아르 마네가 자신의 유화 <풀밭 위의 식사>를 전시했을 때, 프랑스에서 얼마나 뜨거운 열정이 끓어올랐습니까! 어떻게 이럴 수 있냐? 비도덕적이야! 사회의 취향을 모욕했어! ─관객들은 분개했습니다. 평판이 나쁜 러시아의 유화들 가운데 크람스키의 <알려지지 않은 여인>을 거명해야만 할 것입니다. 많은 사람들이 극단적인 적의를 가지고 세로프[31]가 그린 이다 루빈슈테인의 초상화를 받아들였습니다.

---

31) 화가. 러시아 사실주의의 대가인 일리야 레핀에게서 그림을 배운 후, 뮌헨·파리에 유학. J. 바스티앵르파주의 영향 아래 파리에서 초상화가로 성공. 풍경화·장식화 분야에서도 활약. 공기와 태양광선 묘사에 경쾌한 필치를 보임.

그림은 1911년 5월에 로마에서 열렸던 세계 박람회의 러시아 관에서 전시되었습니다. 여기 세로프를 좋아했고(이 점을 지적해야만 합니다), 그를 어린 시절부터 알고 있었던 일리야 레핀이 이 사건에 대해서 이렇게 회상하고 있습니다.

"……우아하고, 독특하며, 그 자체로 권위가 느껴지는 걸음걸이를 갖고 있는 세로프는 기분 좋은 상태에 있었다. 그가 특히 반가웠던 나는 그를 도취되어 보고 있었다.

그는 새로 맞춘 옷을 입고 있었다. 회색의 프록코트와 그 밖의 다른 모든 것, 회색의 의상. 옷은 그의 몸에 근사하게 잘 어울렸다. 이 사이에 문 장미는 그의 하얀 머리카락과 장밋빛을 띤 얼굴에 잘 어울렸다.

이제 우리는 그의 '완벽한 응접실'에 있다…… 나폴레옹 1세를 무서울 정도로 닮았다고 느껴졌던 세로프의 짧은 손짓에 따라 일꾼들은 순식간에 상황에 필요한 조명이 있는 곳에 상자를 세워 놓았고 뚜껑을 열었다. 그러자 조개껍질 속의 비너스처럼 '이다 루빈슈테인'이 눈앞에 나타났다……

나뭇조각으로 만들어진 우리 전시관의 천장이 내게 무너져 내려 나를 땅에 짓누르는 것 같았다…… ─이어서 레핀이 쓰고 있습니다. ─나는 한마디도 꺼내지 못한 채 입을 다물고 서 있었다. 사방이 온통 악의를 지닌 듯한 '지중해의 열풍'으로 뒤덮였다.

마침내 어떻게든 정신을 차린 후 나는 물어보았다. 그리고 그 즉시 바보같이 어리석은 질문을 했다는 것을 느꼈다.

"─그런데 이것은 누구 작품이야? 안톤, 누가 이걸……

─그래, 바로 내가 그렸어. 이다 루빈슈테인의 초상화야.

─저기, ─나는 꿈속에서처럼 계속했다. ─만약 내가 지금 너를 보지 않았거나, 너의 목소리를 확실하게 듣지 않았다면, 아마 나는 믿지 않았을 거야……"

레핀은 몹시 놀랐습니다.

"얼마나 언짢은 날이었는지…… - 그는 이어서 기록하고 있습니다. - 아, 빨리 집으로 떠났으면…… 이미 나는 아무것도 보고 싶지 않았고, 무엇에 관해서도 이야기할 수 없었다……

내 앞에는 끊임없이 위대한 화가의 이 형편없는 유화가 서 있었다. 이것은 무엇인가? 부활한 시체? 얼마나 지독한 그림인가. 메마르고, 생명력이 느껴지지 않고, 부자연스러우며, 소파까지 이어지는 등의 선은 얼마나 서투른지, 괴로워 보이는 길게 늘어진 팔은 완전히 방향이 틀렸고, 머리는! 왜 나는 그것을 보았는지! …… 세로프에게 무슨 일이 있었던 것인가?그렇다. 크리스마스트리의 조잡한 그림 같은 그 주름들 - 퇴폐파의 예술가들의…… 마티스의…… 세로프는 정말로 마티스를 모방하려는 것일까?"

철저한 사실주의자였던 레핀은 세로프의 퇴폐주의적인 초상화에 경악했습니다. 세로프의 동시대인들은 두 개의 진영으로 나뉘었습니다. 한쪽은(레핀, 수리코프) 분노를 표현했고, 다른 한쪽은(베누아, 오스트로우모프) 극찬을 아끼지 않았습니다. 어떤 이들은(그라바리) 자신의 평가에 있어서 망설였습니다. '매우 훌륭한'에서부터 '매우 나쁜'까지. 화가이자 예술학자였던 야레미치는 이다 루빈슈테인의 초상화를 '완전히 독창적인 러시아 회화의 고전적인 작품'이라고 여겼습니다.

오늘날의 예술 애호가들은 세로프의 유화를 인식함에 있어서 스스로 결정할 수 있습니다. 나는 어떤 경우에도 자신의 관점을 강요하고 싶지 않습니다. 나의 과제는 대중에게는 거의 알려지지 않았던 놀라운 여성인 이다 루빈슈테인에 관하여 이야기하는 것입니다. 그러나 처음에 왜 세로프가 그녀의 초상화를 그리기로 결정했는지 이야기하겠습니다.

이고리 그라바리의 말에 따르면, 발렌틴 세로프는 발레리나인

이다 루빈슈테인을 파리의 극장 <Chatelet>에서 상연된 발레 연극 <세헤라자데>에서 보았습니다.

> "그녀 안에서 그 이전에는 누구에게서도 결코 관찰할 수 없었던 자연발생적이고, 진정한 동양을 발견했다. 그는 무슨 일이 있어도 그녀를 그리겠다고 결심했을 정도로 그녀에게 빠져들었다. 세로프는 이다가 보여주는 것이 진부한 오페라나 발레의 허위에서 나오는 달콤하고 오래된 동양이 아니며, 이 믿을 수 없는 여성 안에서 이집트 자체가, 아시리아가 어떤 기적에 의해 부활했다고 생각했다. '장대함이 그녀의 모든 동작들 속에 있어 – 정말 살아난 고풍스런 양각이야!' – 라고 그는 그에게 어울리지 않게 열중하여 얘기했다."

'살아난 양각'을 세로프는 초상화에 옮겼고, 이것은 믿기 어려울 정도로 빠르게 완성되었습니다. 그림은 로마 다음으로 1911년 12월에 모스크바에서 개최된 <예술의 세계> 전람회에 출품되었습니다. 초상화는 상반된 평가의 폭풍우를 불러왔습니다.

자, 이제는 이다 루빈슈테인(Ида Любинштейн)에 관하여 이야기합시다. 비록 이것은 간단한 일이 아니지만 말입니다. 그녀에 대해서는 정확한 기록이나 증언들이 없습니다. 한쪽의 기록에 의하면 그녀는 하리코프에서, 다른 쪽에 의하면 페테르부르크에서 태어났습니다. 하나의 사료는 그녀의 생일이 1880년이라고 주장합니다. 다른 사료에 의하면, 그녀는 1885년 10월 5일에 태어났습니다. 하지만 모든 사료들이 그녀가 곡물 매매로 수백만의 재산을 모았던 레프 루빈슈테인의 딸이며, 이다의 아버지와 어머니는 일찍 죽어서 그녀를 유명한 페테르부르크의 숙녀였던 숙모 마담 고로비쯔가 키웠다는 점에서 일치하고 있습니다.

부유한 상속인은 훌륭한 교육을 받았고 유럽의 4개 국어로 훌륭하게 말할 수 있었습니다. 그녀는 짜릿한 감각과 여행을 좋아했습니다. 이다 루빈슈테인은 아프리카에서 사자를 사냥했는데, 그녀는 자신에게 이런 사치를 허용할 수 있었습니다. 그러나 이다 루빈슈테인은 세상에서 무엇보다도 더 여배우로서의 성공을 꿈꿨습니다. 그녀는 자신을 비극적인 여배우로 또는 안나 파블로바에 뒤지지 않는 위대한 발레리나로 가정하기도 했습니다. 그녀는 스타니슬랍스키와 공부했지만, 그녀에게 그는 복고적이고 지루하게 여겨졌습니다. 그녀는 소음과 사치를 원했습니다. 1907년에 그녀는 뛰어난 젊은 안무가인 미하일 포킨에게서 수업을 받기 시작했습니다. 포킨은 다른 많은 사람들처럼, 이다 루빈슈테인의 외모에 매료되었습니다.

다른 말로 표현하자면, 아주 우아하고 세련되고 효과적인 무엇인가를. 포킨은 이다를 위해 몇 개의 발레를 창작했는데, 그중에는 <일곱 개의 숄의 춤>도 포함되어 있었습니다. <러시아 시즌>의 틀 안에서 이다 루빈슈테인은 연극 <클레오파트라>(아렌스키의 <이집트의 밤>의 새로운 이름)에 출연했습니다. <클레오파트라>에서 이다는 아주 가볍고, 비치는 의상(박스트가 연극의 무대

---

32) Aubrey Vincent Beardsley 1872~1898, 영국의 삽화가.

장식과 의상을 맡았습니다)을 입고 나왔는데, 발레의 피날레에서 사랑의 황홀함에 빠진 관객들은 기쁜 나머지 말을 잊을 정도였습니다(20세기 초는 오늘날과 같지 않게 아직까지 소박했습니다). 리프 박스트는 루빈슈테인에 관하여 그녀는 "노출이 심한 실내복을 입은 별 볼일 없는 여배우였지만, 여인으로서는 파멸을 가져오는 마법사 같은 매혹을 지니고 있었다."라고 썼습니다.

한마디로 이 매력적인 여인이 화가인 세로프를 매혹시켰던 것입니다! ……

디아길레프의 극단에서 공연한 후에 이다 루빈슈테인은 독자적인 활동을 시작했는데, 더욱이 여기에 필요한 돈이 있었습니다. 그녀는 유명한 작곡가들에게 음악을 주문했고, 스타니슬랍스키와도 그랬던 것처럼, 디아길레프의 동료들을 자신의 계획에 끌어들였습니다. 그녀는 자신의 독자적인 데뷔를 다눈찌오의 가사와 드뷔시의 음악을 가진 5막으로 구성된 미스테리물 <성 세바스찬의 순교> 공연으로 시작했습니다. 이다 루빈슈테인 스스로 안무와 주연을 맡았습니다. 그 후에 다른 연극들이 뒤를 이었습니다. <스파르타의 엘레나>, <피자넬라 아니면 교살>. 왜 질식시키는 죽음일까요? 피날레에서 일곱 명의 누비아 여인들이 춤추는 여주인공을 (물론 이다 자신입니다) 에워쌌고, 그녀를 매우 특이한 방법으로 – 한 아름의 장미들로 – 질식시켰습니다. 이것은 인상적이었고, 이다 루빈슈테인의 스타일이었습니다. 그녀는 언제나 사람을 놀라게 하는 이국적인 것에, 모든 정도를 넘어선 현란하고 화려한 것에 마음이 끌렸습니다. 이와 같은 화려하고 충격을 주는 미학 속에서 그녀를 위한 발레물들, 바흐의 음악에 <프시케와 아무르의 향연>, 라벨의 <볼레로>, 스트라빈스키의 <요정의 입맞춤> 등이 상연되었습니다.

예리한 연극 비평가 아킴 볼른스키는 자신의 평론 중 하나를 이다 루빈슈테인에게 헌정했습니다.

"그녀는 유태계이지만, 근본적인 관계에서 그녀 안에 유태적인 것이 무엇이 있는가? 본질에 있어서는 아무것도 없다. 그녀의 삶은 커다란 소동과 모험으로 가득하다……"

뒤이어 볼른스키는 처음으로 이다를 보았던 때를 회상합니다.

"그녀는 아름다운 의상을 입고 수줍게 응시하는 눈길을 가진, 태양의 화장품으로 광택이 나는 젊고 날씬하고 키가 큰 처녀였다. 그녀는 단지 개별적인 단어들만을 말했고, 완전한 문장이라고는 아무것도 말하지 않았으며, 전체적으로 어쩐지 비밀스럽고 봉인된 것 같았지만, 사실 그녀는 모든 관심의 중심에 서 있었고, 그렇게 되지 않을 수 없었다. 이 처녀는 믿기 어려울 정도의 부와 눈부신 아름다움의 명성을 갖고 있었다. 그녀의 부에 관한 전설이 널리 퍼졌다. 그것이 바로 이다 루빈슈테인이었다. 그녀는 그 당시 모스크바 연극 학교의 렌스키에게서 연극 예술을 배우고 있었다…… 이것은 정말로 프랑스의 집정관 정부의 화가들 중 한 명의 유화에서 나온 것 같은, 장식적이고 눈부신 유형의 미녀였다. 얼굴은 마르고 홀쭉했는데, 약간 매부리코였고, 더할 수 없이 얇은 피부는 어두운 회색빛이었다. 얼굴 윤곽은 크지 않았지만 작지도 않아서, 전체적인 조화 속에서 빼어난 인상을 주었다. 이 얼굴에는 보기에 신경질적인 삶이 자신의 우아하고 거의 붙잡을 수 없는 예술적 놀이를 하는 세련된 안일함의 진동 속에서 흔들렸다. 오점이라고는 없는, 저속함의 세균도 없는…… 의지의 흔적을 가진 이마는 단단하고, 그리 높지 않았으며, 그 아래에는 좁고 예리한 절개에 셈인의 눈동자가 있었다……"

아킴 볼른스키의 필치로 쓰인 이다 루빈슈테인의 초상은 이러했습니다.

아름다움 이외에도 이다 루빈슈테인은 자신의 의상으로 유명했습니다. 여기 역시 볼른스키의 묘사 속에 나타난 의상들 중 하나입니다.

"이다 루빈슈테인은 담비가죽으로 된 장식을 단 더할 나위 없이 훌륭한 가벼운 드레스를 입었다. 이때 커다란 백설의 타조 깃털로 장식한 환상적인 크기의 모자는 표정이 풍부하면서 절제된 얼굴에 부드러운 그림자를 드리웠다……"

그런데 이후 볼른스키는 결론을 내립니다.

"……이런 숙녀는 물론 록펠러나, 로실드와 같은 사람의 이상적인 동반자가 되었을 것이다. 여기 최고 경지의 장식성에 모든 본질이, 모든 원동력이, 모든 비밀이 있다. 이다 루빈슈테인, 무엇보다 먼저 작은 금속판(유리판), 장식, 아름다움, 돈과 장밋빛 대리석으로 만든 극장에 대한 꿈이며, 사람은 어딘가 저 멀리 있다. 만약 사람이 정말로 존재한다면…… 이다 루빈슈테인은 결코 자신의 주변에서 시혼이나 과도한 흥분을 끌어올릴 줄 몰랐다. 사람들은 소란을 떨었고, 그녀 주위에서 박수를 쳤고, 무엇인가를 기대했지만, 실제로 본 것은 광채뿐이었다. 샴페인조차 도움이 되지 못했다. 꽃들이 뿌려지고, 미소가 흐르고, 구애자에게 고개를 숙여 유혹하고…… 테이블에서 카드놀이를 하면서, 그녀는 때때로 자신의 방식으로 흥분해서, 황홀함의 극치의 순간에 술잔 바닥으로 긴 손가락에서 뽑은 다이아몬드를 던졌다. 그러나 이것은 아마도 도움이 되지 않은 것 같았다. 이 모든 것이 지나치게 세련됐고, 지나치게 차가웠고, 눈이 부셨고, 근사했지만, 가슴에는 받아들여지지 않았다. 이 훌륭한 여성은 전 생애를 누군가가 그녀 때문에 자살하는 것을 두려워하면서도 바랐던 것 같다. 그러나 이제 세월이 지났고, 모두가 건강하게 지

내고 있다. 심지어 파산한 사람 중에서도 아무도 자살하지 않았다. 여기
에 사실이 있고, 어떻게 할 도리가 없다!"

동시대인들은 자신의 회고록에서 보통 무자비한 편입니다. 그
리고 언어로 죽이려고 노력합니다. 여기 뛰어난 화가이자, <후작
부인의 책들>의 저자였던 콘스탄틴 소모프도 그랬습니다…… 그
는 1928년, 자신의 48세(혹은 더 적은?) 나이에 이다 루빈슈테인이
어떻게 고전 무용의 발레리나 자격으로 데뷔했는지를 아는 증인이
었습니다.

"이다에게는 빛나는 실패가 있었다. 그녀는 자신의 키가 크고, 마른 듯
한 몸매를 가지고 포앙(발돋움)에서 과격했으며 볼품없었다. 그리고 이
전의 아름다움은 이미 전혀 남아 있지 않았다. 믿을 수 없을 만큼 지루
했고…… 이다는 모든 것에 5백만 프랑을 썼지만……"

1934년.
"이다 루빈슈테인은 아무도 감동시키지 못하며, 단지 그녀의 돈이 사람
들을 감동시킨다. 그녀 자신은 끔찍하다 – 늙고, 혐오스러우며, 춤을 못
춘다. 포킨은 가능한 한 그녀의 단점들과 무능함이 적게 나타나도록 그
녀의 무용을 구성했다……"(K. 소모프)

이것은 노년의 이다 루빈슈테인에 관한 이야기이지만, 젊은 시
절에도 그녀에게는 비판이 쏟아졌습니다. 파리의 <올림피아> 극
장에서 그녀를 보고 난 후 스타니슬랍스키는 "보다 더 발가벗은
여자를, 그리고 재능이 없이 발가벗은 여자를 나는 보지 못했
다……"라고 지적했습니다.

아, 여기에 쓰디쓴 진실의 몫이 있군요. 이다 루빈슈테인은 위

대한 발레리나의 재능을 소유하지 못했고, 그녀는 크라사비나와, 스펜십쩨바와, 그리고 다른 러시아 발레 스타들과 경쟁하는 것이 무리였습니다.

그리고 결국 볼른스키를 뒤이어 '가난하고 슬픈 러시아라는 밭에' 이다 루빈슈테인과 같은 '그렇게 풍성하고, 호화롭고, 화려하며 둘도 없는 꽃'이 자라났다는 사실을 인정해야겠습니다.

서구에서의 공연과 관련해서 이다 루빈슈테인은 1935년에 무대를 떠났습니다. 마지막의 단독 공연들은 1938년 바젤에서, 그리고 1939년에 오를레앙에서 연극 <화형대의 잔다르크>에서 열렸습니다. 그 후 그녀는 무슨 일을 했을까요? 자선활동입니다. 파시스트가 파리에 도착했을 때, 그녀는 런던으로 옮겼고, 그리고 힘과 돈을 아끼지 않고, 부상자들을 간호하면서 진료소에서 일했습니다. 전쟁이 끝난 후 그녀는 프랑스의 수도로 돌아왔습니다. 파리에서 그녀는 불편하고 차갑게 느껴졌고(연극도 없고, 추종자들도 없고, 사랑도 없고), 그래서 그녀는 태양이 넘치는 이탈리아로 옮겨 베네치아에서 멀지 않은 곳에 "Les Olivades" 빌라를 구입해 그곳에서 자신의 마지막 십 년간을 보냈습니다. 정적과 고독 속에서. 추억 속에서 자신의 격렬하게 살았던 인생의 개별적인 순간들을 상기하면서.

이다 루빈슈테인은 1960년 9월 20일에, 75세 혹은 80세의 나이로 숨을 거두었습니다.

살아 있는 꽃은 시들었습니다. 그러나 세로프의 붓으로 주조를 마친 이다 루빈슈테인의 '양각'은 영원히 남아 있습니다.

은세기 시인들의 비너스, 올가 글레보바-수데이키나

너는 아무데서도 러시아로 오지 않았다.
오, 나의 금발의 기적, 10년대 콜롬비나![33]
너는 무엇을 그렇게 불안하고 주의 깊게 바라보는지:
페테르부르크의 인형, 여배우,
너는 ─ 나의 쌍둥이 중 하나.
그 밖의 다른 직함에 이것도
추가해야 한다. 오, 시인들의 여자 친구,
나는 너의 영광의 후계자……

─ 안나 아흐마토바. 주인공 없는 서사시

이 아흐마토바의 시행은 누구에 대한 것일까요? 올가 글레보바
─수데이키나(Ольга Глебова─Судейкина, 1885~1945)에 관한
것입니다. 그녀는 훌륭한 여성이었습니다. 페테르부르크의 미녀로
서 미하일 쿠즈민, 게오르기 이바노프, 표도르 솔로구프, 벨리미르
흘레브니코프와 다른 은세기 시인들이 그녀에게 시들을 바쳤습니
다. 동시대인들은 그녀가 보티첼리의 비너스를 닮았다고 여겼습니
다. 그리고 실제로 그녀에게는 도자기 같은 얼굴, 훌륭한 금발의
머리카락, 오팔처럼 반짝이는, 커다란 회색─녹색 빛의 눈동자, 매

---

33) 러시아어로 '콜롬비나'는 '희극에 나오는 광대의 상대역 여자'라는 의미인데, 은세기 시
인들에 의해 올가 글레보바 수데이키나에게 붙인 별명임.

혹적인 미소, 날아가는 것처럼 가벼운 웃음소리, 날아가는 것 같은 가벼운 동작들이 있었습니다.

이고리 세베랴닌은 다음과 같이 썼습니다.

"내게는 그녀를 알고 있는 모든 사람들이 그녀를 사랑하는 것처럼 보인다. 그녀는 정신적인 면과 외적인 면이 다 흥미로운, 아주 예외적인 여성이다."

당연한 말입니다! 그녀는 여배우이며, 무용가이며, 화가이며, 가수이자 통역사입니다. 그리고 어쩌면 그렇게 무대 위에서 자신의 깊이 있는, 약간 허스키한 목소리로 시를 낭독했었는지! 게오르기 아다모비치의 증언에 의하면, 글레보바-수데이키나는, '시를 낭독할 줄 알았던, 아주 드문 러시아 여배우 중 한 명입니다.

그렇게 어디로부턴가 이 '러시아의 프시케', '마법의 요정', '뮤즈신의 여신관', '콜롬비나'는 왔습니다. 아흐마토바의 '아무데서도 오지 않은'이란 시구는 자신의 해석을 가지고 있습니다. 올가 글레보바는 야로슬라프 현에서 태어났습니다. 그녀의 증조할아버지는 농노였고, 할아버지는 농민이었지만, 아버지는 페테르부르크의 관리였습니다. 그는 성공적이지 못한 하급 관리였고, 그래서 매우 괴로워했습니다. 그는 술에서 구원을 찾았습니다. 어린 올렌카[34]는 종종 방탕한 아버지를 찾으러 다녀야만 했고, 문자 그대로 손을 이끌고 집으로 데려와야만 했습니다. 한마디로, 올렌카 글레보바에게는 아주 행복한 어린 시절이란 없었지만, 그녀에게 영광

---

34) 올가의 애칭.

과 찬미를 보냅니다. 그녀는 가난의 굴레에서 벗어나서 확고한 지위를 획득할 수 있었습니다.

17세에 그녀는 여배우라는 직업을 선택하기로 결심했고, 1902년에 페테르부르크에 있는 알렉산드린스키 극장의 학교에 입학했습니다. 무대 기술(테크닉)의 첫 수업들을 그녀에게 가르친 것은 유명한 러시아의 배우 블라디미르 다비도프였습니다. 젊은 여배우는 알렉산드린스키 극장에서 몇 개의 역을 연기했는데, 체홉의 <벚꽃 동산>의 아냐 역도 포함되어 있었습니다.

글레보바는 왕립 무대에서 성공을 쟁취하는 데 실패했고, 베라 코미사르젭스카야의 사설 극장으로 옮기지만, 그곳에서도 그녀를 기다린 것은 단지 작은 배역들뿐이었습니다. 가장 큰 행운이, 아마도 모리스 메테를린크의 <베아트리스 수녀>의 첫 공연에 바로 그 베라 코미사르젭스카야와 함께 참가했다는 것입니다. 이 연극을 그 당시 인기 있던 예술가 세르게이 수데이킨이 연출했습니다. 그와의 만남은 올가 글레보바의 운명을 변화시켰습니다.

세르게이 수데이킨은 올가보다 3살 연상이었습니다. 헌병대 부대장(대령, 지휘자)의 아들은 회화를 자신의 인생의 길로 선택했는데, 단순한 회화가 아니라, 모더니즘이었고, 곧 '러시아 모더니즘의 희망'이 되었습니다. 수데이킨은 그룹 <파란 장미>의 창시자 가운데 한 사람이었고, 세르게이 디아길레프와 협력했으며, 전람회 <예술의 세계>에도 참가했습니다. 그는 양식화된, 정중한 무대들과 민중의 행락을 묘사한 그림들을 그리는 것을 좋아했습니다. 여기에는 러시아의 루복,[35] 간판, 그림 그려진 장난감의 전통에 기초

---

35) 17세기부터 20세기 초까지 존재한 러시아의 민중판화이자 민속화.

를 두었습니다. 감상주의와 로코코시대를 엷게 비꼬는 미소를 지으면서 묘사했습니다.

수데이킨이 그린 올가 글레보바의 초상화는 주목할 만합니다. 초상화에서 그는 자신이 특별히 좋아하는 조소하는 풍을 깊이 있는 심리주의로 바꾸었습니다. 여배우는 옆모습이 묘사되었는데, 그녀의 얼굴은 집중하고 있고, 평온하며, 긴 시선 혹은 표도르 도스토옙스키가 표현했던 것처럼 길고 생각에 잠겨 있는, 그리고 어느 정도 벗어난 눈길, 사방으로 흩어지는 분명한 눈썹, 목에는 긴장한 혈관, 금발의 머리, 리본, 모든 것이 우아하고 부서지기 쉬우며, 그리고 조금은 불안해합니다. 이것이 바로 '시인들의 여자 친구'입니다. 그녀의 곡선에는 무엇인가 백조에게서 온 것이 있고, 아흐마토바가 올가에게 소리쳤던 것이 우연이 아니었습니다. "너는 우리의 이해하기 어려운 백조야."

세르게이 수데이킨과 올가 글레보바 상호 간에는 감정이 싹텄고, 1907년에 그들은 페테르부르크의 예수 승천 교회에서 결혼했습니다. 그녀는 글레보바-수데이키나가 되었지요. 이 커플에서 스승의 역할에는 수데이킨이, 여학생의 역할에는, 매우 재능 있는 올가였습니다. 수데이킨은 그녀에게 섬세한 예술적 취향을 길러주었고, 화가의 기술을 소화하도록 도왔는데, 중요한 것은 그녀의 내적인 창조에 대한 동경을 자각시켰던 것입니다. 그는 그녀의 스타일리스트였고, 옷을 통해 그녀의 아름다운 몸이 승리하듯이 부분적으로 나타났던, 얇은, 놀라운 의상들을 그녀에게 만들어 줬습니다. 안나 아흐마토바의 말에 따르면, 세르게이 수데이킨은 자신의 젊은 아내를 맹목적으로 사랑했지만, 그녀를 가지고 세련되고 꾸민 듯한, 그 당시 지배적이던 모더니즘 스타일풍으로 진정한 '예술 작품'을 집요하게 '만들었다'고 합니다.

코미사르젭스카야의 극장 울타리가 좁아졌고, 그래서 글레보바 — 수데이키나는 각기 다른 극장의 연극에 참여하면서, 자유로운 여배우가 되었습니다. 자신의 힘을 연극에서, 오페레타에서 시험해 봅니다. 고전 발레와 현대 발레에서 춤을 많이 춥니다. 한번은 그녀의 파트너 중 하나가 바츨라프 니진스키였습니다.

연극 평론가들은 일리야 샤쯔의 발레 <다리가 굽은 사람들>에서 그녀를 주목했습니다. 비평 중 하나에서 "글레보바 — 수데이키나 부인 — 언젠가 그녀를 유명하게 해 줄, 그녀에게 보다 더 적합한 역을 맡게 될, 특별한 배역 전문의 여배우 — 의 동물적 욕망이 느껴지는 굴곡들과 굴절부들이 놀라게 한다."라고 지적되었습니다.

<노보에 브레먀>[36]의 발행인, 알렉세이 수보린은 글레보바 — 수데이키나를 자신의 말르이 극장에 초대했는데, 여기서 그녀는 알렉산드라 듀마, 로스탄, 체홉, 쉴러, 쿠즈민의 희곡에 출연하였습니다. 모든 것이 사랑스러웠고, 좋았지만, 유감스럽게도 그 이상은 아니었습니다. 그녀는 단지 두 번 빛났습니다. 유리 벨랴예프의 보드빌 <혼란, 혹은 1840년>에서, 그리고 브세볼로드 메이에르홀드가 제작한 판토마임 <콜롬비나의 스카프>에서였습니다.

글레보바 — 수데이키나에게는 마리야 에르몰로바나 베라 코미사르젭스카야의 연극적 재능은 없었지만, 그녀에게는 다른 재능이 있었습니다. 카바레에 어울리는 재능, 이것은 1912년에서 1915년까지 3년 동안 존재했던 유명한 예술 카바레 <길 잃은 개>에서

36) '새 시대'라는 뜻을 가진 러시아 잡지.

눈부시게 발휘됐습니다. <길 잃은 개>로 온 페테르부르크의 상류
사회가 몰려들었습니다. 예술가들, 화가들, 작가들, 정치가들. 이
시절에 대해 안나 아흐마토바[37]는 향수가 깃든 가락으로 회상했습
니다.

> 그렇다. 나는 그들을 사랑했다. 그 밤의 군상들을. -
> 작은 테이블 위에는 얼음 잔들.
> 향기 나는 블랙 커피 위로. 가느다란 김.
> 붉은 벽난로의 무거운. 겨울의 열기.
> 그리고 친구의 첫 눈길. 무기력하고 무서운.

미하일롭스키 광장에 있었던 <길 잃은 개>의 홀은 안락했고,
데카당적으로 기발했는데, 이것을 자극시켰던 것은 세르게이 수데
이킨과 다른 모더니즘 화가들의 벽화였고, 물론, 저녁과 밤의 다양
한 프로그램들이었습니다. 전람회와 콩쿠르, 시와 발레, 연극 무대
와 유쾌한 풍자시. 카바레에 유명한 발레리나 타마라 카르사비나
가 출연했고, 나데즈다 자벨라 - 브루벨이 노래했고, 시인들이 시
를 낭송했습니다.

"카르사비나가 미소 짓는다. - 우리는 타마라 이바노바의 회고
록에서 읽습니다. - O. A. 수데이키나는 자신의 매혹적인 '엄지공
주'를 춘다. 검고 - 빨갛고 - 금색의 벽들이 이동했다. 음악, 박수,

---

37) 시인. 1889. 6. 23~1966. 3. 5. 첫 혼인(1910~1918)의 상대자인 N. S. 구밀료프와
함께 러시아혁명 전 상징주의를 반대하고 시에 현실성과 명료성을 회복하려는 아크메이
즘의 시인으로서 출발. 초기 시집에서는 자연과의 교감을 바탕으로, 고독·죽음·사랑의
모티프가 종교적 정서와 에로티시즘, 귀족 취미를 주축으로 표현되어 있고, 러시아혁명
후에는 침묵을 지키고 있다가 스탈린 사후 해빙기를 맞아 시작(詩作) 활동을 재개. 사회
주의 노선을 거부하고 개인주의적 고뇌와 신비적 사상을 기초로 한 독자적 영역을 지킴.

코르크 마개의 딱 하고 나는 소리, 컵들이 부딪치는 소리……”

글레보바 – 수데이키나의 상연 목록에는 ‘엄지공주’만 있었던 것이 아니었고, 그녀는 18세기의 러시아와 프랑스의 예술을 주제로 한 양식화된 무용을 공연했습니다. 때로는 이사도라 던컨을 모방하기도 했고, 거의 벗은 채로 춤추기도 했습니다. 그런데 더 자주 자신의 스며드는 듯한, 흥분시키는 목소리로 시를 낭송했습니다. 특히 그녀는 알렉산드르 블록의 “백설의 마스크”를 낭독하기를 좋아했습니다.

> 멀리에서 온 배들은 필요 없다.
> 곧 위로 어둠이 가라앉아 있다.
> 눈처럼 푸른 덮개 위에서
> 나는 너의 약속된 신호를 읽는다……

그리고 안나 아흐마토바를 낭송합니다.

> 나는 당신의 사랑을 요구하지 않아요.
> 사랑은 이제 믿을 만한 곳에 있지요.
> 믿어요, 나는 당신의 약혼녀에게
> 질투에 찬 편지를 쓰지 않아요……

후에, 글레보바 – 수데이키나가 파리에 있게 됐을 때, 그녀는 프랑스의 상징주의자들인 랭보, 보들레르, 베를렝, 말라르메를, 또한 산문인 레프 톨스토이의 <세 노인(늙은 거지, 수도사)>, 발작의 소설 <궁정 매음부의 광채와 가난> 중에서 일부를 낭독하는 것을 좋아했습니다.

<길 잃은 개>가 문을 닫았을 때, 그것의 창립자였던 보리스 프로닌은 마리소프 광장과 모이카 거리의 모퉁이에 새로운 카바레 <희극배우들의 휴게지>를 열었습니다. 카바레의 한 벽면에는 수데이킨의 아내를 묘사해 놓았습니다. 그녀는 눈부시게 아름다웠고, 그녀의 어깨에 의미심장하게 메피스토펠레스의 얼굴 생김새를 한 사람이 몸을 굽히고 있었습니다. 게오르기 이바노프의 회상에 따르면, <휴게지>에는 한 테이블에 알렉산드르 콜탁, 보리스 사빈코프, 그리고 레프 트로츠키가 앉았다고 합니다. 카바레는 사람들을 끌어당기고, 최면술을 걸었습니다.

화가 유리 안넨코프는 글레보바-수데이키나를 위해서 독창적이며, 반은 발레적이고, 반은 판토마임적인 프로그램을 클로드 드뷔시의 <아이들의 켁-욕[38]>음악에 맞춰 구성했고, 상연시켰습니다. 인상주의적으로 가벼운 드뷔시의 음악과 발레리나의 정교하고 우아한 동작들은 관객을 변함없는 열광으로 이끌었습니다. 게오르기 이바노프는 글레보바-수데이키나의 이 춤에 관해서 썼습니다.

그녀는 괴로운 듯한 포즈에서 멈춰버렸다.
자연스럽고 가볍게.
미소가 부드럽다. 노란색 장미에
가냘픈 팔을 펴고……

춤, 포도주, 시-이 모든 것이 훌륭하다고 독자 분들 중 누군가는 말하겠지만, 그럼 사랑은 어디에 있나요? 올가 글레보바-수데

---

38) 미국 흑인의 도보 경주를 본뜬 일종의 춤.

이키나에게 사랑이 있었을까요? 사랑받는 남편, 그렇습니다. 그러나 아무래도 무엇인가가 더 있었던 것이 아닐까요? 정조관념이 부르주아적인 잔재였고, 모두가 사랑을 숭배하려고, 발몬트가 모두에게 호소했던 것처럼 "태양 같은 존재가 되려고", 불꽃이 튀는 감정의 돌연한 순간을 잡으려고, 꽃과 초콜릿을 선물하듯이 마음과 몸을 선물하려고 애썼던 세기 초의 페테르부르크의 풍속을 염두에 둔다면 당연하고, 당연한 일입니다……

추종자들의 긴 치맛자락이 오래전에 올가 글레보바-수데이키나 뒤를 따라다녔습니다. 그녀를 사랑했습니다. 그녀를 숭배했습니다. 그녀에게 구애했습니다. 그녀에게 시를 바쳤습니다. 미하일 쿠즈민은 그녀에게 매우 긴 시 "우리는 보트를 탔지"를 헌정했습니다. 여기 시의 도입부입니다.

사랑스런 여자 친구는,
한밤중 강의 모든 야만적인 낭만주의를,
모든 용기, 사랑, 그리고 희망 없음을,
비극적인 밀회의 모든 쓰디쓴 취기를,
힘이 빠진 목소리에 부여하려고 노력하면서
"그런데 이것은 난폭하군요"-라고 말했다
이곳에서 낭만주의자, 시인, 그리고 작곡가가,
고개를 숙이고, 멀리 새의 울음소리를 들었다
그런데 레이스의 밤이 창문에서 졸고 있었다
그리고 조용했다, 수도원에서처럼.

"우리는 보트를 탔지.
회상해 줘, 무슨 일이 있었는지!
우리는 노를 젓지 않고, 입 맞추었어……
아마도, 그녀는 잊었을 거야……"

일반인들의 존경을 받았던 표도르 솔로구프는 글레보바－수데이키나에게 몇 개의 시와 즉흥시를 헌정했습니다. 그는 그녀의 아름다움과 발레리나의 재능에 경탄했습니다. 여기에서 단지 제목들만을 열거합니다. "올랴, 올랴, 올랴, 올렌카!", "달빛 아래 밤마다……", "그대는 모릅니다, 추악한 성구들을……", "얼마나 매혹적인가, 올가 아파나시예브나! ……", "올렌카 수데이키나는 어떤 사람인가! ……", "그리고 나는 때로 주시했다. 음울하지 않게……"

그러나 추종자들, 가벼운 시시덕거림과 찰나적인 열정 가운데 글레보바－수데이키나의 인생에서 운명적인 사랑도 있었습니다. 그것은 브세볼로드 크냐제프로 미남이자 시인이며 리가에 숙영했던 이르쿠츠크 제16 경기병 연대의 지원병이었습니다. 그는 페테르부르크에 잠시 들렀었고, <길 잃은 개>의 단골손님이었습니다. 그와 글레보바－수데이키나의 만남은 1912년의 여름으로 거슬러 올라갑니다. 경기병 시인은 '마법의 요정'에 의해 정복되었습니다. 동시대인들의 회상에 따르면, 크냐제프는 전쟁에서뿐만 아니라, 사랑에서도 유희를 즐겼는데, 더구나 프랑스식 사랑의 각색된 변형에서였고, 그것은 <길 잃은 개>의 주연 여배우에게 향한 그의 시들 속에 반영되었습니다.

그대는 사랑스럽고, 상냥한 콜롬비나,
푸른 옷에 온통 장밋빛.
낡은 클라브산39) 옆에
노란 꽃을 들고 있는 하얀 처녀의 초상화!
사람들은 부드럽게 입 맞추었지, 문을 닫고서

---

39) 피아노 비슷한 옛날의 건반악기.

(그런데 모자에는 노란 깃털)……
그리고 정말로 아프지 않네, 아프지 않네, 가슴이
아는가, 나는 단지 피에로, 피에로인 것을? ……

잘 알려진 대로, 언제나 '불쌍한 피에로'라고 말들 합니다. 그리고 브세볼로드 크냐제프가 불쌍한 피에로였는데, 콜롬비나를 사랑하게 됐기 때문이 아니라, 그녀와 미하일 쿠즈민 사이에서 몸이 찢어지는 것 같았기 때문입니다. 쿠즈민은 동성애자였고, 삼 년 동안 상냥하고 용감한 경기병에게 열정을 느끼고 있었습니다. 브세볼로드 크냐제프에게도 미하일 쿠즈민이 무관심하지 않았던 것이 명백합니다. 그리고 여기에 또한 더할 나위 없이 아름다운 올가, 시인들의 뮤즈가 있습니다…….

1912년에 쿠즈민은 리가에 도착했지만, 행복한 3주의 시간이 흐른 뒤에, 그와 크냐제프 사이에 싸움이 일어나고, 반년 후에 브세볼로드 크냐제프는 권총으로 자살했습니다. 이것은 1913년 4월 5일에 일어났습니다. 그는 겨우 22세였습니다. 우연히 페트로그라드의 학자들의 집에서 크냐제프의 어머니를 만났던 쿠즈민은 일기에 그들 가족의 운명에 관해 기록했습니다.

"크냐제바[40]가 나를 불렀다. 아냐는 수녀가 되었고, 키릴은 체포되었다. 브세볼로드가 나와 싸우지만 않았다면 권총으로 자살하지 않았을 거라는 게 그녀의 견해다."(1922년 9월 28일)

쿠즈민은 세 사람의 사랑이 밝고 창조를 위한 결실을 맺는 것

---

40) 크냐제프의 어머니.

이길 원했지만, 이루어지지 않았습니다. 크냐제프는 자진해서 삶을 마감했습니다. 얼마 동안 올가 글레보바 - 수데이키나는 쇼크 상태에 있었으나, 점차 마음의 상처가 아물었고, 경기병이자 시인이었던 브세볼로드 크냐제프의 형상은 지워지기 시작했습니다. 그리고 파멸의 원인이 되는 파도와 같은 사건들이 해가 갈수록 굴러와 쌓였습니다. 1917년에는 혁명이 일어났습니다. 1921년에는 알렉산드르 블록이 사망했습니다. 안나 아흐마토바가 회상합니다.

> "블록의 장례식 후에 나와 올가는 스몰렌스크 묘지에서 브세볼로드의 무덤을 찾고 있었다. '그것은 벽 근처 어디에 있어.' - 라고 올가는 말했지만, 찾을 수가 없었다. 내게는 왠지 이 순간이 영원히 기억에 남았다."

게오르기 이바노프 역시 여러 차례 젊은 날에 대한, 옛 페테르부르크에 대한 회상으로 돌아갔습니다.

> 네바 강변에 1월의 날.
> 바람이 분다, 파괴로 부채질하며.
> 올레치카 수데이키나는 어디에 있는가, 아아,
> 아흐마토바, 팔라다, 살로메야는?
> 1913년에 빛났던 모든 이들은, -
> 단지 페테르부르크 빙판 위에 환영일 뿐.
> 또다시 꾀꼬리들은 백양나무에서 운다.
> 그리고 노을이 질 때, 파블로프스크나 황궁에서,
> 흑담비 모피를 입고 다른 숙녀가 지나간다.
> 다른 연인은 경기병의 겉옷을 입고……

안나 아흐마토바도 회상에 잠겼던 것 같습니다. 그래서 1940년에 그녀는 "주인공 없는 서사시"를 쓰기 시작했는데, 주인공, 더 정확히는 브세볼로드 크냐제프와 올가 글레보바-수데이키나가 쉽게 짐작됩니다.

> 광장에는 향수 냄새가 난다.
> 그리고 용기병의 기병 소위는 시와 함께
> 그리고 가슴에 무의미한 죽음과 함께……

물론, 이 모든 것이 흥분시키지 않을 수 없었습니다. 그리고 브세볼로드 크냐제프의 개인적인 운명은 변혁의 시대를 살았던 무명 시인의 운명으로 기묘하게 왜곡됩니다.

> 얼마나 많은 파멸이 시인에게 향했는지,
> 어리석은 소년, 그는 이 길을 선택했네, -
> 처음에 그는 모욕을 참지 못했지,
> 그는 알지 못했네, 어느 문지방에
> 그가 서 있으며
> 어떤 길의 모습이 그 앞에 열리는지……

아흐마토바 자신이 여러 차례 애정의 고난에 처해 보았고, 열정도, 고통도, 애수(그렇지만 니콜라이 구밀료프와 관계에서만은 아닙니다)도 체험했기 때문에 그녀는 쿠즈민-크냐제프-수데이키나의 헝클어진 애정의 삼각관계를 공정하게 평가하며, 확실한 결말을 내리려고 시도하지 않습니다. "알 수 없을 거야, 누가 누구를 사랑했는지" 중요한 것은, 모든 것이 비극적으로, 슬프게 끝났다는 사실입니다.

그리고 나에게는 그 주제가 있었다.
짓밟힌 국화처럼
바닥에, 관을 옮길 때……

10년대의 페테르부르크에 안나 아흐마토바에게는 두 명의 가까운 여자 친구들 - 공작의 딸인 살로메야 안드로니코바와 올가 글레보바 - 수데이키나 - 가 있었습니다. 화가 밀라쉡스키는 회상합니다.

"두 여성이 지나간다. 한 명은 앞머리를 내리고 다른 한 명은 흑갈색 머리를 하고. 안나 아흐마토바와 올가 글레보바 - 수데이키나, 그들은 늘 같이 있다……."

1915년에 세르게이 수데이킨은 올가를 버렸고, 곧 새 아내와 함께 프랑스로 떠났습니다. 이것은 그녀에게 크냐제프의 죽음 이후 두 번째의 비극이었습니다. 그리고 이것은 보다 더 글레보바 - 수데이키나와 아흐마토바를 가깝게 만들었지요. 안나 아흐마토바에게는 구밀료프와의 이별 후에 쉴레이코와의 성공적이지 못한 결혼이 있었다는 사실을 상기시켜야만 하겠습니다.

그리고 여기 두 명의 여자 친구의 시야에 작곡가이며 피아니스트, 그리고 음악 평론가인 아르투르 루리예가 나타났습니다. 그는 수데이키나보다는 6살, 아흐마토바보다는 2살 연하였습니다. 아름답고, 여성스럽게 부드러운 구애자였던 그는 교대로 아흐마토바와 수데이키나에게 관심을 표시했습니다. 여러 해가 지나서 니나 올쉡스카야 - 아르도바는 계속 안나 아흐마토바에게 그 시기에 관하여 물어보았고, 이야기를 음악과 극장으로 유도했는데, 이것에 대해서 아흐마토바는 대답했습니다. "우리는 한 사람을 사랑했지", 그러나 이때 아르투르 루리예의 이름은 언급하지 않았습니다.

루리예는 안나 아흐마토바의 일련의 시들에 음악을 붙였고, 그녀는 이번에는 자기 쪽에서 블록의 시에서 모티브를 따온 루리예의 발레 <백설의 마스크>에 보존되지 않은 시나리오를 썼습니다. 음악적인 우호관계는 루리예와 올가 글레보바 - 수데이키나 사이에 있었습니다. 그녀는 그의 작품들을 실연했고, 또한 러시아 민요를 불렀는데, 루리예는 그녀의 '신이 내린 청각'과 '위대한 음악적인 기억력'을 지적했습니다. 결국 두 명의 훌륭한 여성들 중에서 아르투르 루리예는 글레보바 - 수데이키나를 선호했고, 얼마 동안 그녀의 인생의 동반자가 되었습니다. 그러나 세르게이 수데이킨처럼, 그도 곧 러시아를 떠났습니다. 뉴욕에 정착했고, 페테르부르크 음악원 출신의 글라주노바의 옛 제자에 관해서는 알려진 것이 거의 없습니다. 아마도, 한 가지뿐일 것입니다. 지금까지 누구도 무대에 올리지 않았던 오페라 <표트르 벨리키이의 흑인>을 창작했습니다.

미하일 쿠즈민의 일기를 들여다보는 것이 흥미롭군요. 1921년 4월 16일에 그가 적었습니다.

"차를 마셨다. 올가 아파나시예브나에게는 악보들, 책들, 죽을 넣은 파이가 있지만, 아르투르는 아무래도 왠지 돼지새끼 같다……"
1921년 5월 17일.
"올가 아파나시예브나에게 갔다. 그곳에는 루리예와 아흐마토바가 있었다. 언짢게 앉아 있었다……"

"언짢게 앉아 있었다" – 이것은 시대의 증표인데, 러시아는 볼세비키들의 억압 아래 있었습니다. 이전에 아흐마토바는 "주인공 없는 서사시"에서 이렇게 썼습니다.

창문 너머 네바 강에 안개가 끼었다.
깊은 밤은 계속되고, 계속되고 –
페테르부르크의 혼돈……
검은 하늘에 별들은 보이지 않고,
파멸은 확실히 여기 어딘가에 있다.
그러나 가장 무도회의 수다는
무사태평하고, 자극적이고, 뻔뻔하다……

아르투르 루리예는 이미 미국에서 글레보바 – 수데이키나에 관한 수필을 발행했습니다. 그 안에서 그가 썼습니다.

"올가 아파나시예브나 글레보바 – 수데이키나는 페테르부르크의 마법의 요정으로 1차 세계대전이 일어나기 일 년 전 내 인생으로 들어왔다. 그녀에게 나를 데려갔던 이는 니콜라이 이바노비치 쿨빈이었다…… 그녀는 예술로부터 의식을 만들어 낸 후, 예술로만 살고 있었다. 올가 아파나시예브나는 내가 언젠가 만났던 가장 재능 있는 천성들 중 한 명이었다……"

1917년 이후 한동안 여자 친구들은 함께 폰탄카 거리 18번지의 커다란 방치된 아파트에서 살았는데, 아파트 벽들에 세르게이 수데이킨의 기묘한 그림들이 걸려 있었습니다. 1922년에 그들은 같은 폰탄카 거리 2번지의 오래된 저택으로 이사했는데, 현재 그곳에는 아흐마토바 박물관이 있습니다.

그들은 어떻게 살았을까요? 리디야 긴즈부르그에게는 이 점에 관한 다음과 같은 기록이 있습니다.

그렇습니다. 돈을 버는 것이나, 식료품을 구하는 것이 힘들었고 그 시절에는 삶이 일반적으로 어려웠습니다. 수데이키나는 예전의 왕립 도자기 공장으로 일하러 다녔습니다. 그녀는 댄서의 우아한 모형들을 준비했는데, 이 모델들 가운데 한 명이 올가 스펜십테바였습니다. 이 모형들의 일부는 없어졌지만, 일부는 보전되었고, 현재 이들을 페테르부르크의 러시아 박물관의 컬렉션에서 볼 수 있습니다. 조각된 소입상들을 바라보면서, 재능 있는 장인이 이것들을 만들었다는 점에 의심이 들지 않습니다.

글레보바 - 수데이키나의 장인 기질은 집에서도 발휘되었습니다. 나데즈다 만델슈탐이 지적했듯이, 그녀는 아파트를 정돈하는 것만이 아니라, 가능한 한 아파트를 꾸미는 것도 좋아했습니다. 계속해서 글레보바 - 수데이키나에 관한 만델슈탐의 회상입니다.

바로 그렇게 그들은 함께 살았습니다. 아흐마토바는 자신의 시 세계에서 높이 날아다니고 있었고, 수데이키나는 창작과 어려운 생활을 담당했습니다. 그 둘에게는 새로운 삶의 불편함에 대항해서뿐만 아니라, 나이에 대항해서도 싸워야만 했습니다. 시간은 흘러갔고, 날들과 年들을 계산해야 했습니다. 30대 이후에 이것은 언제나 여성들에게 슬픈 계산입니다. 글레보바 - 수데이키나의 머리에 점점 더 자주 죽음에 대한 구슬픈 생각들이 떠올랐고, 이것은 곧 존재의 경계를 넘어야만 했습니다. 그녀는 아흐마토바에게 말했습니다.

"내가 죽으면, 아냐(아흐마토바), 내 관을 따라서 전부 열 명 정도의 사람이 걷게 될 거야……"

예언적인 예견입니다.

그러나 아직 삶은 계속되고 있었습니다. 폰탄카의 집에 난해한 시인이자, 지구의 대표자였던 벨리미르 흘레브니코프가 찾아왔습니다. 그는 글레보바 - 수데이키나에게 열광적으로, 그리고 가망

없이 반했는데, 자신의 사랑을 결코 내보이지 않았고, 이것에 대해서는 단지 추측할 수 있을 뿐이었습니다.

글레보바-수데이키나는 시인들 사이에서 자랐고, 그들을 이해했으며, 그들의 슬픈 운명을 알고 있었고 사랑했습니다. 아르투르 루리예의 증언에 의하면, 흘레브니코프에게 친절하게 대하면서, 그녀는 이따금씩 그를 티타임에 초대했습니다.

"이 페테르부르크의 요정은 풍성하고, 날아가는 것 같은 밝은 파란색의 실크로 된 옷으로 성장을 하고, 오래된 도자기가 놓여 있는 탁자에 앉아 있었고, 미소를 지으면서 차를 따랐다. 짧은 소매의 프록코트를 입은 흘레브니코프는 심각하고, 엄격한 부엉이처럼, 우울한 모습으로 앉아 있었다. 침묵을 지키면서 그는 과자를 곁들여 차를 마셨고, 단지 가끔 개별적인 단어들을 느릿느릿 말했다……"

폰탄카로 <붉은 말>의 작가인 화가 쿠즈마 페트로프-보드킨도 왔는데, 수데이키나와 아흐마토바 집에 기나긴 시간 동안 앉아 있었습니다.

이 모든 것이, 물론, 어느 정도 생활을 기분 좋게 장식했지만, 전체적으로 시간은 쓸쓸하게 흘러갔습니다. 이런 의미에서 코르네이 추콥스키가 1923년 5월 7일에 쓴 일기의 기록은 주목할 만합니다.

"어제 안나 아흐마토바의 집에 있었다. 소파에서 모피로 몸을 감싸고 있다. 그녀와 함께 올렌카 수데이키나가 있다. 돈 없이, 남편 없이. 그들이 매우 가엽다. 올가 아파나시예브나는 자신이 모든 것을 팔았으며, 사람들은 그녀를 초대하지도 않고, 아흐마토바에게는 열이 있어서, 아침마다

체온이 올라간다고 이야기해 주었고, 나는 매우 동정해서 그들을 극장에
〈안토니오 성인의 기적〉을 보러 데려갔다.”

같은 해인 1923년 10월 13일.
“나는 어제 안나 아흐마토바 집에 갔었다. O. A. 수데이키나를 침대에
서 찾아냈다. 우아하고, 가냘픈 그녀는 누워 있는데, 온몸에 열이 있
다…… 내가 있을 때, 그녀는 현재 런던에 있는 루리예(작곡가)로부터
편지를 받았다. 이 편지는 아흐마토바를 흥분시켰다. 아흐마토바는 심하
게 지쳐 있다. 집에는 하녀가 없고, 그녀 스스로 음식을 준비하고, 설거
지를 하며, 올가 아파나시예브나를 간호하며, 문들을 열고, 가게에도 뛰
어간다.
　－이제 곧 네 발로 기어 다니게 될 거야. 엎어져서……”

바로 이렇게 페테르부르크의 미인들이, 여류시인과 콜롬비나가
소비에트 러시아에서 살았습니다.
　동시대 여성들의 견해, 나데즈다 만델슈탐과 유사한 입장의 견
해가 흥미롭습니다.

“내가 젊었던 시절에 ‘미녀들’은 마흔이 넘어 있었다. 그들은 굶주림을
참았고, 심하게 퇴색했다. 만델슈탐은 내게 차례대로 그들을 보여주었고,
나는 단지 탄식했을 뿐이었다. 어디로부터 그런 모습이 생겨났는지……
‘미녀들’은 훌륭하게 바닥을 닦았고, 빨래를 했으며, 새로운 생활의 대
열에 서 있었다…… 아흐마토바는 그녀가 친했던 미인들의 칭송에 충
실했는데, 그녀는 그들을 극찬했다……”

그리고 뒤이어 나데즈다 야코블레브나의 회상록에는 글레보바
－수데이키나에 관한 특별한 장이 있습니다.

"나는 올가를 지붕 아래서 두 번 보았다 — 아흐마토바와 함께 — 그리고 여러 번 길에서 만났다. 만델슈탐이 말했던 것처럼, 그녀에게는 '마주치게 되는 높은 확률'이 있었다. 그녀는 도시를 따라서 뛰어다녔다. 종이를 모으면서, 물건들을 팔면서, 그리고 관리들과 건물 경비들에 대해서, 또한 '야찌(ять)' 문자의 폐지에 대해서 불평을 늘어놓았다. '야찌'의 사라짐과 더불어 글레보바란 성은, 그녀의 견해에 의하면, 모음 '요(ё)'가 되고, 글료보바가 된다고 했다. 그녀는 집에서는 상냥했지만, 거리에서는 그렇지 않았다. 그녀는 지친 페테르부르크 사람을 위로하고 즐겁게 해 주며 쓸데없는 생각들에서 벗어나게 해 주는 많은 놀이용 말장난들을 알고 있었다. 이 농담들은 동시대 모스크바 여성들이 사용했던 농담들과는 초점이 다른, 페테르부르크식으로 표현된 것들이었지만, 모스크바 여인들도, 페테르부르크 여인들도 자신의 장르를 완벽하게 연마하고 있었다. 모스크바나 페테르부르크의 여인들은 상당히 잘난 체하는 사람들이었는데, 모스크바 여성은 거친 표현을 즐겨 사용하였고 페테르부르크 여성은 완곡하게 표현하는 경향이 있었다. 올렌카는 항상 움직이고 있었다. 그녀는 하이힐의 뒷굽을 울리면서, 춤추는 듯한 걸음걸이로 방을 따라 뛰어다녔고, 차를 마시기 위해 테이블을 차리면서 있지도 않은 먼지를 목면이나 또는 가제로 만든 행주로 털어버리고 나서 손수건처럼 행주를 흔들었고, 그것을 앞치마의 허리끈 뒤로 집어넣었다. 내게는 글레보바 — 글료보바가 온통 주름장식, 레이스 속에 있는 것처럼 보였으나, 실제로 '주름장식'은 젊음과 '구애자들'과 함께 사라졌다. 올가는 아흐마토바보다 연상이었다. 비록 그녀가 태엽을 감은 것처럼 돌았지만, 그녀는 퇴색하고 지쳐보였다.

배고프고 추운 겨울들이 대가 없이 지나갈 수 없었다. 피부의 탄력, 창백함, 그리고 나이 — 그녀는 그 당시 마흔이 지나지 않았거나, 어쩌면 마흔을 '넘었을 수'도 있었다 — 그런 사람들에게서는 나이를 알아낼 수가 없다. 나이를 가늠하기 힘든 것은 네바 강의 물로 씻는 여성들에게는 특징적이다. 그들은 언제나 약간 빛이 바랜 듯 창백하다. 초년에도, 노년에도. 이 도시의 모든 여성들처럼, 올가는 지나치게 잘 차려입은 것 같았지만, 전혀 잘 입은 것은 아니었다. 주름 장식이나, 주름 잡힌 끈 같은 모든 것이 유행이 지났고, 이것들은 어쩌면 내게 단순히 올가를 정형화시키기 위해 꿈에 보였는지도 모른다……"

그리고 함께 살고 있는 두 여자 친구의 관계에 대한 또 하나의
세부사항입니다.

"차를 내고 나서, 올가는 대화에 방해되지 않게 사라졌다. 그녀는 자신
의 여자 친구의 성격을 알고 있었다. 아흐마토바는 손님이 왔을 때는 언
제나 자신의 동거인들을 방에서 내쫓았는데, 거의 그들의 바로 코앞에서
문을 쾅 소리 나게 닫으면서……"

그리고 그럼에도 불구하고, 나데즈다 만델슈탐은 쓰고 있습니다.

"올가는 여러 번 아흐마토바의 인생에서 그녀에게서 친구들을 쫓아버리
면서 적당히 운명적인 역할을 했다. 그런 일이 몇 차례나 일어났다……
이 놀랍도록 서로를 닮지 않은 쌍둥이들의 우정이 사랑스러울수록, 그들
은 그들 사이가 나빠지게 하는 어떤 것도 허용하지 않았다. 내가 올가의
아름다움을 제대로 평가하지 않았을 수도 있다. 어쩌면, 그녀는 정말로
'금발의 기적'이었을지도 모른다."(N. 만젤슈탐, 제2권)

아흐마토바의 "주인공 없는 서사시"를 분석하면서, 나데즈다
만델슈탐은 수데이키나는 '자신의 쌍둥이 중 하나'였다는 안나 안
드레예브나 아흐마토바의 고백을 인용합니다. 하지만, 몇몇 유사성
에도 불구하고, 그들은 결국 달랐으며, 자신의 운명을 다르게 관리
했습니다. 러시아에서 근근이 살아가던 글레보바-수데이키나는
결국 러시아를 떠나기로 결심했지만, 아흐마토바는 "기쁨 없는 날
들을 무력화시키기 위해" 조국에 남았습니다.
1924년 초에 안나 아흐마토바에게 자신의 초상화, 판화들, 도
자기와 그들의 페테르부르크 생활의 다른 물건들을 남겨주고, 자

신은 단지 크지 않은 가방에 자신의 작품들 – 도자기로 만든 소상과 인형들 – 을 넣은 채, 올가 글레보바 – 수데이키나는 베를린으로 향했습니다. 그런데 비자를 받은 후에는 파리로 떠났습니다.

처음에는 모든 것이 그다지 나쁘지 않았습니다. 올가는 센 강 왼편에 있는 '프리티' 호텔에 묵었고, 옛 페테르부르크 지인들과 심지어 전남편이며 숭배자였던 아르투르 루리예까지 그녀를 찾아왔습니다. 때때로 그녀는 음악 파티들에 초대되었는데, 예전과는 거리가 멀었습니다. 네, 그렇지요. 글레보바 수데이키나는 예전의 미인이 아니었고, 남성들이 그녀의 술잔을 채우는 것은 멈추어졌습니다. 이러한 변화를 언젠가 그녀에게 "나는 다시 고뇌를 느낀다. 그리고 상냥함, 끝없는 상냥함……"이라는 시를 헌사했던 이고리 세베랴닌이 파리에 있는 그녀를 방문하여 알아챘습니다.

올가를 가장 끔찍하게 만든 것은 '동정'이었습니다. 이고리 세베랴닌은 글레보바 수데이키나를 보고 그녀가 어디에서 어떻게 사는지 알았고 다음과 같은 슬픈 시행들을 썼습니다.

> 작은 방에 그녀가 산다.
> 이것은 몇 년 동안 지속되었다.
> 이미 거의 그렇게 익숙해졌다
> 8층 자신의 무덤에.
> 수백만 도시에서 완전히 혼자이다.
> 누구의 것이든지 영혼이 그래서 필요하다.

폴리 미쇼 광장에 있는 집의 8층에 있는 작은 방이 올가 글레보바 수데이키나의 마지막 은신처였습니다. 지인들의 물줄기가 말랐습니다. 친구들도 적어졌지요. 예브게니 자먀찐, 화가 유리 안넨코프가 아직 남았습니다. 점차 그녀는 고립되었고, 고독의 포로가 되었습니다. 게다가 물질적 궁핍으로 고통받았습니다. 그녀는 인형을 만들고, 작은 조각품들을 만들고, 그림을 그리고, 구슬을 꿰었습니다. 인형들은 잘 알려진 이들을 본뜬 것이었습니다. 희극에 나오는 콜롬비나, 피에로, 데스데모나, 햄릿, 돈 주앙. 작은 조각품들은 훌륭했고 그림들도 좋았습니다. 그러나 주문이 많지 않아서 언제나 돈이 모자랐습니다.

그녀의 마지막 위안거리는 새들이었습니다. 자신의 방에 그녀는 카나리아, 앵무새, 산비둘기 등 거의 50여 마리의 새들을 두었고, 그래서 그녀는 '새들을 가진 부인'이라 불렸습니다. 새들은 휘파람 불고, 화음을 맞추고, 예전의 페테르부르크 삶의 환영을 만들어 냈습니다. 그래서 그것들과 있으면 그렇게 외롭지 않았지요. 해가 지나면서 자신의 수입이 거의 바닥나자 글레보바 수데이키나는 새들을 요리용이나 치료용으로 팔았습니다.

나치가 파리를 점령하자 완전히 힘들어졌습니다. 1943년 10월에 올가가 사는 집에 폭탄이 떨어져 그녀의 아파트가 파괴되었습니다. 사랑하는 새들이 거의 모두 죽었습니다. 그녀에게 이것은 마지막 충격이었습니다.

글레보바 수데이키나에 대한 자료를 수집했던 파리 주재 <이즈베스티야> 통신원 유리 코발렌코가 씁니다.

"전쟁과 함께 질병이 찾아왔다. 올가는 콩팥을 떼어냈다. 그러고 나서 그녀의 결핵이 시작되었다. 친구들은 결핵이 전염될까 봐 그녀를 자주 찾아오지 않았다. 죽음 직전에 그녀에게 올가가 오랫동안 대화를 나눴던 러시아 교회의 성직자 세라핌이 찾아왔다. O. A. 글레보바 수데이키나는 1945년 1월 12일에 부센코 병원에서 사망했다. 2주일 후에 그녀의 시신은 루르멜 거리에 있는 작은 러시아 교회로 옮겨졌다. 파리 근교 상 –제네비에브–드–부아 러시아인 묘지에 그녀는 묻혔다. 그녀를 마지막 보내는 길에는 14명이 참석했다. 장례와 관련된 비용은 친구들이 지불했다. 올렌카를 기념하여 그들은 남아 있던 그녀의 그림들과 인형들을 가져갔다. 오래된 가구가 빚을 갚기 위해 경매에 붙였다……"

그렇게 또 한 생은 끝이 났습니다. 은세기의 한 페이지가 넘겨졌습니다. 그리고 게오르기 이바노프는 슬프게 탄식합니다.

> 사람들은 올렌카 수데이키나를 기억하지 않는다.
> 검은 아흐마토바의 숄도,
> 낮은 방들의 나폴레옹 1세 시대의 조각양식 가구도
> 그 모든 것이 우리에겐 치명적으로 유감이다.

그러나 다행스럽게도, 잊히지도 않았고 기억하고 있습니다. 얼마 전에 새로운 문학잡지 <경험들>이 나왔고, 그 표지에 두 여인이 있습니다. 안나 아흐마토바와 그녀의 친구 올가 글레보바 수데이키나. 은세기에 대한 회고록들이 발행되었고, 그 속에 10년대 콜롬비나였던, 유명한 시인들의 여자 친구인 올렌카 수데이키나가 있습니다. 그녀의 연기, 그녀의 인형, 작은 조각품들 그리고 광장 나무벽돌로 포장된 도로를 자신의 눈부신 다리로 똑딱거리며 걸었던 그녀 자신이 있습니다.

아닙니다. 콜롬비나들은 잊히지 않습니다.

사랑의 고딕양식, 나탈리야 크란디엡스카야

만남의 서곡(전주곡)

나탈리야 크란디엡스카야는 거의 알려지지 않은 이름이고, 현대의 아가씨들이나 숙녀들에게 일반적으로 그 이름은 아무것도 말해 주지 않습니다. 열광하지도 않고 냉담하지도 않지요. 하지만 사실 그녀는 훌륭한 여성이었습니다. 아름다웠고, 재능이 있었습니다. 부닌과 발몬트가 그녀에게 환호했습니다. 그녀는 위대한 시인이 될 수 있었지만, 사랑하는 남편인 작가 알렉세이 톨스토이 속에 용해되는 것을 선호했습니다. 그 결과 무엇을 얻었을까요? 이것에 관한 슬픈 이야기가 있습니다.

나탈리야 크란디옙스카야(Наталья Крандиевская)는 1888년 1월 21일(2월 2일)에, 모스크바의 글 쓰는 가정에서 태어났습니다. 아버지인 바실리 크란디옙스키는 열렬한 도서 수집가로, <문학과 삶의 연보들>의 발행인이자 편집자였습니다. 어머니인 아나스타샤 쿠즈미체바는 B. 게리예 여자 고등 전문학교를 졸업했고, 문학 창작에 매진했습니다. 1900년 9월에 고리키가 체홉에게 썼습니다.

> "여류작가 크란디옙스카야를 보았는데 괜찮더군. 소탈하고, 자신에 대해서 많이 생각하지 않고, 보기에 좋은 엄마 같고, 아이들도 훌륭하고……"

아이들이란 언니 나탈리야(집에서 부르는 이름은 투샤)와 여동생 나데즈다(쥬나)를 말합니다. 나탈리야는 미래의 여류시인이고, 나데즈다는 미래의 조각가입니다. 크란디옙스카야 자매들은 알렉세이 니콜라예비치 톨스토이의 3부작 <고난의 길>에 나오는 카챠와 다샤 불라비나 자매의 모델 역할을 했습니다.

> "매일 저녁 자매는 트베르스코이 가로수 길을 산책하면서 음악을 들었다…… 취주 악단은 왈츠 '만주의 언덕에서'를 연주했다. 뚜, 뚜, 뚜, —구슬프게 나팔 소리가 울었다. 저녁 하늘로 날아가면서. 다샤는 카챠의 약하고 마른 손을 잡았다.
> —카츄샤, 카츄샤, —나뭇가지 사이로 스며 나오는 석양의 빛을 바라보면서 그녀는 말했다. —너는 기억하고 있지:

오 내 사랑은 끝나지 않았네,
가슴속에는 차가워지는 상냥함……
나는 믿어, - 만약 우리가 용감하다면, 우리는 살아남을 거야 - 고통받지
않으면서 사랑할 수 있을 때까지…… 정말이지 우리는 지금 알고 있어,
- 세상에 아무것도 사랑보다 높지 않다는 것을……"(알렉세이 톨스토
이. 고난의 길)

카챠 불라비나는 나탈리야 크란디옙스카야이고, 다샤에 의해
인용된 시행들은 그녀의 시 중 일부분입니다.

투샤(나탈리야 크란디옙스카야)는 좋은 가정교육을 받았고, 그
후 모스크바 중학교를 마쳤습니다. 크란디옙스키 집에는 언제나
손님들이 있었는데 작가들, 잡지 기자들, 발행인들, 페미니즘적인
성향을 가진 숙녀들, 그리고 사회주의 이상에 충실한 대학생들이
었습니다. 그리고 이것은 또한 크란디옙스카야 자매들을 위해서도
좋은 인간적인 교류의 場이 되었습니다. 집에 종종 들렀던 막심 고
리키는 자매들 중 투샤를 좋아했습니다.

"……그녀에 대한 내 호감은 나와 그녀가 알고 지낸 43년 동안 1도조
차 식지 않는다."

여러 해가 지나서 알렉세이 막시모비치는 이렇게 고백했습니다.
그는 그녀를 이렇게 불렀습니다. '가장 현명하고 사랑스런 투샤'

'가장 현명하고 사랑스런 투샤'는 7살부터 시를 쓰기 시작했습
니다. 13살에는 잡지 <개미들>에 첫 발표를 했고, 15세에는 그녀
의 시작 활동에 이반 부닌이 흥미를 보였습니다. 그는 그녀의 젊은
매력과, 그녀의 처녀로서의 아름다움에 놀랐고, 그녀의 시적 재능

에 찬사를 보냈습니다. 젊은 크란디옙스카야의 시는 분명하고, 명료하며, 음악적이어서, 마치 푸시킨과 츄체프의 애가의 전통을 뒤따르는 것 같았습니다. 그리고 주제도 전통적이었습니다. 꿈, 사랑, 러시아의 자연과 역사.

여기 시들 중 하나가, 사실은 좀 더 후기의 것이긴 하지만, 있습니다.

전설에 의해 그렇게 운명 지워졌다,
러시아 처녀의 첫 술기운
눈 더미들이 어떤 이들을 즐겁게 했다.
빨갛게 된 추위 그리고 눈보라.

그리고 나에게 열렸다
귀먹은 올로니야 눈의 요람에 의해
음침한 전나무가 있는 가장자리로
기슭이 호수를 푸르게 한다.

즐겁지 않은 광활함이 있는 그곳에
단지 바람만을 가늠하고 있다 마부가,
늑대 굴들을 곁눈질로 보면서,
말들이 똑바로 질주하며 나를 때.

‘루시’[41]라는 이름의 ‘아름답고 광폭한 세계’는 젊은 여류시인을 유혹합니다. 그러나 하나의 일이 어떤 추상적인 ‘시’라면, 완전히 다른 일은 ‘삶’입니다. 삶 역시 아름답고, 광폭하지만, 자기 식으로, 세태에 진하게 반죽되어 있습니다. 그 세태 속에서, 그것과

---

41) 루시(Русь)는 러시아의 옛 명칭임.

더불어 때때로 창작하는 것이, 특히 여성에게는 어렵습니다.

그러나 아직까지 생활은 압박하지 않았고, 늪처럼 끌어들이지 않았기에, 나탈리야 크란디옙스카야는 삶에 기뻐합니다. 그녀는 즈반쩨바 학교에서 박스트와 도부진스키의 지도 아래 회화를 배웁니다. 피아노를 탁월하게 연주하고, 크지 않은 소품들을 작곡하기도 했습니다. 잡지들에 적극적으로 작품을 게재했고, 블록과 발몬트와 교분이 있었습니다. 발트루샤이티스라 볼로쉬느이와도 친하게 지냈습니다. 아름다움과 재능은 그녀에게 문학의 올림포스로 향한 길을 열어줍니다.

1913년에 최초의 선집 <詩 선집>이 나옵니다. 비평가들은 "시들의 진지함과 엄격함"을, "각운의 신선함과 독창성, 리듬의 다양성…… 커다랗고 깊은 생각 속에서 가장 섬세한 감정을 표현하는 놀라울 정도의 예술성……"을 지적합니다.

그리고 더 있군요. 시의 질을 검사하는 방법이 존재하는데, 바로 음을 내 보는 것입니다. 시가 읽히는가 아닌가? 안나 아흐마토바는 지적하는 것을 좋아했습니다. '음향이 있다' 또는 '음향이 없다' 크란디옙스카야에게서는 곧바로 음향이 울리는 시들이 나오고 있다는 것을 비평가들은 깨달았습니다. 시들은 음악적이고 경쾌합니다. 여기 이 시를 소리 내어 읽는 것만으로도 당신은 이 점을 스스로 확신할 수 있을 것입니다.

하얀 요트의 움직임은 가볍고,
미끄러지는 범선은 점점 작아지네.
세상에는 또한 괴짜들이 있으니,
여자와 사랑에 빠지듯, 요트와 사랑에 빠지네.

이들은 해안에서 오랫동안 바라보네
바람에 쫓기는 프시케를,
그녀의 혼례 의상을,
그녀의 뒤로 흩어져 버린 진주를……

시는 단지 읽힐 뿐만이 아니라 매료시킵니다. 그리고 이것은 이미 재능의 마력입니다. 나탈리야 크란디옙스카야는 재능 있는 여류시인이었습니다. 그러나 알고 있듯이, 시를 가지고는 돈을 얻을 수 없었고, 여자의 운명인 시집을 가야만 했습니다. 이때 훌륭한 배필이 갑자기 나타났습니다. 변호사 표도르 볼켄쉬타인. 1907년에 19세의 투샤는 이미 충분히 유명한 변호사와 결혼하여 1년 후에는 장남인 표도르를 낳았습니다.

아들이 태어나기 3년 전에 17세의 투샤는 썼습니다.

나는 달구어진. 매우 무더운 사막을 따라 걸어갔다.
내 뒤로 나의 게으른 그림자가 기어왔다.
앞에는 마른, 그리고 불안한 공기가 있었고,
그리고 나는 알지 못했다, 어디로, 왜 내가 가고 있는지.

그리고 자신의 그림자에게 우울하게 그때 물었다.
ㅡ말해 줘, 자매여, 너와 나는 어디로 가는 거지?
그러자 그림자는 불명료한 조소를 띠면서 대답했다 :
ㅡ나는 너를 따라갈 뿐, 하지만 너는, 아마도, 아무 곳으로도.

예언적인 시입니다. "……어디로, 왜 내가 가고 있는지 나는 알지 못했다" 여류시인에게 첫 결혼은 '아무 곳으로도' 통하지 않는 길로 판명되었습니다.

1915년에 27세의 나탈리야 크란디옙스카야는 나중에 독설가들이 '노동자 - 농민의 붉은 백작'이라고 부르게 되는 32세의 작가 알렉세이 톨스토이[42]를 만납니다. 톨스토이와 볼켄쉬타인은 다른 유형의 남성에 속했고, 이 점에 관해서 자신의 회고록에서 표도르 크란디옙스키가 언급하고 있습니다.

> "내 의붓아버지와 내 아버지는[43] 서로 아주 닮지 않았다. 그들은 정반대의 사람들이었고, 그들 중 한 명의 개성이 다른 사람을 배경으로 특히 선명하게 나타났다."

바로 이 다른 점이 나탈리야 크란디옙스카야를 놀라게 했을 것이라는 점이 충분히 가능합니다. 알렉세이 톨스토이는 전혀 다른 남자였습니다(순전히 여성적인 반응!).

'운명을 뒤바꾼 만남'은 오늘날 진부해진 표현이지만, 이것이 바로 그런 만남이었습니다. 사랑이 두 사람을 사로잡았고, 크란디옙스카야의 남편인 표도르 볼켄쉬타인과 톨스토이의 아내인 소피야 딤쉬쯔는 곧 이혼당하였고, 잊혔습니다. 그렇지만 알렉세이 톨스토이의 경우에는 상황이 더욱더 혼란했습니다. 알렉세이 니콜라예비치 자신이 상황을 그렇게 만든 원인을 제공했는데, 소피야 딤쉬쯔와의 두 번째 결혼에서 얻은 자신의 딸 마리안나에게 다음과 같이 이야기한 것입니다.

---

42) 알렉세이 니콜라예비치 톨스토이임. 1883년에 태어나 1945년에 사망한 소련의 작가.

43) 의붓아버지란 '알렉세이 톨스토이'를 말하고 아버지는 변호사였던 '표도르 볼켄쉬타인'을 말함.

"이해하겠니? 나는 그때 마르가리타 칸다우로바와 사랑에 빠져 있었지. 그녀의 젊음의 향기가 나를 매혹했거든. 하지만 투샤를 만났을 때, 나는 오직 그녀만이 내게 필요하다는 것을 깨달았어. 그리고 우리는 살아 있는 동안 함께 있을 거야."

그런데 이것은 1933년에, 그들의 파국이 있기 2년 전에 했던 말입니다.

<고난의 길>은 알렉세이 톨스토이의 주인공들에게만 있었던 것이 아니라, 소설의 창조자 자신에게도 있었습니다. 정치적인 오락가락하는 행동이 있었고, 사랑의 전환도 있었습니다. 나탈리야 크란디옙스카야는 그의 세 번째 아내가 되었습니다. 첫 번째 아내는 율리야 로잔스카야, 두 번째는 소피야 딤쉬쯔였습니다. 각각의 여성들이 새로운 아내와 살겠다는 톨스토이를 마치 축복하는 것 같았다는 점은 주목할 만합니다. 율리야 로잔스카야는 예술에 대해서 완벽하게 무관심했고, 남편과 자신의 관계가 냉각되던 순간에 알렉세이 니콜라예비치에게 말했습니다. "만약 당신이 결정적으로 예술에 몰두하기로 결심했다면, 소피야 이사코브나가 당신에게 더 적합해요." 소피야 이사코브나 딤쉬쯔는 화가였고, 창조적인 인물이었습니다. 그리고 알렉세이 톨스토이와 헤어질 때가 다가왔을 때, 그녀도 똑같이 행동했습니다.

여기 소피야 딤쉬쯔의 회고록 중 기록이 있습니다.

"1915년에 알렉세이 니콜라예비치에게 새로운 힘든 심적 체험이 있었다. 마르가리타 칸다우로바, 그의 열정적인 심취의 대상은 그와 결혼하는 것을 거부했다. 나는 알렉세이 니콜라예비치에게는, 그의 고통에도 불구하고, 이것이 객관적으로 행운이었다고 생각했다. 17세의 젊은 발

레리나, 재능 있고 고상한 인물은 아무래도 역시 그에게 믿을 만한 친구
나, 삶과 작업에 있어서 조수가 될 수 없었기 때문이다. 나는 반대로, 어
느 정도 시간이 지난 후에 알렉세이 니콜라예비치와 나탈리야 바실리예
브나 크란디옙스카야의 임박한 결혼에 대해 알고 나서, 그의 재능이 자
신에게 충실하고 민감한 지지자를 찾게 됐다고 생각해서 기뻤다. 나탈리
야 바실리예브나는 발행인인 크란디옙스키와 소설 작가의 딸로, 그녀 자
신이 여류시인이며, 내가 생각하기에 톨스토이에게는 훌륭한 동반자였
다. 알렉세이 니콜라예비치는 문학적인 가정으로 들어갔는데, 그곳에서
그의 창조적 관심이나 생활상의 관심들은 충분한 이해를 얻어야만 할
것이다. 이별의 쓰라림에도 불구하고(쓰라림은 있었고, 여러 해 동안 함
께 살고 난 이후에 없을 수가 없었다), 이 상황이 나를 위로했고 진정시
켰다.”

놀라운 고백입니다. 그렇지 않습니까? 버려진 아내들이 당신이
라면, 자신의 불행한 운명에 대해서가 아니라, 무엇보다 먼저 옛
사랑인 그의 행복에 대해 생각하면서, 이렇게 고상하게 자신의 전
남편을 다른 여성에게 건네줄 수 있겠습니까? ……하긴 구체적인
여성인 소피야 딤쉬쯔를 염두에 둔다면, 질문이 아주 정확하지 않
았을지도 모릅니다. 그녀는 정말로 톨스토이에게 냉담해졌고, 그
는 그녀의 예술적인 관심 범위 안에 그다지 속하지 않았는데, 건
축가인 겐리흐 페사티와의 보다 더 성공적인 결혼이 이를 증명하
고 있습니다.

이렇게 이혼 후에 알렉세이 톨스토이는 나탈리야 크란디옙스카
야의 손에 들어왔습니다.

알렉세이 톨스토이와의 삶

자신의 회고록에서 나탈리야 크란
디옙스카야는 쓰고 있습니다.

<알렉세이 톨스토이>

"1915년 1월에 우리는 아직까지 다른 아
파트에서 살았다. 톨스토이는 크리보아르
바스키 골목에, 나는 흘레브느이 골목의 부
모님의 아파트에서. 2월 초에 톨스토이는 〈러시아 통보〉의 특파원으로
터키 전선으로 나갔다. 그는 2월 17일에 모스크바로 돌아왔다. 그 시간
동안 나는 말라야 몰차노프카 8번지에 우리를 위한 아파트를 준비했는
데, 나는 이곳에서 카프카즈에서 돌아오자마자 톨스토이를 맞이했다. 이
날부터 1935년까지 계속되었던, 20년이 조금 넘는 우리의 공동생활이
시작되었다."

곧 몰차노프카에 있는 집으로 톨스토이의 이모인 마리야 투르
게네바가 이사 왔습니다. 크란디옙스카야가 쓰고 있습니다.

"그보다 조금 후에 우리 가족에게는 또 하나의 작은 사람, 톨스토이와
소피야 이사코브나 딤쉬쯔의 딸인 마리안나가 늘어났다."

이 사건을, 성인이 되어서 마리안나는 이렇게 회상합니다.

"내 어머니는 열정적으로 창작에 몰두했다. 마샤 할머니가 몰차노프카
에 있는 아버지의 집으로 이사 갔을 때, 새로운 가정에서의 나의 생활에
관한 문제가 부모님들의 완전한 동의 아래 결정이 난 것 같았다. 나에게
는 8살의 의붓동생인 표도르가 생겼다. 우리는 빨리 친해졌다……"

자신의 회상록에서 마리안나는 '계모'라는 곱지 않은, 냉정한
단어를 입에 담고 싶지 않다고 지적합니다.

"일생 동안 나는 그녀를 투샤라고 불렀다……"

마리안나 이외에도, 집에 젊은 보모인 에스토니아인 율렌카가
들어왔고, 1917년 2월 14일에 크란디옙스카야와 톨스토이 사이의
아이인 니키타가 태어났습니다.

"나는 아들 니키타를 낳았고, 아직 병원에 누워 있으면서 전제정치의 전
복에 대해서 알게 되었다. 삶은 새로운 나선을 따라서 전개되었고, 아직
명확하지 않은 목표들을 향해서 미친 듯한 속도로 질주했다. 모든 사람
들에게 다수의 새로운 의무들, 직업적인 소동들, 회의들, 미팅, 향연들이
있음을 알게 되었다……"

여기서 잠깐 멈춥시다. 우리는 너무 앞으로 뛰었습니다. 새로운
가족의 구성으로 돌아갑니다. 이 가족의 근간이 된 것은 사랑이었
습니다. 크란디옙스카야에게 알렉세이 톨스토이는 그녀의 일생의
남자로 판명되었고, 이것으로 모든 것이 말해진 것입니다. 톨스토
이는 새로운 사랑에서 자신을 위한 지주를 찾았습니다. 그녀에게
보낸 초기의 편지 중 하나에서 그는 확언합니다.

"진정한 노동, 내 인생의 과제 ― 이것은 당신과 함께 일하는 것이오. 당
신에 대한 사랑과 당신과 같이하는 일 ― 이것이 전부지."(1915년 2월)

훨씬 이전에, 1914년의 가을에, 알렉세이 톨스토이는 크란디옙

스카야 앞에서 그들 관계의 경이로운 전망을 열어보였습니다.

꿈들이 순수하게 작가적입니다. 그리고 상대방은 여류시인이지
요. 어떻게 현기증이 났을지, 심장이 달콤하게 멎었을지를 쉽게 상
상할 수 있습니다. 사랑, 예술, 아름다움! ……

"너는 내가 꿈꾸지 못했던 행복을 내게 주었다." – 라고 톨스토
이는 1915년, 연인 관계였을 때 썼습니다. 13년이 지난 1928년에
는 아내의 헌신적인 사랑과 충직한 봉사에 대해 "만일 네가 죽는
다면, 나 역시 바로 지금 너를 따라가겠어."라고 했습니다. 이것을
진심으로 썼을 가능성도 있습니다. 편지를 쓰던 그 순간에는 그렇
게 느꼈겠지요. 하지만 순간들이 관계의 전체적인 구성을 결정짓
는 것이 아니라, 순간들은 단지 관계들을 일그러뜨리며 함께한 모
든 삶에 대해 정확하지 않은 평가를 주게 됩니다.

1917년으로 돌아갑니다. 크란디옙스카야가 쓰고 있습니다.

1917년[44]은 러시아에 있어서 가장 행운의 해는 아니었습니다. 모든 근본들의 심한 동요가 있었습니다. 모스크바 계몽 상인 계급으로는 모로조브이, 마몬토브이, 바흐루쉬느이, 랴부쉰스키에, 타라소브이 등이 있고, 작가의 꽃으로는 아르쯔이바쉐프, 부닌, 텔레쇼프, 루까비쉬니코프 등등이 있다고 숨을 헐떡이며 열거하면서 문학적인 만남들도, 돈 아미나도가 회상했던 '농촌 청춘 남녀의 겨울밤 모임'도 끝이 났습니다.

"알렉세이 톨스토이는 나탈리야 크란디옙스카야와 손에 손을 잡고"

'손을 잡고' – 지나치게 평온하고 순조롭습니다. 러시아에는 혁명, 불안, 총격전, 피. 크란디옙스카야는 새로운 시대 초기의 나날들 중 어떤 날에 어떻게 그녀와 톨스토이가 턱수염을 기른 나이든 신사가 비탄에 빠져 말하는 것을 보았는지 회상합니다.

– 러시아는 끝났어!
그리고 바로 그때 군중 속에서 누군가의 유쾌한 목소리가 대답했다.
– 그것은 당신에게 끝났다는 거겠지, 늙은이. 우리에게는 이제 시작일 뿐이야!

정말로 인텔리겐치아, 작가들, 인텔리들의 시간은 끝났습니다. 이것을 알렉세이 톨스토이는 확실하게 이해했습니다. 블록이나 브류소프와 달리 그는 새로운 권력으로의 접근을 위한 길을 찾기 시작하지 않았고, 가족과 함께 망명하기로 결심했습니다.

---

44) 1917년 러시아는 레닌에 의해 소비에트 붉은 혁명이 성공하고 전제정치가 막을 내림.

붉은 러시아에 남았던 사람들에게 톨스토이 부부는 도망자였습니다. 니나 베르베로바의 회고록 <나의 이탤릭체> 중의 행들이 신랄한 풍자와 경멸로 숨 쉬는 것은 우연이 아닙니다.

"A. N. 톨스토이의 집에는 이미 가족 전체가 러시아에서 곧 떠날 것이라는 사실을 느낄 수 있었다. 여류시인이자 그의 두 번째 아내였던 N. 크란디옙스카야는 몸이 불어 있었는데, 세 번째 아이를 임신하고 있었고 (그녀가 볼켄쉬타인과의 결혼에서 얻은 첫 아이는 이곳에서 살고 있었다), 모든 일에서 남편에 동의하는, 자신의 '열정적인 육체'에 관해서, 그리고 '탐욕적인 포옹들'에 대해서 시를 썼는데, 그 시들을 들으면서, 나는 거북했다……"

그리고 톨스토이에 대해서 이어집니다.

"……그는 세상에서 무엇보다도 돈을 써대는 걸 좋아할 뿐만 아니라, 돈을 세는 것도 좋아하고, 다른 이해관계를 가진 사람들을 경멸하며, 이것을 숨기지 않는다는 것이 완전히 느껴졌다……"

베르베로바의 글을 해설 없이 남겨두겠습니다.

이렇게, 가족은 모스크바에서 처음에는 오데사, 러시아의 가장 끝으로 그 다음에 파리와 베를린으로 향했습니다. 망명생활이 시작되었는데, 이것은 별도의 이야기가 요구되기 때문에 여기에서 지체하지 않겠습니다. 단지 여류시인 니나 페트롭스카야의 다수의 러시아 망명자들이 모여들었던 베를린에서의 체류에 관한 선명한 진술을 인용하겠습니다.

"안에는 의식주가 없는 구멍"

의식주가 없는 삶 – 삶이 아니라, 끊임없는 고통입니다. 그러나 이것은 첫 번째이고, 소비에트 러시아에서의 삶은 형편이 좋아지기 시작했는데, 이것이 두 번째입니다. 새로운 권력들, 새로운 전망들. 그래서 어떤 도망자들은 뒤로, 조국으로 돌아가는 위험을 감수하기로 결심했습니다.

1923년 8월 1일에 새하얀 독일의 기선 '쉴레지엔'은 네바 강의 하구로 들어갔습니다. 그 배로 돌아왔던 것은 알렉세이 톨스토이, 나탈리야 크란디옙스카야와 세 아들들이었는데, 막내 미챠는 6개월이었습니다. 그들을 러시아에 남아 있던 마리안나가 마중했습니다.

"나는 곧 투샤를 알아보았다. 그녀는 여전히 그렇게 아름다웠다."

가족은 즈다놉스카야 강변로에 있는 아파트에 정착했습니다. 마리안나의 회상 속에서는 모든 것이 훌륭했습니다.

"우리 집은 그 무렵 노아의 방주를 연상시켰다. 한 가족으로 5년 동안 떨어졌다가 의붓자식들, 친자식들, 마샤 할머니, 율렌카를 합쳐야만 했다. 가족은 빠르게 구성되었고, 가장의 똑똑한 사랑과 투샤의 상냥한 친절함으로 강하게 결속되었다. 저녁마다 아버지는 막 집필을 끝낸 원고를 읽어 주셨다. 만약 그것이 희곡이라면, 그는 재능이 넘치는 배우로 변신하셨다. 저녁 식사 시간에는 그의 독특한 웃음 – 동시대인들의 말에 따르면, '가볍게 코를 고는 듯한' – 을 동반하는 재미있는 이야기들을 말해 주셨다……"

　　이라클리이 안드로니코프의 회상도 인용할 의미가 있습니다. 1925년. 이제 막 대학에 입학한 이라클리이와 그의 형제 엘브테르는 트빌리시에서 도착했고, 표도르 크란디옙스키의 집에 초대받아 갔습니다.

"아파트는 우리를 놀라게 했다. 카펫들, 벽에는 지리학 지도들…… 알렉산드르 1세 시대의 가구. 어른들은 극장에 갔다. 아이들은 잠자고 있었다. 10시에 우리를 부모님의 아파트로 데려다 주었다. 차를 마셨다. 우리를 식탁 앞에 앉힌 방은 17세기와 18세기 거장들의 화폭으로 장식되었고, 우리에게 보다 더 강한 인상을 주었다. 우리는 먼지투성이로 만들게 될까 봐, 떨어뜨릴까 봐, 깨뜨릴까 봐 걱정했다. 알렉세이 니콜라예비치의 어머니의 친자매인 '할머니 마샤', 마리야 레온치예바가 대접해 주었다. 그녀는 나이 들고, 등이 굽어서 손님을 환대했다. 우리 각각에게 몸을 기울이고 그녀는 말했다.

　－먹어, 착하지, 먹어라. 차를 더 줄까? 너희들은 사양하지 않아도 돼. 그래 너희들은 이것들을 배불리 먹지 않았구나. 알료샤에게 지금은 돈이 있어. 너는 어떻게 부르니, 이라클리이? 그래 누가 너에게 그런 이름을 지어주었니? ……

우리가 뜨거운 차를 식히고 있는 동안, 벨이 울렸다. 우리와 할머니는 자세를 바로잡았다. 마샤 할머니가 말했다.

　－알료샤와 투샤가 돌아왔어. 그래 너희들은 놀라지 않아도 돼, 알료샤는 착해. 그는 훌륭하지, 알료샤는……

식당의 문에 키가 크고, 세련된, 깨끗하게 면도한 나리가 등장했다. 우리는 벌떡 일어났다. 눈을 깜박이고, 우리를 눈여겨보면서, 그가 물었다.

　－뚱보 이모! 여기 이들은 누구예요?

이 순간 웃으면서 우리에게 손을 내밀며 매혹적인 나탈리야 바실예브나가 방으로 들어왔다.

　－알료샤, 내가 얘기했잖아요. 여기 이 애들은 안드로니코프 형제예요. 라우르삽 니콜라예비치의 자식들이죠……

　－아, 알아. 그들의 아버지를, －하고 톨스토이는 천천히 말했다. 웃음

을 감추면서, -당신을 P. A. 볼켄쉬타인의 품에서 빼앗는데 나를 도와
줬던 그 점잖은 그루지아인이지. 이모! 얘들은 그루지야인들이에요. 왜
그들이 차를 마시고 있는 거지요? 여기로 카베르네 와인과 잔들을 가져
와요.45)

그는 우리의 커다란 녹색 술잔마다 가득 따라 주며 즐거워하였고, 얼굴
을 손바닥으로 문지르며 건배했다.

-가정을 위해 그리고 여성들의 건강을 위하여!

우리는 마셨다.

-이번에는 그대들을 위하여! 젊은 세대를 위하여.

그리고 10분도 흐르지 않는데, 우리의 부자연스러움은 완전히 사라졌다.
톨스토이는 우리를 뚫어지게 바라보았다. 보고는 너털웃음을 터뜨린다.

-뚱보 이모! 어디에서 이런 애들을 데려왔어요? ……"

계속해서 손님들은 완전히 용기를 내었고, 주인들에게 '기병대
의 훈련'처럼 뛰어올라 긴 안락의자를 뛰어넘는 것을 보여주었습
니다. 톨스토이는 뱃속에서부터 너털웃음을 웃었습니다.

"-투샤, 그들을 일요일 식사에 초대해. 라들로브이, 쉐골레느비, 페페라
즈(그들의 집에서는 아카데미 회원인 표트르 표트로비치 라자레프를 이렇
게 불렀습니다), 지키이 알료샤도, 그래 그들 모두 여기서 완전히 넋을 잃
을 거야. 하-하-하! 나를 멈춰 줘, 웃음이 나를 숨 막히게 하고 있어!
……"

안드로니코프의 회상들 중, 톨스토이가 어떻게 바실리 카찰로프
를 자신의 집에서 맞이했는지에 관한 또 하나의 에피소드입니다.

"-앉아, 제발, 어서 먹게. 자네는 굶주림으로 쇠약해져 있어…… 투샤,

---

45) 그루지야는 포도주로 유명함.

그는 온통 차가워!(카찰로프를 바라본다. 자주 눈을 껌벅이면서, 즐겁게 웃으면서, 가볍게 으르렁거리는 소리를 내면서) 앉아…… 그에게 따라 줘요. 그리고 스튜도 들어, 바샤. 진짜 같지 않은 스튜가 투명하지. 자네 는 맛을 보기만 해…… 자네는 모를 거야. 이곳에서 자네 없이 얼마나 정신없는 애수가 있었는지. 모두가 사제의 딸처럼, 조용하게 재미없이 앉아서, 재계에 관해 말하며, 접시마다 쓸모없는 버섯들을 골라냈지. 그 리고 모두가 술을 마시지 않는 사람들이야……"

이런 식으로 기타 등등. 장면묘사는 표현력이 풍부합니다. 분명 합니다. 그림같이 생생합니다. 그러면 누가 이 모든 것을 만들었을 까요? '진짜 같지 않은 스튜'와 그 밖의 모든 것을 준비했을까요? 이 커다랗고, 많은 인원으로 구성된 집을 풍족하게, 그리고 손님을 환대하는 분위기로 유지했을까요? 여주인인 나탈리야 바실예브나, 투샤입니다. 그녀를 하인들 – 가정부들이었던 나쟈와 뉴라 자매들, 그 후에는 레나, 요리사 파샤, 보모 율랴 – 이 도왔던 것은 사실입 니다. 두 명의 운전기사들은 언제든지 가서 필요한 모든 것을 실어 올 준비가 되어 있었습니다. 이 모든 것이 그랬습니다. 그렇지만 그래도 역시, 그래도 역시 누군가가 모든 것을 결정하고, 감독하고, 역할을 지정해야만 했습니다. 알렉세이 톨스토이와 파국이 일어났 을 때, 크란디옙스카야는 이 과도한 가족에 대한 부담을 회상하며, 매일의 일들을 다음과 같이 정리했습니다.

"만남들, 회의들, 향연들, 손님들, 전화들. 얼마나 피곤한 삶이고, 얼마나 공연히 안달했는가! 기본적인 문학 작업 위에 언제나 집요한 파리들처럼 일들, 배려해야 할 일들, 살림의 어수선함들이 있었다. 그리고 이 모든 것이 습관에 의해 내게 주어졌는데, 왜냐하면 나 이외에 누가 더 할 수 있었겠는가? 내게는 비서가 없었다. 나는 그의 창조적인 평온을 가능한

한 보호했다. 나빴는지 혹은 좋았는지 모르겠지만, 나는 저항하지 않고 모든 것을 해냈다.

데츠코예 셀로46)에서의 나의 평범한 하루를 회상해 본다.

런던으로 브룩스 발행인에게 답신을 보낸다. 베를린으로 — 에이전트 카간스키에게, 교정을 마친다.

전화.

미츄쉬카를 조용하게 한다(서재 옆 계단을 위아래로 오르내리므로).

청원자들에게, 특파원들에게 나간다.

일련의 네덜란드인과 같이 온 지역 골동품 상인을 곧바로 내쫓는다.

서재에서 새로운 페이지를 듣고, 여기에서 저기까지 고쳐 쓴다.

 — 그런데 〈부라티노〉에 대한 시들은 어디에 있지? 당신은 일을 지연시키고 있어.

나는 시들을 찾겠다고 약속한다.

 — 그런데 당신은 포도주를 주문해 놨소? 점심때 사람들이 올 거야.

가게에 전화한다.

재무 감독관에게 전화한다.

신고서를 채워 넣는다.

목공소 일꾼에게서 설명서를 받아둔다.

벽지 바르는 일꾼들을 부른다. 창문의 두꺼운 커튼들을 다시 단다.

식사에 칠성장어가 없다. 그런데 알료샤가 요청했는데……

시내로, 국립 도서출판사로, 조합으로, 가게로.

그리고 오랜 세월 동안 이 모든 것 속에서 나는 작업의 균형과 즐거운 에너지를 유지하는 것에 성공했었다. 모든 것이 고취되었고 밝아졌다. 모든 날이 축제일로 여겨졌다. 나는 그의 삶에 참여했다……"

민중들 속에서 말하는 것처럼, 쌓이면 터진다고 했습니다. 이

---

46) '차르(황제)의 마을'이라는 뜻의 '차르스코예 셀로'라고 명명하였다가 1917년 이곳에 거주하던 니콜라이 2세와 그의 가족이 시베리아로 망명하였고, 그의 망명 후 다시 '어린이의 마을'이라는 뜻의 '데츠코예 셀로'로 개명됨. 1937년 이곳에서 교육을 받은 시인 알렉산드르 푸슈킨(Aleksandr Pushkin)의 100주기를 기념하여 현재의 이름인 '푸슈킨'으로 바뀜.

정확한 정리에서(주의: 요령 있는 점에서 크란디옙스카야의 특별한 빈틈없음이 발휘됐습니다) 그녀의 모든 인생이 그에 대한 사랑의 제단에 놓였다는 것이 보입니다. 그녀는 그의 인생에 참여했습니다. 그녀는 온통 그 안에 용해되었습니다.

그런데 그, 알렉세이 니콜라예비치 톨스토이는, '노동자 - 농민 백작'으로서 상승했고, 점점 더 높이 올라갔고, 사회주의 문학의 가장 둥근 지붕 아래서 날아다니고 있었고, '혁명의 예보자' 고리키의 뒤를 이어, 제2의 10월의 작가였습니다. 비행에서 최고 수준의 조종술의 기적을 선보였는데, 공개적으로 권력의 마음에 들도록 했고 아첨했습니다. "10월 혁명은 예술가로서의 내게 모든 것을 주었다."라고 선언하면서. 비록, 그가 교활하게 굴지 않았을 가능성도 있지만 말입니다. 정말로 모든 것이 있었습니다. 존중, 존경, 훈장들과 상들, 커다란 물질적인 소득. 천성적으로 쾌락주의자였던 톨스토이는 인생으로부터 거의 모든 것을 받았습니다. 마실 수도, 주연으로 시간을 보낼 수도, 자신을 기분 좋고 값비싼 물건들로 둘러쌀 수도, 즐겁게 농담하고 익살을 부릴 수도 있었습니다. 그에게 전가된 인생의 풍부한 선물들에 다소 기진맥진해서.

그는 통상 무례하게 농담했습니다. 여기 그의 농담 가운데 하나가 있습니다. 새 집으로 들어가면서 그는 자신의 마리안나를 이렇게 소개했습니다. "여기 제 딸 마샤입니다. 그녀는 16살로, 대단한 바보입니다……" 물론 웃으면서였지만, 그래도 어쨌든 왠지 모욕적이고 무례합니다.

간단히 말해서, 문학적, 사회적, 그리고 개인적인 가족의 삶에서 알렉세이 톨스토이는 날아다녔지만, 그의 충실하고 사랑받는 투샤는 백작의 하녀 역할에 처해 있었습니다. 러시아로 돌아온 후 크란디옙스카야는 실제적으로 시를 쓰는 것을 중단했고, 오랜 세월 동안 시를 잊고 있었습니다. 그리고 이것은 불공평했는데, 사실 1922년에 베를린에서 나왔던 그녀의 서정시 시집 <악마로부터>는 모두를 놀라게 했고, 그 안에서 크란디옙스카야는 자신의 목소리와 세상에 대한 자신의 관계를 갖고 있는 성숙한 시인으로, 심리적인 관찰력과 용기를 갖고 있는 시인으로 출현했습니다.

자신의 회상록 <제3의 길로 가는 기차>에서 돈 아미나도는 톨스토이 부부와 자신의 베를린에서의 만남을, 문학의 밤들 중 하나에서 비스킷을 집어 들었던 알렉세이 니콜라예비치가 그것을 씹으면서, 그리고 목이 메면서, 어떻게 시를 낭독했는지를 회상합니다.

시인을 필요로 하지 않는 동안
아폴론의 신성한 제물을 향해……
"자세도, 인용도 흉내 낼 수 없었다…… ─돈 아미나도가 쓰고 있습니다. ─폭발적인 웃음. 그런데 그녀의 남편이 표현했던 것처럼, '유쾌한 여자 친구들로부터 한편에' 알 수 없는 독특한 매력과 매혹을 내뿜는 나탈리야 크란디옙스카야가 소파에 앉아 있었는데, 그녀는 바로 얼마 전에 알다노프를 그렇게 놀라게 했던 시를 썼고, 그것 하나만이 아니라, 순결하고 날카로운 진실한 시들을 썼었다.

오만한 젊음이여,
나는 너를 아쉬워하지 않는다.
눈과 추위로 가득 찬 심장을
누굴 위해 소중히 하는가? ……"

나탈리야 크란디옙스카야는 그녀가 가지고 있었던 모든 것을─

자신의 젊음, 아름다움, 그리고 매력까지, 거기에 자신의 시적인 재
능까지 함께 - 알렉세이 톨스토이에게 주었습니다. 그의 집에, 그
의 아이들에게. 그리고 그녀는 이것을 희생이라고 여기지 않았습
니다. 그녀의 아이들이었고, 그녀의 집이었고, 그녀의 사랑하는 남
편 알렉세이 톨스토이였던 것입니다. 그러나 이 모든 것이 단지 어
느 때까지였습니다…….

표도르 크란디옙스키는 회상합니다.

"황혼이 지고, 창문 너머 하늘이 연한 보랏빛이 되고, 집에서 램프가 타
기 시작했을 때, 의붓아버지는 종종 방금 막 쓴 몇 장의 최신 페이지를
읽어주기 위해서 가족 전체를 식당이나 거실로 불러 모았다. 그것은 보
통 하루에 타자로 친 용지로 두 장이었다. 그 자신은 자신이 쓴 것을 듣
고 청중의 반응을 확인할 필요가 있었다. 그는 오른손에 뚜껑이 열린 만
년필을 들고 있었고 구두점을 군데군데 고쳤다. 낭독 후에 모두는 감탄
했고 예의바르게 침묵을 지켰다. 엄마는 때로는 사소한 비평을 했다. 아
버지는 화를 내기 시작했다. 그러나 후에 그래도 역시 엄마가 말했던 수
정 사항을 기입했다.
의붓아버지는 엄마의 흠 잡을 데 없는 문학적 취향과 그녀의 시적인 재
능을 높이 평가했다. 한번은 해가 좋았던 아침에 의붓아버지와 그 당시
우리 집에 손님으로 와 있던 작곡가 V. V. 푸쉬코프가 평범한 아침 산
책을 나갔다. 그들은 알렉산드롭스키 공원의 청소된, 모래를 깐 길을 따
라서 걷고 있었다.
  - 자. 당신은 내가 거장이라고 말합니다. 내가 무슨 거장입니까? - 의붓
아버지는 잠시 멈추어 섰다. - 바로 투샤 - 그녀가 정말로 진정한 거장
입니다!"(P. 크란지옙스키. 데츠코 셀스키 공원의 길들을 따라서. 회고록)

　물론, "투샤 - 그녀가 ……거장입니다!"라는 문구는 '붉은 백
작' 자신의 고결함을 보여줍니다. '내가 무슨 작가인가, 나보다 더

훌륭한 작가들이 있다'라는 말이지요. 하지만 톨스토이의 문구는 무엇으로도 뒷받침되지 않았습니다. 그는 자신의 아내-여자 친구-비서-집안 관리인의 창작활동을 촉진시키지 않았을 뿐만 아니라, 그녀에게 시를 위한 아주 작은 시간적인 틈도 남겨주지 않았습니다. 크란디엡스카야에게는 기본적으로 책상에 앉아서 창작 과정에 집중할 시간이 충분하지 않았습니다. 그렇게 대식구인 집에서 무슨 창작 과정이 있겠습니까!

> "……자라나는 아이들과 이기적으로 자신의 권리에 대해서 언급하는 어른들, 두 명의 할머니들, 두 명의 젊은 며느리들, 마리안나의 비극, 율랴, 하인들, 선생님들, 특파원들, 납품업자들, 청원자들, 사람들, 사람들, 사람들"

우리는 크란디엡스카야의 회고록에서 읽게 됩니다.
언젠가 '점술'이라는 시에서 그녀는 썼습니다.

> 높은 데로부터 대담하게 떨어지는,
> 검은 스페이드[47] 사이에 붉은색 9로써,
> 내 운명에 예언된 그대여,
> 얼마나 늦었는가, 얼마나 덧없는가!
>
> 짧은 순간에, 한 번의 순간에
> 카드들이 두 개의 길을 교차시켰네.
> 그리고 길고, 길고, 긴 우리의 길
> 그리고 삶은 우리에게 길을 재촉하네.

---

47) 트럼프 카드 점에서 스페이드는 절망, 파멸, 죽음, 저주 등 카드 점 중 유일하게 나쁜 의미를 지니며, 숫자 9는 애인을 만나는 것을 예견한다.

모닥불이 타자마자, 석탄은 차가워지네,
그리고 옆으로 지나가는 소나기……
도대체 왜 교회의 깃발처럼, 위엄 있게 말하며
네 장의 에이스가 나오는가?

에이스 4장은 가장 귀중한 소원이 이루어진다는 것을 의미합니다. 어떤 소원일까요? 거의 모든 여성들의 소원은 자신의 꿈의 남자를 만나서 그와 결합하여 자신의 둥지를 만들고 사랑하는 사람의 아이를 낳는 것입니다. 이 모든 것이 실현되었습니다. 그리고 이 모든 것이 파괴되었습니다. 물론 단번에가 아니라, 서서히, 물이 흘러 내려서 베네치아에 있는 집들의 기반들을 혹은 나무로 만든 다리의 기반을 파괴하는 것처럼. 오랫동안 버티고 있던 것이 갑자기 무너졌습니다. 사람과의 파국, 이것 역시 시간이 걸리는 긴 과정입니다. 감정들이 씻겨 내려가고 열정이 꺼져 가면서 커지는 것은 짜증이라는 거센 파도뿐입니다.

파국(불화)

1919년 12월 15일에 데츠코예 셀로에서 알렉세이 톨스토이가 크란디옙스카야에게 보낸 편지는 특색이 있습니다.

"무엇이 우리를 분열시키고 있지? 우리가 다른 세계에서 인생을 보내고 있다는 사실이야. 당신은 근심 속에서, 아이들과 나에 대한 배려 속에서, 책들 속에서, 나는 나를 황폐화시키는 환상 속에서. 내가 식당이나 또는 당신 방으로 갈 때마다 나는 완전히 다른 세상에서 떨어진 것 같아. 종종 내가 손님으로 왔다는 느낌이 들고는 하지. 두 번째로 우리를 분열시키는 것은, 당신은 우리 주위에 일어나고 있는 일을 이해하지, 모든 광포한 파괴, 건설, 모든 잔인성을, 그리고 우리나라를 무엇인가 훨씬 더 좋은 곳으로 바꾸려는 모든 소름 끼치는 노력들의 발화를. 당신은 이것을 이해하고 있지, 나는 알고 있고 보고 있어. 그러나 여자로서, 어머니로서의 당신은 본능적으로 벌어지고 있는 일들을, 모든 불안정한 것들을, 뒤엎으면서 날아가는 모든 것을 두려워하지. 반복하는데, 모든 여성들이 그렇게 자신의 가족과, 자신의 아들들, 자신의 남편을 위해 두려워할 거야. 나는 이런 사람이야(그렇지 않았다면, 나는 예술가가 아니었을 거야). 모든 날아가는 것에, 흐르는 것에, 뒤엎어버리는 것에 마음이 끌려. 여기에서 나는 얻는 것이 있고, 흥분하고, 내가 헛되이 땅을 유린하는 것이 아니라, 공헌을 하고 있다고 느끼지.

당신이 할머니(크란디옙스카야의 어머니 - 아나스타샤 로마노브나, 톨스토이는 그녀를 별로 좋아하지 않았는데, 그녀가 그를 자기식의 '도스토옙스키적인 심리분석'으로 짜증나게 했기 때문입니다)가 카드 점을 치고 있는 식당으로 들어갈 때, 이것은 당신을 안심시키지. 나에게는 슬픔을 불러일으켜. 정적으로 인해 나는 우울해지지. 나에게는 언제나 이 정신적인 결함이 있었어. 울적함이 두려워.

인생을 느끼는 데 있어서 이런 다른 점이 상호관계에 영향을 끼쳐서는 안 된다고 생각하지 마. 주변의 삶의 빈곤함, 상판대기들, 추한 얼굴들, 존경심을 가지고 들어가야만 하는 곳에 조금 야비하게 기어오르는 사람들이 당신에게는 고통스럽게 작용하지. 타락자, 앞머리를 내린 천민 그리고 콧구멍으로 털이 나오는 사람들, 당신을 몸서리치게 하고, 때로는 그것들이 당신으로부터 일어나는 모든 일들을 가려버리지. 나는 이것을 무복하지 않으려고 노력해, 그렇지 않으면 가려버리는 것을 내가 볼 수 없을 테니까. 품위 없는 면상도 관찰하는 것이 내게는 흥미로워.

이해하겠지, 인식에서 어떤 차이가 있는지? 여기에서부터 짜증이 쌓이는 거야, 불이해와 논쟁들 말이지.

당신은 말하지, 우리는 서로서로를 이해하지 못한다고. 옳지 않아. 잘 이해하고 있긴 하지만, 때로 이해하길 원하지 않는 거야, 화가 나 있기 때문에.

자 어쩌면, 당신은 나에 대해서 거의 아는 게 없을지도 몰라. 사람들에 대한 냉담함. 나는 세상에서 단지 세 존재만을 사랑해. 당신과 니키타와 미챠, 그리고 부분적으로 마리안나를. 하지만 그 애는 어쩐지 이상해, 나를 슬프게 하거든. 내가 볼 때에는 그 애를 사랑하지만, 결코 그리워지지 않아. 오랜 세월 동안 남같이 헤어져 있을 수 있어. 절대로 그 애에게 이것을 이야기하지 마.

지상에서 유일한 살아 있는 육체, 그것은 당신과 미챠와 니키타야. 나는 가족을 매우 사랑하고, 가족에게 매우 충실해. 이것이 진정한 사랑인지, 반쪽인 사랑인지, 낮은 사랑인지, 神을 걸고서, 나도 모르겠어. 그리고 무엇이 사랑인지에 대해서도 나는 모르고 있어. 그러나 이것이 역시 내 인생에서 가장 중요한 것이라는 것을 알고 있어. 왜냐하면 자신의 일에는 왠지 냉정함을 가지고 대하게 되니까. 나에게는 예리한 자존심이 없어. 창작 과정은 진정한 즐거움을 주지만, 자신에게 질문을 던지지. 내가 생활을 보장받은 사람이라면, 나는 어떻게 일했을까? 아마도, 10배는 적게. 나는, 어쩌면, 내 안에서 여러 해, 여러 해 동안 덜그럭거리는 소리를 내는 지상에 존재하는 애수를 가리기 위해서 다른 소일거리를 찾았을 거야.”

그리고 편지의 끝부분입니다.

“죽음을 두려워하냐고? 이제는 거의 아니야. 그러나 당신과 아이들의 죽음은 두려워. 그 알려지지 않은 세계에 당신의 연약함이, 어딘가 돌이킬 수 없는 죽음의 고독 속에 있는 당신의 형상이 끊임없이 나를 따라다니게 될 것이기 때문에, 당신의 죽음이 두려워. 당신이 떠났다는 것이, 그것이 참을 수 없이 무서워. 이것이 일어나지 않도록 하기 위해서 무엇을 해야 하는 건지. 서로서로를 용서할 필요가 있어, 그리고 우리가 할 수 있는 만큼 서로서로를 사랑해야 해. 검은, 악천후의 밤으로부터 보호하려고 서로서로에게 기대는 두 개의 식물들처럼 사랑해야만 해.”

바로 이런 편지입니다. 마지막 줄은 강하게 문학의 맛이 납니다. 그러나 우리는 문체를 검토하려는 것이 아닙니다. 무엇으로 인해 이 편지가 생겨났는지, 무엇이 그의 서신에 자극이 되었을까요? 여기 무엇인가가 있습니다. 톨스토이는 크란디엡스카야의 일기의 한 페이지를 읽었습니다. 여기 이 사건을 크란디엡스카야가 어떻게 설명했는지 살펴보겠습니다.

"우리의 길이 아주 오래전에 하나로 결합되었는데, 왜 더 자주 내게는 그 길이 단지 평행선이라고 여겨지는 것일까? 각자 자기 자신의 길을 걷고 있다. 나는 이것 때문에 매우 고통받고 있다. 내게 본능적으로 고유한 많은 것들이 그에게는 낯설다. 그는 모든 종류의 자신 안으로의 몰입에 적의를 가지고 있다. 그는 악마가 향을 두려워하는 것처럼, 이것을 두려워한다.
나는 이따금씩 삶의 지옥의 회전에서 멈추고, 주위를 둘러보고, 정적 속에 잠길 필요를 느낀다…… 나는 정적을 좋아하고, 나는 그 속에서 피어난다. 하지만 그는 말한다. '정적이 두려워. 정적은 죽음 같아.'
때로는 놀란다. 우리가 어떻게, 그리고 무엇으로 이렇게 견고하게 서로서로를 붙잡았는지, 우리는 이렇게 대립되는 사람들인데? ……
어제 알료샤는 내 일기에서 이 페이지를 읽었고, 내게 긴 편지로 답을 주었지만, 거기에 더해서 오늘 아침에 말했다. ─그래, 정적에 관해서. 당신은 알고 있지, 내가 새로운 장편 소설을 위해 어떤 에피그라프를 갖기 원하는지? 그것은, 〈진실로, 폭풍우 속에는 신이 있다〉야. 당신 마음에 들어?
─훌륭한 에피그라프네─라고 내가 대답했고, 잠시 생각했다. '그래, 폭풍우 속에는 신이 있지만, 공연한 소동에는 신이 없어.'"

바로 그렇게 나탈리야 크란디엡스카야는 자신의 남편의 편지로 된 독설에 반응했습니다. 그의 편지에서, 그리고 그녀의 일기에서 이미 명백하게 그들의 가족이라는 배에 새는 구멍들을 식별할 수 있습니다. 배는 아직 항해하고 있지만, 물은 이미 밑바닥을 통해서 배의 기계 쪽으로 스며들기 시작합니다.

크란디엡스카야는 여전히 커다란 집의 살림을 맡고 있고, 아이들을 돌보며, 살림들과 조직적인 배려가 필요한 일들의 분주함에 둘러싸여 있고, 반면에 알렉세이 니콜라예비치는 밤낮으로 소설과 이야기들을 창작하고, 시나리오를 쓰며, 문학계의 동료들과 만나고, 국내나 국외로 여러 여행들을 떠나고, 먹고 마십니다…… 그리고 집으로, 사랑하는 투샤에게 편지들을 씁니다.

1930년 7월 12일, 볼가에서:
"사랑스런, 사랑하는 여인이여, 당신이 나와 함께 없다는 것이 매우 유감이야. 여기에서라면 당신도 일 년 동안은 매일 쉴 수 있었을 거야. 우리는 잘 먹고 있어, 용철갑상어, 농어, 이따금씩 철갑상어, 철갑상어 알, 훈제된 철갑상어 고기. 나루터에는 많은 달걀, 우유, 훈제한 생선들, 오이, 열매들. 어제 나는 산딸기를 끓인 우유를 곁들여 1킬로그램이나 먹었어……"

그리고 식도락의 유혹 뒤에,

"당신을 몹시 사랑해, 심할 정도로. 당신과 나는 같이 여행을 떠날 필요가 있어. 이것은 확실한 거야. 사랑하는 사람아, 너무 무리하지 마, 인생의 사소한 일들은 내버려 둬. 자신에 대해서 더 생각하고. 아이들에게 키스해 줘, 내가 그들을 매우 사랑한다고 말해 주고. 나는 비참할 정도로 살이 쪘어. 끔찍할 정도야. 당신의 A. 톨스토이."

"인생의 사소한 일들은 내버려 둬." 그는 오래전부터 무시해 왔습니다. 그러나 그녀에게는 이것이 아무래도 되지 않았습니다. 수

많은 보살핌들과 의무가 내버려두지 않았지요.

1932년 초.
"내 사랑, 세상에 하나뿐인 사랑하는 E. 토시넨카, 정말로 당신은 지금
내가 전보다 더 강하게, 더 깊이 당신을 사랑하고 있다는 것을 느끼지
못한단 말이야? 사람들이 자신의 영혼을 사랑하는 것처럼, 나는 내 자
신보다도 더 당신을 사랑하고 있어. 당신은 내 삶의 시들지 않는 매혹
이야. 나는 삶에서 모든 아름다운 것을 당신을 통해서 인식하고 있어.
당신이 병원에 부러진 다리를 가지고 누워 있었던 그때처럼, 내가 당신
의 아무것도 도와주지 못하는 것을 느낄 때면, 때로는 내게 당신이 너
무 불쌍해 보여.
……내 사랑, 내가 당신에게 빌겠소. 그리고 부탁하오. 조심해, 무거운
것은 들지 말고. 감자 하나만 있어도 괜찮아. 당신 건강 이외에는 모든
일을, 모든 사람을 무시해 버려. 이기적이 되구려. 욕하고, 요구해, 하지
만 식구들의 편의 때문에 건강을 희생할 생각은 하지도 마. 내게 약속해
줘. 듣고 있어? 듣고 있는 거야? ……"

그녀는 들었지만, 다르게는 살 수가 없었습니다. 자신을 위한
편의를 가지고서는, 왜냐하면 천성적으로 이기주의자가 아니었기
때문이었습니다.

1932년 1월에 알렉세이 톨스토이는 만 50세가 되었습니다. 1월
10일에 크란디옙스카야는 편지에서 그에게 쓰고 있습니다.

"……온 가족이 당신에게 7개의 축하 전보를 보냈어요. 저녁 내내 아
이들과 장난을 쳤고, 텍스트를 지었고, 당신에 대해서 이야기했어요. 나
는 말했지요. -'그래도 역시 하느님은 내게 좋은 남편을 주셨다.' -니
키타가 지적했어요. 글쎄, 하느님이 이 일에 참여하셨을 리 없어요. 그보
다 이것은 마왕의 못된 장난이에요…… 우리는 화목하게 살아요. 저녁
의 차를 마시면서 '가족 대학' 혹은 '학문적 질문들의 밤'을 열어요. 매

우 재미있어요. 어제 아이들은 나를 배려해 주고, 감동적으로 나를 보살
펴 줬어요. 오늘은 내 상태가 더 좋아져서 나는 일어났어요. 알료쉬치카,
우리에게 기쁜 일이 있어요. 우리를 또다시 모이카에 있는 회원 전용 배
급소에 등록시켰어요…… 그리고 이런 생각을 했어요. 당신의 50주년
에 즈음하여 나는, 뭐라고 할까, 우리의 삶의 결산을 했는데, 나는 마침
내 알게 되었어요. ─그것은 아름다웠고, 끝까지 가보지도 않고, 그것을
구기거나, 깨버리는 것은 죄스럽다는 것을……”

예언적인 예감.

1935년 3월. 톨스토이는 모스크바에 있고, 온통 창작 작업에 빠
져 있습니다. 3월 8일에 고리키에서 오페라 “데카브리스트”(작곡
가 유리 샤포린과 함께)를 보로쉴로프에게 읽어줍니다. “피노키오
는 거기 6번째에서 읽었어.” 클림 보로쉴로프는 비록 투샤와 같은
문학적인 취향은 가지고 있지 않았지만, 그는 권력을 가지고 있었
습니다. 그리고 톨스토이는 몹시도 권력의 마음에 드는 것을 갈망
합니다. 그런데 그 무렵 투샤는 3월에 4통의 편지들을 차례대로
남편─작가에게 보냅니다. 그녀는 남편에게 보고하고, 그의 서재
에서 침대 겸용 소파에 천을 입혔고, 끈질긴 기자들을 물리쳤고,
손님들을 맞이했으며, 아이들 일로 매우 걱정하고 있습니다. 니키
타는 미하일 로진스키의 딸인 나탈리야와 결혼했고, 미치카는 울
라노바와 결혼하고 싶어 했습니다.

그리고 모든 4통의 편지에는 떠난 남편에 대한 그리움이 있습
니다. “당신에게 키스를 보내요. 내 기쁨, 그리고 멀리서 매우 사
랑하고 있어요……”, “안녕, 내 기쁨: 당신의 어깨 뒤에 가족이 있
다는 것을 잊지 말아요. 당신을 사랑하고, 당신을 매우 그리워하
는” 등등.

자, 그리고 작은 부탁들이 있습니다. 알렉세이 톨스토이는 답장에서 대답합니다.

> "투신카, 더 이상 그런 편지들은 내게 쓰지 마. 아직까지는 휴식해야만 해. 그리고 다른 식구들에게도 나한테서 한숨 돌릴 기회를 주어야 해…… 나는 가족 모두를, 나의 사랑하는 사람들, 나의 육친들을 그리워하고 있고, 즐거운 마음으로 고향의 둥지로 돌아갈 거야……"

잠깐 동안 둥지에 들렀었고, 이미 1935년 6월 21일에는 파리에서 문화 보호를 위한 제1회 국제 작가 회의에 있었습니다. 집으로 보낸 편지입니다.

> "나타센카, 나의 사랑스런 친구, 편지 고마워. 당신은 경이롭고 매혹적인 사람이야……"

그런데 '경이롭고 매혹적인 사람'이 자신과 함께 파리에 있지 않은 것 때문에 몹시 화나게 하지 않기 위해서, 톨스토이는 프랑스의 수도를 음울한 색채로 묘사하고 있습니다.

> "파리, 이것은 어떤 유령들의, 죽은 자들의 도시야…… 여기 사람들에게는 생기 없는 눈들이 있어. 삶의 기쁨이 죽었어……"

1935년 8월. 톨스토이는 집에, 데츠코예 셀로에 있습니다. 편지를 씁니다.

> "투신카, 아름다운 영혼, 잠자기 전에 베개 위에서 푸슈킨의 매혹적인

시들을 발견하는 것이 매우 기뻐. 하지만 무관심한 형상만이 창문 뒤에서 빛나는 것은 아니야. 나를 믿어. 있었지만 영원히 지나갔어……"

'있었지만 지나갔다'[48)는 것은 무엇을 의미하는 것일까요? 그것은 부부 사이에 결정적인 불화가 발생했다는 것이었습니다. 나탈리야 크란디옙스카야는 아이들을 데리고 1935년 8월에 데츠코예 셀로를 뒤로 했고, 레닌그라드[49)의 크론베르스카야 거리로 이사 갔습니다.

> 크란디옙스카야의 일기 중 기록.
> "1935년의 여름이 끝날 무렵 톨스토이는 외국에서 돌아왔다. P.와의 성공적이지 못한 로맨스는 자연스럽게 끝나가고 있었다. 거부당한 감정이 그를 가득 채웠고, 이를 악물고서, 데츠코예 셀로에서 작업에 착수했다. 그는 어두웠다. 그는 자신의 실패에 대해 나에게 복수하는 것 같았다. 공개적으로 잔인하게 그는 말했다.
> ─나에게 일 하나만이 남았어. 나에게는 사생활이 없어."

우선, P.는 누구일까요? 34세의 나데즈다 페슈코바입니다. 화가이자 고리키의 아들인 막심의 미망인이지요. 그녀는 겐리흐 야고다의 애인이라는 말이 있었습니다. 어쩌면, 야고다 이후에 만난 알렉세이 톨스토이가 지나치게 무미건조했을까요? 추측하지 않겠습니다. 어쨌든 헤어지게 한 여자는 나데즈다 페슈코바가 아니라, 전혀 다른 여자였습니다.

자, 다음으로 톨스토이의 폭로입니다.

---

48) 알렉세이 톨스토이가 바람피운 것을 말함.
49) 페테르부르크임. 혁명이 성공한 후 페테르부르크는 레닌을 기리며 레닌그라드라는 명칭으로 바뀌었다가 구소련이 무너지고 현재는 다시 페테르부르크라는 명칭을 되찾음.

"나에게는 사생활이 없어."

그렇다면 사랑하는 아내는? 무덤까지의 사랑에 대한 보증은 어떻게 된 것입니까? 모든 것이 끝난 것일까요? 배가 침몰한 것일까요? ……

당연히, 나탈리야 크란디엡스카야는 절망에 빠졌고, 마음의 괴로움의 약을 찾으면서 시에 관심을 쏟게 됐습니다. 그녀는 시 "장엄하고 힘든……", "더 이상 데이트는 없을 것이다……", "다른 여자를 사랑해, 그녀와 나눠……" 등을 씁니다. 더군다나 그녀는 자신의 씁쓸한 시들을 톨스토이에게 보냅니다. 왜? 그를 되돌리기 위해서? 자신의 변함없는 충실한 사랑을 확신시키기 위해서? …… 모든 것이 헛된 일입니다. 톨스토이는 이미 다른 여자를 사랑하고 있습니다.

이 다른 여자가 누구일까요? 다른 여자는 이제 막 작가인 자신의 남편 바르셰프와 이혼한 류드밀라 크레스친스카야입니다. 그리고 당연히 젊은 여자 - 그녀는 26세입니다 - 로, 그녀는 크란디엡스카야보다 21살이나 어립니다.

마리안나 톨스타야의 회고록으로 주의를 돌립니다.

"8월에 나는 남쪽으로 떠났고, 9월 초에야 돌아왔다. 투샤는 나를 어머니로서 맞이했고, 곧장 데츠코예 셀로로 가라고 권했다. 놀랍게도, 그녀는 내게 류드밀라 일리니츠나 바르셰바를 남편의 비서가 되도록 설득했고, 그녀 역시 데츠코예 셀로에 있는 우리 집에 살고 있다고 알려주었다. 나는 그 여자를 비서 역으로 상상하는 것이 어려웠는데, 여러 해 동안 그녀는 우리 집에 찾아왔었고, 아이들과 친했으며, 우리 젊은이들의 오락거리에 참여했었기 때문이다. 그러나 나는 투샤의 선택이 확실한 근거가 있다는 데 동의했다. 류드밀라는 똑똑했고, 좋은 교육을 받았으며, 프랑스어를 알았고, 타이프를 칠 수 있었다……"

이 얼마나 불운한 운명의 장난이란 말입니까! 크란디엡스카야 자신이 이간자를 선택했고 집으로 들였던 것이지요!

"나는 1935년 8월에 데츠코예에서 떠났다. ─ 우리는 그녀의 회고록에서 읽습니다. ─ 마지막 식사를 기억한다. 나는 이미 모자를 쓰고 식탁으로 내려왔다. 아침에 마지막 물건들을 실은 화물차가 떠났다. 현관에서 나를 자동차가 기다리고 있었다. 톨스토이는 아이들과 농담을 했다. 나의 출발에 대해서는 한마디도 하지 않았다. 작별할 때, 그는 물었다.
─ 수박을 먹겠어?
나는 거절했다. 그는 내 입에 한 조각을 밀어 넣었다.
─ 먹어! 맛이 좋은 수박이야!
나는 일어섰고 집에서 나왔다. 영원히.
그 이후의 사건들은 영화처럼 빠르게 전개되었다. 나에 의해 비서로 고용된 류드밀라는 2주 후에 결정적으로 톨스토이의 심장과 나의 침대에 자리 잡았다(더 후에 그녀는 누군가에게 말했다. 자신은 죄를 느끼지 않는다고, 그녀가 차지한 자리는 주인이 없었고, 비어 있었다고.). 두 달 후에 그녀는 신혼여행에서 바로 그 집으로 전권을 가진 여주인으로 돌아왔다."

'여주인'이란 단어는 실언이 아닙니다. 크란디엡스카야는 '아내'라고 쓸 수 있었지만, 바로 '여주인'이라고 썼는데, 왜냐하면 이것이 그녀에게는 더 아팠기 때문입니다. 그녀가 집을 창조했고, 그 안에서 여주인이었으며, 여기 그녀의 자리에 다른 여자가 왔던 것입니다……

그리고 또다시 다른 쪽에서의 견해입니다. 마리안나는 도착하자 아버지와 함께 공원으로 갔습니다.

"주로 나의 장래의 계획들에 대해서 그리고 남동생들에 대해서 이야기했다. 그는 농담을 했고, 재미있는 일화들을 이야기해 주었다…… 가정의 불화에 대해서는 한마디도 없었다. 돌아오는 길에 나는 류드밀라가 비서 역으로 어떤지 물어보았다. 대답은 간단했다. 그 소녀는 지금 내게 꼭 필요해……"

그리고 이어서 마리안나 톨스타야는 쓰고 있습니다.

"정말로, 류드밀라는 텅 비어 버린 집에 자신의 낙천성을 불어넣었고, 어떤 지시라도 수행할 준비가 되어 있었으며, 그녀와는 쉽고 즐거웠다. 아버지는 그녀를 오래전부터 알고 있었고, 소녀라고, 딸의 여자 친구라고 여겼다. 그리고 문득 그녀와 함께 파이프를 피우면서 저녁 시간을 보낼 수 있다는 것을, 다시 쓴 원고들을 읽을 수 있다는 것을 알게 되었다…… 그런데 작가의 환상은 그녀에게 다른 마음의 사랑스런 소질들을 부여했다. 그들에게 갈 때마다, 나는 내 여자 친구가 거의 우리 식구가 되어 가는 것을 보았고, 물론 질투했다. 내게는 그녀가 아버지의 마음에서 바로 내 자리를 차지한 것으로 여겨졌다. 집안에 형성된 상황이 나만의 흥미를 끈 것은 아니었다. 곧 바람직하지 않은 소문이 돌았다. 소문에 대해 알고 난 후, 류드밀라는 레닌그라드로 떠났다. 작별의 편지를 남겨두고서. 아버지는 심하게 화를 냈고, 즉시 따라갔다…… 10월 초에 그는 3주 동안 체코슬로바키아로 떠났지만, 돌아와서는 최종적인 결정을 내렸던 것이 명백했다. 나탈리야 바실예브나와 이혼했고, 류드밀라 일리니츠나와 결혼했다……"

투샤와 같이 살았던 20년은 버려졌고, 개인적인 추억의 자산이 되었습니다. 크란디옙스카야는 늘 살아왔던 시간들로 돌아갔고, 자신의 회고록의 "우리의 파국"이란 장에서 그것들에 가차 없는 분석을 내렸습니다.

"나에게 보낸 마지막 편지들 중 하나에서 고리키는 쓰고 있다. '당신의 알료샤는 정말 이기적인 젖먹이군요! 엄마의 가슴에 안겨 모든 부드러운 것들을 집어서 입으로 가져가는.'

우습고 옳은 말이다.

꿀죽을 배불리 먹고 싶은 바로 그 욕심이 22년 전에 그를 내게로 떠밀었던 것이고, 그것의 파멸은 명백했다. 만남은 두 사람에게 필요했다. 류드밀라는 나에게는 사막의 뇌우였고, 그에게는 일용할 양식이었다. 행복이 있었고, 일이 있었고, 책들이 있었고, 아이들이 있었다. 많은 것이 있었지만, 그러나 생리적으로 이 20년간의 관계들은 단순하게 결말이 났다. 그는 바닥이 느껴질 때까지 나를 마셨다. 섭취의 본능은 그로 하여금 옆으로 가게 했다. 삶의 고귀한 침전물처럼 바닥에 보존되었던 것으로는 그를 붙잡기 위해서 충분하지가 않았던 것이 확실하다.

우리의 마지막 1935년은 병과 일로 무리했던 톨스토이를 쇠약하게 만들었다. 〈표트르〉의 제2부와 어린이용 단편 〈금빛 열쇠〉가 완성되었다. 내게로 향한 그의 감정이 시들어간 것은 N. A. 페슈코바에게 비밀스럽고 쪼갤 수 없는 사랑에 빠져드는 감정이 커가는 것과 나란히 진행되었다. 정신적인 영향, 내 취향들과 신념들의 '압제', 20년 동안의 우리의 공동생활 동안 내게 익숙했던 모든 것이 그 힘을 잃었고, 나는 이것을 불안해하며 알아차렸다. 만약 내가 그가 막 쓴 것을 비판하면, 그는 대답으로 소리 질렀다. 이유들을 듣지 않고서:

─당신 마음에 안 든다고? 그런데 모스크바에서는 좋아해. 6천만의 독자들이 마음에 들어 한다고.

만약 내가 예전처럼 경고하거나 그의 행동들을 조정하거나, 이런저런 방향으로 압력을 넣으려고 시도하면, 나는 뜻밖의 저항에, 반대로 하려는 욕구에 직면했다. 나는 야고다와의 우정이 마음에 들지 않았고, 고리키에 있는 모든 사람이 마음에 든 것이 아니었다.

─지식계급! 새로운 사람들의 몰이해! ─그는 설명할 수 없이 흥분해서 소리쳤다. ─크란디옙스 주의! 지나친 결벽!

이 용어는 새로운 것이었고, 나는 그 뒤에서 나에게 낯선, 어쩌면, 적의를 품고 있는 새로운 영향들의 요새를 느꼈다.

그 무렵, 큰 아들들의 두 결혼 덕분에 확대된 우리 가족은 점점 더 복잡해지고, 더 피곤해졌다. 이 '조각되고 만들어진' 가정은 균형을 유지하기 위해서, 갈기갈기 찢어지지 않기 위해서, 현명한 전략을 필요로 했다……"

뒤이어서 회고록에서 우리가 이미 인용했던 부분 — 크란디옙스카야의 의무들과 집안일에 따른 번거로운 일들 — 이 이어집니다. 그런데 여기에 크란디옙스카야의 폭로성 언급이 있군요.

"그리고 오랜 세월 동안 나는 이 모든 것에서 균형을 유지하는 일에 성공했다…… 이제 균형을 잃어버렸다. 그것을 붙잡고 있을 수도 있었을 것이다. 만약 사랑에 의지하지 않는다면, 비록 '사랑의 사용되지 않은 저장물'로부터 감정들에 기대서: 우정의 따뜻함, 단순히 인간적인 동정 이런 감정들이 없었다. 텅 비어 있는, 차가운 공간에서 누가 자유롭게 숨 쉴 수 있고, 즐겁게 일할 수 있겠는가? 나는 기진맥진했다. 나는 일들과 살림을 방치했다. 나는 자신에게 물어보았다. 만약 육체적인 포식의 욕망이 해가 가면서 무뎌지지 않는다면, 다른 나머지들은 어디에 있는가? 우리가 편집증 환자들의 집요함을 가지고 그렇게 오랫동안 쌓아 올린 그 사랑의 고딕양식은 어디에 있는지? 정말로 모든 것이 무너져버렸고, 모든 것이 모래 위에 세워졌던 것인가? 나는 슬픔 속에서 물어보았다.

— 말해 봐요. 모든 것이 어디로 사라졌나요?

그는 피곤하다는 듯이, 냉소적으로 대답했다.

— 모든 것이 어디로 사라졌는지 누가 알겠어. 어떻게 내가 알겠어?

바로 나의 고통이 나에 대한 근본적인 무기로 돌아섰다. 언제나 그런 법이다.

나는 우리 여성들의 덕행에 관해서 생각했다. 우리 사이에는 너무 나쁜 여자들도, 너무 좋은 여자들도 없다. 이런저런 정도의 행복한 여자와 불행한 여자가 있을 뿐이다. 우리의 정당성은 운에 의해 측정된다.

그러나 고통 - 이것은 언제나 우리의 의기소침, 우리의 수치의 시작이다. 울어서 눈이 퉁퉁 부은 얼굴을 용서하지 않는다. 인류의 기숙사의 좋은 취향은 자제와 강화된 심리를 요구한다. - 이것을 모든 사람이 알고 있다. 고통은 무관심한 목격자들을 모욕하지만, 무관심하지 않은 사람들은 이것으로 인해 빠르게 지친다. 한마디로, 우리가 행복의 절정에서 산 밑으로 구를 때, 모두가, 모든 사람들이 우리를 가볍게 밀어버린다는 것이다…… 나한테도 그런 일이 일어났다.

나는 무관심한 목격자들의 잔인함을 완전하게 알아버렸다. 나는 자신의 심적 체험에 빠져버린 남편에게서 자신에 대한 동정과 관심을 기대할 수 있었을까? 부디 그가 자신을 조절할 수 있기를!

나는 그와 함께 외국으로, 작가들의 대회에 가고 싶었다. 그는 희망 없는 무관심을 가지고 동의했다. - 가고 싶으면 가. 정말이지 이런 동의를 받아들일 수 있단 말인가? 나는 거부했다. 그는 강요하지 않았고, P.를 따라서 혼자 떠났다.

이것이 우리의 마지막 여름이었고, 우리는 여름을 떨어져서 보냈다. 물론, 내 자존심과 전 생애를 통해서 자신에게 손해를 끼쳤을 뿐인 낭만적인 부질없는 생각이 일을 복잡하게 만들었다. 나는 아직까지도 계속해서 남편에 대한 사랑의 이야기를 짓고 있었다. 나는 그에게 시를 썼다. 나는 축전지처럼 뇌우로 충전되었다. 나와 같이 있는 것은 불편했고, 불행했다. 6월의 백야에 슬픔이 나를 집에서 몰아냈다. 아무데도 갈 곳이 없었고 생각도 없이, 목적도 없이, 타고 달릴 뿐이었다. 공간을 먹어치우면서 타고 간다. 나는 자동차에 앉아 있었고, 운전기사인 콘스탄틴은 나를 태우고 질주했다…… 바닷가의 해안을 따라서…… 마지막의 국경지대까지, 그리고 반대로…… 내 심장은 피할 수 없는 파탄의 예감으로 인해 수축되었다. 마주치는 바람은 눈물에 젖은 얼굴을 때렸고 식혀 주었다. 고맙게도, 이 어둠 속에서 아무도 나를 보지 않았고, 그리고 아무도 없었다. 콘스탄틴은 차를 빠르게 몰았고, 속도계는 100을 보여줬다.”

여러 종류의 헤어짐이 있습니다. 외과적인 것이 있는데, 잘라버리는 것입니다. 또는 내과적인 것이 있는데, 사랑으로부터 천천히 회복되는 것이지요. 크란디옙스카야와 톨스토이의 경우에는 후자의 종류였습니다. 그들은 즉시 서로서로에게서 멀어질 수 없었는데, 아이들, 집, 모아놓은 물건들이 있었지요. 그래서 그들은 훨씬 오래도록 서로에게 편지를 썼고, 무엇인가를 나누었습니다……

"나는 데츠코예에서 서재, 피아노, 장서들 그리고 어떤 물건들을 가졌으면 해. 왜냐하면 구입하고 주문하는 것은 번거롭고 비쌀 것이기 때문이야. 나는 터무니없을 정도로 많이 일해야만 하거든……"

톨스토이는 1935년 가을에 전처에게 썼습니다.
바로 이 주제에 대해서 1935년 10월 9일자 편지입니다.

"사랑스런 투샤…… 나에게는 문자 그대로 물건들을 사는 데 시간과 돈이 없을 거야…… 데츠코예로 다음의 것들을 돌려줘야겠어. 1) 당신이 가져갔던 바로 그 식기 세트(푸른색과 회색의). 2) 만약 당신이 가져갔다면, 카펫들도. 3) 벨벳을 씌운 의자들과 안락의자들. 4) 도서관에 있던 둥그런 체스용 테이블. 5) 만약 당신이 거실에서 샹들리에를 가져갔다면, 그것을 새것으로 바꿔, 예를 들면, 크론베르스카야 거리에 있는 니키타의 집에 있는 것과 같은 것으로. 6) 식당에 있던 두 개의 표트르시대의 의자들. 7) 나는 당신이 어떤 그림들을 가져갔는지 모르고 있어. 나는 소위 그레코('그리스도와 파계한 여인')라고 불리는 것과 폰텐블로 학파의 '체레라'(식당에 있던 그것), '이집트의 마리야'(잔페트리노), 텐에르스(풍경화), '안토니오의 유혹'과 그 밑에 있던 것('십자가의 길'), 그리고 반드시 '레몬을 든 여인'을 나에게 남겨두고 싶어. 나는 당신에게 두 개의 이탈리아의 정물화(수박이 있는 것과 양배추가 있는 것), 그리고 여우와 오리가 있는 그림을 제안하겠어. 그리고 '배들'(당신 방의 소파 위에 있던 것들)을 데츠코예로 가져다 달라고 간절히 부탁하겠어. 이 모든 것들을 14일 전까지 되돌려 줄 것을 부탁해, 14일부터는 이미 나는 데츠코예에 있을 테니까…… 당신도 이해할거야, 앉을 곳도 없고, 입을 크게 벌리고 있는 벽들이 있는 파산한 집은 일하는 데 적합하지

않다는 것을. 그런데 나는 지금 하루에 8~10시간씩 일해야만 해, 즉
내 일들이 방치되었고 모든 것이 재정적인 파국의 위험이 있어. 아이들
에게 키스해 줘. A. 톨스토이.”

제 생각에는 이 물건 목록이 많은 독자들의 마음속에 완전한
흥분을 불러일으킬 수 있을 것 같습니다. 인척 관계는 인척 관계
대로, 그런데 재산은 따로따로!⋯⋯아닙니다. 참으로 이것은 이상
한 작별이었습니다.

“사랑스런 투신카, 나는 오늘 더 좋아졌어, 내일은 당신이 보내
줬던 가루약을 먹을 거야⋯⋯”라고 톨스토이는 1935년 9월 1일에
쓰고 있습니다. 그리고 바로 그 편지에서 무감각하게 알립니다.
“류드밀라는 나를 많이 도와주고 있어, 왜냐하면 나는 모든 걱정거
리들을 그녀에게 넘겼기 때문에.” 그리고 이어서: “우리는 7개월이
나 임대료를 지불하지 않았고 연체료가 쌓였다는 것을 알게 되었
어⋯⋯” 투샤는 어디를 보고 있었을까요?

세계사같이 오래된 이야기입니다. 모든 사람들에게는 자신의
진실과 일어난 일에 대한 자신의 이해가 있습니다. 크란디옙스카
야의 관점을 우리는 위에서 인용했습니다. 이제는 톨스토이의 진
실의 차례입니다.

“사랑스런 나타샤. ─라고 알렉세이 톨스토이는 1935년 10월 27일자
편지에 쓰고 있습니다. ─내가 당신에게 편지를 쓰지 않았던 것은 당신의
인생에 무관심하기 때문이 아니었어. 나는 많이 괴로웠고, 많이 생각했
고, 내가 내렸던 그 결정을 다시 한 번. 또다시 한 번 고민하고 있어. 나
는 당신에게 편지하지 않았어. 왜냐하면 우리 집의 상황과 당신과 그리
고 우리 가족들의 나에 대한 태도가 어떤 식으로도 나와 나의 행동들을

이해하지 않았고, 내 쪽에서 솔직하게 공개하는 것도 가능하게 하지 않았기 때문이야.

……우리 사이에는 이해와 신뢰의 끈이, 그리고 모든 단점들, 실수들, 장점들과 함께 사람 전부를 받아들일 때의, 그리고 사람에게서 그가 줄 수 없는 것을 요구하지 않을 때의 그 감정의 끈이 끊어져 버렸어, 끊어져 버렸어. 더 정확히는 어떤 풀로도 붙일 수 없는 그 부서지기 쉬운 것이 깨져버렸어. 내 집에 류드밀라가 왔어. 그녀 안에 무엇이 있었는지 나는 당신에게 말할 수 없어, 아니면 더 정확히 지금 말할 필요가 없지. 그러나 첫날부터 내게는 어떤 오래전부터의 갈증이 해소되는 느낌이 있었어. 우리 관계는 순수했고, 내 입장에서는 흥분된 것이었어. 아마도 그렇게 오랫동안 계속되었을지도 몰라. 그리고 어쩌면, 우리의 관계는 뜨거운 우정으로 넘어갔을지도 몰라. 왜냐하면 류드밀라는 그 당시 우정과 나에 대한 그녀의 좋은 감정을 딛고 넘는다는 것은 생각도 못했으니까. 표도르(크란디옙스카야의 27세 된 아들)가 끼어들었어. 무엇보다도 먼저 류드밀라는 잔인하고, 추악하고, 꺼림칙하게 모욕당했어. 그리고 그때 내 앞에 한 사실이 나타났지. 류드밀라를 잃을 수 있다는 사실이(내 가족의 행복과 나의 쓸쓸한 고독을 구하기 위해서). 그리고 그때서야 나는 류드밀라를 잃을 수 없다는 것을 느꼈어. 류드밀라는 오랫동안 나와 싸웠고, 그리고 나는 솔직히 말해서, 그녀의 감정을 얻기 위해서 모든 노력을 다했어.

류드밀라는 나의 아내야. 투샤, 이것은 확실해. 그리고 시간이 지나면 당신도 나를 용서하고 있는 그대로의 나를 받아들일 것이라는 것을 나는 알고 있어.

이해해 줘, 그리고 내가 당신에게 주었던 고통에 대해서 용서해 줘.

A. 톨스토이"

그리고 거의 뒤이은 다음 편지에서:

"……당신은 사랑에 빠진 상태를 원했지만, 그것은 지나갔어, 어쩌겠어. 당신도 나도 여기에 책임이 있는 것은 아니야. 그리고 한편으로는 둘 다 사랑의 감정이 지나가 버린 데 책임이 있지.

나는 니키타와 미챠가 내가 그들을 심장에서 던져 버렸다고, 잊었다고, 버렸다고 생각하지 않기를 바라. 시간이 지나면 그들도 이것이 그런 것이 아니라는 것을 이해할 거야. 그들 둘 다 너무 응석을 받아준 아이들이고, 그들은 부모 쪽 감정의 능동성에 익숙해 있고, 스스로는 아직 크지 않은 자신의 일부라도 아버지나 어머니에게 주는 것에 익숙하지도 않고, 그것을 배우지도 못했어.
그 애들의 아버지가 다른 사람을 사랑하게 됐을 때, 그들은 화를 냈지 (그래 모두가 갑자기 격분했지) ─ 어떻게 그럴 수 있어요! 그럼 우리는? 그리고 우리의 행복은? 아버지는 다른 여자와 살고, 아버지는 애들을 버렸고, 버려진 가족 기타 등등…… 이 모든 것이 그렇지 않아. 이 모든 것이 결국에는 내 사생활에 아무도 관심이 없었기 때문이었어……"

하느님 맙소사, 얼마나 자주 인생에서 만나게 되는 상황인지, 거의 표준적인, 진부한 상황: 남편과 버려진 아내, 아버지와 자식들, 이 상황은 어떻게 해결될까요? 여러 가지입니다. 한 가정에서는 이렇게, 다른 가정에서는 다르게, 모든 것이 고통의 정도와 물질적인 상황, 그리고 교육 정도에 따라 달라집니다. 알렉세이 톨스토이는 이런 대안을 제시했습니다.

"……아이들이 조금만 고통받도록 하자. 이것은 나쁘지 않아. 나는 나쁜 일도, 정상을 벗어나는 일도 하지 않으며, 내가 류드밀라와 결혼한 것이, 나를 당신에게서 멀어지게 하지 않는 것처럼, 나를 그들로부터 한 발자국도 멀어지게 하지 않는다는 것을 이해하도록 하는 것이 더 좋을 거야. 투샤……"

투샤도, 아이들도 톨스토이가 제안한 행동 방식을 받아들이지 않았습니다. 같은 해인 1935년 12월 5일에 가그르에서 그는 화가 나서 씁니다.

"……나는 결코 자신을 자기만족적이고 선택된 인물이라고 주장하지 않았으며, 나는 결코 가정의 폭군이 아니었어. 나는 언제나 예술가로서, 그리고 인간으로서, 자신을 판단에 맡겼어. 나는 당신에게 가족에서 제1의 사람이 될 기회를 맡겼어. 정말로 이 모든 것이, 내가 가족의 작고 허술한 배를 20년 동안 불행들과 인생의 폭풍우들을 뚫고서 이끌어 온 것이 이런 결과를 가져오기 위해서였단 말인가. 당신에 의해서, 나의 아들들에 의해서 무슨 보잘것없고 경멸할 만한 것처럼 평가받기 위해서였단 말인가? 여기 인간의 오만이 어떤 불합리로 이끄는지, 왜냐하면 나는 단지 이 단어로 나에 대한 당신과 내 가족의 태도를, 나에 대한 존경이 없는 태도를 설명할 수 있을 뿐이야…… 예술가는 인간에게서 분리되지 않아. 만약 내가 뛰어난 예술가라면, 즉 뛰어난 사람이야…… 내 삶의 행동이 당신과 내 가족의 마음에 안 들 수도 있지만, 내 인생의 모든 과정에서 내게 존경심을 가지고 대해야만 하고, 분노에 찬 것일지라도, 나는 뛰어난 인간으로서 내게 대하는 태도만을 받아들이겠어. 내 아들들이 이것을 알고 이해하고 있기를……"

알렉세이 톨스토이가 없는 삶

　　그들은 꽤 오랫동안 서로서로를 비난했고, 관계들을 해명했고, 결산했으며, 공동의 붕괴된 집 때문에 울분을 토로했습니다. 그러나 그들은 이미 함께 있지 않았지요. 그들은 서로 떨어져서 살았습니다. 알렉세이 톨스토이는 새 아내 - 류드밀라 - 와 함께, 나탈리야 크란디옙스카야는 혼자서(아이들은 이미 성인이었습니다). 고독의 할당이 된 것은 일기와 시였습니다.

풀들이 잠들려 하고,
연기가 벌판에 퍼진다.

바람은 소나무를 흔들고 있다
교차로에서.

까마귀가 어둠속을 난다
간신히 날갯짓하며 –
날다가 어느새 잠이 든다……
내 숙소와 집은 어디에 있는가?

아침까지 걸을 것이다.
다리는 걷는 데 익숙해졌다.
불도, 모닥불도
내가 가는 길에는 없다.

크란디옙스카야는 1948년의 시들 중 하나에서 이렇게 썼지만, 이 느낌 '불도, 모닥불도' 없는 차가운 고독의 느낌은 그녀에게는 슬픈 1935년 8월의 그날부터 그녀를 괴롭혔습니다.

1935년 12월 12일에 나탈리야 크란디옙스카야는 알렉세이 톨스토이에게 씁니다.

"알료샤! 나는 5일에 나의 짧고 사무적인 편지에 대한 답신으로 당신이 가그르에서 보낸 분노에 차고 모욕적인 편지를 받았어요. 나는 쓰디쓴 의혹으로 가득 차 있어요……"

일부를 생략하고 계속 읽습니다.

"……만약 나의 슬픈 시들을 당신이 또한 '거만한' 시들로, 그리고 당신에 대한 개인적인 모욕으로 받아들였다면. – 하나는 확실해요. – 이 시들을 나는 당신에게 보낼 필요가 없었다는 것이죠. 그리고 이 점에서

나는 잘못을 인정해요. '우리 가족에게서 예술은 결코 존경받지 못했다.'
라고 당신은 쓰고 있지요. 만약 예술이 아니라면, 솔직히 말해서, 우리
가족에게서 20년 동안 존경받았던 것은 무엇 때문이었나요? 바로 이것
을 나는 이해하지 못하겠어요.

알료샤, 최근에 나는 당신에게서 얼마나 많은 슬픈 '진실들'을 들었는지,
자신의 과거를 이해하는 것을 완전히 중지했어요. 당신은 매번 새 편지
에서 과거를 새롭게 비난하는 것만을 하고 있을 뿐이에요. 나는 가끔씩
묻고 싶어요. 정말로 당신은, 실제로 스스로(평온하고 공정한 순간에도)
이전의 우리의 공동생활에서 좋았던 모든 것이 터무니없이 근거가 불충
분하다고 부정하는 것을 믿고 있나요?

생각해 보세요. '폭정'도, '거짓말'도, '포로'도, '저속함의 연못'도, 고독,
'몰이해'…… 거기에 이제 당신은 '예술에 대한 무관심'과 당신에 대한
존경심 없는 '거만한' 태도를 보태고 있군요. 그래요, 얼마든지 자신의
과거를 어떤 거짓으로든지 조롱할 수 있겠죠. 그것은 지나간 일인 만큼.
당신은 아직까지도 나와 결산을 하고 있군요.

정말로 현실과 현실의 입장을 유리하게 돋보이게 하기 위해서 '과거'를
욕하고 더럽혀야만 했나요? 정말로 그것이 숨겨진 목표인가요?

실제로 류드밀라의 당신이 예술에 대한 충실성을 더 쉽게 확고히 하기
위해서, '투샤와 그녀의 가족은 당신의 예술을 얕보고 있었다.'(예술은
존경받지 못했다)라고 사전에 확인할 필요가 있었군요.

'류드밀라의 커다란 사랑'을 확인하기 위해서, '투샤는 당신을 결코' '본
질적으로 사랑하지 않았다'라는 확인이 필요한가 보군요. 그런 것 아닌
가요? 당신과 류드밀라와의 2개월 동안의 협력이 더 당당하게 보이기
위해서, '투샤는 본질적으로 결코 당신의 일에 흥미를 보이지 않았고,
일에 참여하지도 않았다'라는 것을 확정해야만 하는군요. 모든 오래된
것에 대한, 투샤의 것에 대한 이 '배반'이 정말로 피할 수 없는 것인가
요? 그것은 당신이 류드밀라를 사랑하는 동안은 그녀의 명예를 위해 계
속되겠죠? 어쨌든 간에, 나는 내 남은 생애 동안 이 배반과 이 거짓이
내게는 충분할 것이라는 것을 미리 감지하고 있어요.

그것과 싸우는 것은 소용없는 일이에요. 변명하는 것도, 공정해지길 바
라는 것도 부질없는 짓이죠. 나는 이것을 보고 있어요. 그래서 과거의
모든 것이 지금 당신이 원하는 것처럼 그렇게 나쁘게 될 거예요. 아, 결

국에는 마찬가지 아닌가요! 이 대가로 당신의 나무랄 데 없는 '현실'이, 현실의 위신과 의미가 매수되도록 하지요. 행복하세요. 알료샤, 하지만 적의를 나타내지 마세요. 나를 중상하지 마세요. 왜냐하면 나는 당신의 행복으로 이미 짓눌리고 있으니까요. 그리고 행복한 당신이 나와 계산을 끝낼 필요는 없어요.

데츠코셀스코예 집의 '성급한 파산'에 관해서는, 누가 그것을 그렇게 성급하게 파괴시켰나요? 정말이지 그 일에서도 내가 또 역시 잘못했단 말인가요? 여하튼 당신의 서재와 침실은 당신이 편안하게 일할 수 있는 상태에 있어요. 하지만 과거 언젠가 나에 의해서 창조된 쾌적함은 나와 함께 집에서 떠났어요. 정말이지 이것이 자연스러운 일 아닌가요? 말해주겠어요? 당신의 새로운 여주인이 당신의 인생에, 당신의 상황에 자신의 새로운 취향들을, 자신의 개성을, 자신의 얼굴을 가지고 들어와야만 하는 것 아닌가요? 작별 인사를 하겠어요. N."

내 다리를 따뜻한 숄로 덮어줘요,
그리고 옆에 앉아서, 손을 내줘요……

이런 일은 이제 없을 것입니다. 톨스토이의 집에는 새로운 여주인이 있습니다. 그런데 옛 여주인은 상심하며 슬픈 시를 짓습니다.

더 이상은 약속이 없을 것이다.
더 이상은 만남이 없을 것이다.
삶의 향기는
연기가 되어 어깨에 앉았다.

아플 정도로 달콤한,
그대의 포옹이, 어째서
나의 저주가 되었고,
나의 감금상태가 되었는지?

아니오. 떠나세요. 성물 모독을

사랑으로 행하진 않겠어요.
수도원의 형제관계라도 좋아요,
미망인의 고독이라도 좋아요.
꽉 잠겨버린 문들 뒤에 있게 하세요
단조로운 옷차림의 날들.
내가 그대와 무엇을 할 수 있나요,
다 타버리지 않은 노을인가요?

구름 뒤에 숨으세요,
그대는 더 이상 빛나지 않습니다!
눈앞에는 호수,
그 안에는 가라앉은 키테쥬.50)

시 행들에는 얼마나 많은 아픔과, 얼마나 많은 통찰이 있는지!
그리고 투쟁에 대한 완전한 거부, 체념과 운명에 대한 순종……

다른 여자를 사랑하세요, 그녀와 나누세요.
고귀한 작업들과 감정들을.
그녀의 허영심을 만족시키세요
예술의 화려함으로.

선택된 여자가 들고 가게 하세요
당신을 돌보는 명예로운 짐을.
그리고 바벨탑의 전설 같은 소동들과
축제들의 소용돌이.
그대의 휴식, 그대의 영감. −
모든 것을 그녀가 자신의 것이라 부르게 하세요.

그러나 만약 밤중이나 꿈속에서

---

50) 전설에서 몽고의 내습을 피하여 스베틀로야르 호수 밑에 가라앉았다고 전해지는 도시.

나에 대해 추억하길 갈망한다면
비난받을 만하게 그리고 아프게,
의지할 곳 없는 어깨로
내 어깨를 찾으면서, 무의식적으로
그대는 전율하겠죠. - 사랑하는 이여, 나는 만족해요,
나는 아무것도 후회하지 않아요!

그녀가 자신의 시들을 톨스토이에게 보냈다는 것은 이상하고, 이 슬픈 역사와 관계가 없는 독자들인 우리들에게도 이상합니다만, 크란디옙스카야에게는 전혀 이상한 일이 아니었습니다. 그녀에게는 이것이 사랑의 해변으로 헤엄쳐 가려는 덧없는 희망으로서 그녀가 붙잡았던 지푸라기였습니다. 그녀는 만약 꺼져 버린 감정들이 아니라면, 최소한의 동정, 생생한 연민을 구했습니다. 그런데 알렉세이 톨스토이는 어떻게 반응했을까요? 코르네이 추콥스키의 일기 중 1953년 5월 1일의 기록에서 읽을 수 있습니다.

"알렉세이 톨스토이에 대해서 이야기가 나왔다. 그리고 페딘은 안드로니코프 못지않게 어떻게 톨스토이가 자신의 버려진 아내 크란디옙스카야의 애처로운 시들을 들었는지 알려주었다. 그녀는 이 시들 속에서 그녀에 대한 그의 태도가 그녀에게 얼마나 많은 고통을 주었는지를 썼는데, 알렉세이 톨스토이는 '투샤는 해가 갈수록 점점 더 잘 쓰고 있어. 그래, 투샤, 좀 더 읽어'라고 말했다."

투샤가 고통을 받을수록, 그녀는 시를 더 훌륭하게 씁니다……
시인에게는 좋은 운명입니다. 여성으로서의 운명에 관해서는……
자신의 고통에 찬 시들로 크란디옙스카야는 자신에게 톨스토이를 가까이 오게 한 것이 아니라, 반대로 그를 멀어지게 했습니다,

왜냐하면, 코르네이 추콥스키의 증언에 따르면, 그는 "생리적으로 불쾌한 사건들, 질병, 불행과 허약함에 관한 대화를 견디지 못했기" 때문입니다. 일리야 에렌부르그가 강조했던 것처럼, 톨스토이는 "인생을 사랑했다 – 열정적으로, 영감을 지닌 채, 인생을 맛있게 사랑했다."라고 말할 수 있습니다.

그리고 젊은 류드밀라의 삶을 즐기는 속삭임이 그의 귀를 즐겁게 해 주고 있는 때에, 왜 톨스토이에게 나이든 투샤의 푸념이 필요했겠습니까?

1938년부터 톨스토이와 류드밀라는 바르비흐의 새 집에서 살기 시작했습니다. 알렉세이 톨스토이의 희곡 <악마의 다리>에서 주인공을 연기했던 여배우 클라브지야 푸가쵸바는 새로운 집을 방문했을 때 받은 자신의 인상을 회상합니다.

"모든 것이 놀라웠다 – 주인들도, 별장 자체도. 특히 통나무로 만든 벽들이 촛불의 불빛 속에서 빛났던 알렉세이 톨스토이의 서재가.
식탁 위에는 아름다운 식기 세트 이외에도 나무통들이 있었다. '특별히 독한' 보드카를 마셨고, 바삭거리는 소리가 날 정도로 소금에 절인 오이들, 월귤나무 열매가 같이 있는 양배추, 그리고 좋은 향이 나는 버섯들을 먹었다. 커다란 프라이팬에 고기요리가 나왔고, 없는 것이 없었다. 그런데 알렉세이 니콜라예비치는 우리들 각자를 위한 건배를, 아마도 미리 생각해 두었던 것 같았는데, 왜냐하면 각각의 건배가 터지는 웃음소리 속에서 진행됐기 때문이다. 그는 시로 혹은 산문으로 이야기했다. 식탁에 아주 오랫동안 앉아 있었고, 알렉세이 니콜라예비치가 말하는 것은 아무것도 놓치고 싶지 않았다. 농담이 끝난 후, 진지한 주제로 넘어갔다……"

이렇게 알렉세이 톨스토이는 모든 것이 문제없었습니다. 다시 손님을 환대하는 쾌적한 집이 창조되었던 것이지요. 흥미로운 손님들, 배려심 많고 사랑스런 아내.

발렌틴 베레스토프는 일종의 시적인 과장을 가지고 그녀에 대해서 썼습니다.

> "류드밀라 일리니츠나는 젊고, 동작이 빠르며, 울리는 목소리를 가지고 있었고, 내게는 알렉세이 톨스토이를 위해 만들어진 여자처럼, 그의 책에서 나온 여자처럼 보였다. 그녀의 이름조차 – 류드밀라 일리니츠나 – 그의 책에 나타난다. 나는 〈표트르〉 제3부에 나온 쉬마리노프의 삽화에서 류드밀라 일리니츠나를 닮은 여성을 보고 나서 거의 놀라지 않았다……"

류드밀라 일리니츠나는 작가의 새로운 뮤즈입니다. 그런데 나탈리야 바실예브나는 어떻게 됐을까요?

> 밤의 장막이 드리워졌다.
> 혼자서 호숫가에 앉아 있다.
> 그곳에는 보잘것없는 삶의 망령이
> 추억의 파도들을 흔들고 있다……

"혼자서 호숫가에" – 이것은 시적인 형상입니다. 그런데 그렇게 인생은 흘러가고, 생활은 괴롭히고, 물질적인 어려움이 발생합니다.

1940년 가을에 톨스토이가 크란디옙스카야에게 보낸 편지 중 일부입니다.

> "사랑스런 투샤, 금전적인 어려움은 일시적인 거야……"

이어서 상황의 긴 설명이 이어집니다. 그리고 편지 말미에서

"우리 집에는, 불쾌한 일들(몇몇 '지도적인 작가들'에 대한 심한 혐오)이 일어났던 것 이외에는 모든 것이 순조로워. 둘 다 앓고 있어, 독감과 기관지염을. 나는 이미 2주 동안이나 식이요법 중이야. 샤포린과 오페라를 끝내가고 있어. 왜 아들들은 편지 쓸 시간이 없는 거지? 그들에게 그것은 예의바른 행동이 아니라고 말해 줘. 너의 A. 톨스토이."

그리고 추신: "밀랴가 모두에게 안부를 전해." 밀랴는 류드밀라, 그의 아내입니다. 이렇게 감탄을 덧붙이고 싶습니다. 얼마나 기막힌지! ……

그 뒤에 무슨 일이 있었을까요? 뒤이어 전쟁이 발발했습니다. 톨스토이는 종군 기자로 전선으로 달려가려 했지만, 건강과 나이 때문에 파견되지 않았습니다. 그러나 그는 펜으로 적극적으로 전쟁을 치렀습니다. 그런데 크란디옙스카야는? 그녀는 봉쇄된 레닌그라드에 있었고, 포위된 도시의 모든 비참함을 체험했습니다. 굶주렸습니다. 거의 굶어 죽을 뻔했을 때, 키셀[51]을 가지고 왔던 여자 친구가 그녀를 기적적으로 구했습니다. 그리고 시 또한 그녀가 살아남도록 도와주었습니다.

등 뒤로 유산탄이 쌩쌩 소리를 낸다.
모든 말초 신경이 흥분되어 있다.
눈보라를 통해서 아낙네의 목소리:
"그런데 오늘 레프 톨스토이집의
곡물을 넘겨주었어!"

---

51) 밀가루로 만든 죽 같은 음식.

곡물을? 레프 톨스토이집의?
꿈꾸고 있는 것인가, 이 헛소리는?
눈보라가 흔적을 덮어 버린다.
살아 있는 가로등도,
하늘에 별도 없다.

봉쇄 시기의 크란디옙스카야의 시들은 그녀의 창작 중에서 가장 훌륭합니다.

완전한 승리까지 얼마 남지 않았던 1945년 2월 23일에 알렉세이 톨스토이는 62세의 나이로 숨을 거두었습니다. "폐암이라는 힘든 병은 이 열정적이고, 그렇게 삶을 사랑했던 심장을, 그 예리한 두뇌와 빛나는 재능을 꺼버렸다."라고 평론가 M. 차르느이가 썼습니다.

나탈리야 크란디옙스카야는 자신의 전남편의 죽음에 대해 <A. N. 톨스토이의 추억>(1945 – 1946)이라는 시선으로 응답했는데, 그것은 다음과 같은 행들로 시작됩니다.

수천 년이 오래된 것일까,
하나의 生이 오래된 것일까
형상화하러 소집되었다. 우리는 –
모든 것은 깊이로 고통을 주고,
모든 것은 정적으로 꽃핀다.

모든 것이 보존된다 있었던 대로.
과거의 세계는 움직이지 않는다.
인생이 얼마나 지혜로운 체하든지 간에,
죽음은 나에게 그대를 돌려주었다
또다시 젊어지고, 나의 것이 된.

그리고 이런 시로 끝을 맺습니다.

기나긴 여정으로 삶이 인도했다
이 무서운 날까지.
애태웠고, 몸부림쳤던, 죄를 범했던 모든 것이,
모든 것이 불에 몸을 맡긴다.

죄인은 없고, 오늘부터 없을 것이다.
내게도 용서를 내리소서.
내 오만에게 온순함을 하사하소서
그리고 불속에서의 정화를.

크란디엡스카야는 57세입니다. 그녀는 톨스토이보다 18년을 더 삽니다. 그녀의 인생에는 이 기간에 무슨 일이 있었을까요? 아이들, 손자들, 창작, 생활 그리고 질병들. 그러나 천성적으로 '밝은 여자'였던 그녀는 쓰러지지 않았습니다. 그녀는 별과 희망을 믿고 있었습니다. 1959년(그녀는 71세입니다) 4월에 쓰인 그녀의 시는 이것에 관해서 말하는 것이 아닐는지요.

오래전부터 질병들과 알고 지낸다.
그리고 나에게 늙음은 집과 같다.
하지만 그래도 역시 심장이 고동치는 한
봄을, 봄의 꽃이 피어 있는 것을 원한다.
봄의 매혹적인 불안을
그리고 기쁨들을(신이 내게 허용한다면).

어느 기간 논쟁에 끼어든다.
그리고 그것은 언제까지?

알 때가 됐다. 논쟁의 여지가 없고
엄격한 이 기간을.
고령의 나이 든 뮤즈에게
그것들은 긴 혼동 같다.

시들로 인해 베개가 굽었다.
존경할 만한 노파여, 부끄러운 줄 알아라
시적 목적들을.
그리고 자신의 집요함도!

잠들어라. 가슴 위에 손을 모아라
그리고 슬픔에 찬 소네트가 아니라
그대의 손자들이 꿈에 보이길.
아아! 소네트는 더 이상 없다.
그러나 문지방에 침묵이 있다.
그곳에서 길이 끊어진다.

우연히 안나 아흐마토바의 시행이 떠오릅니다. "길이 어디로 향하는지 말하지 않겠다……" 왜 명백한 것, 피할 수 없는 것에 대해서 말합니까? 조만간에 우리 모두를 기다리고 있는 것이 이 길입니다.

1963년 9월 17일에, 75세의 나이로 나탈리야 크란디옙스카야는 숨을 거뒀습니다. 그녀는 레닌그라드의 세라피몹스키 묘지에 묻혔습니다.

오래전부터 지상의 행복의 분량을 헤아렸다.
오래전부터 예전의 열정의 무리를 줄에 묶어서.
그러나 하느님 맙소사, 이 장미는 얼마나 좋은 향기가 나는지
내 병상 위에서! ……

모든 고통에 끝이 왔습니다. 묘지의 가로수 길은 조용합니다.

찾아온 이는 멈춰 선다. 읽으면서:
"크란디옙스카야 - 톨스타야"
이 사람이 누구지?
구체제의 사람임이 틀림없을 거야……
십자가 위로 곁눈질하고 옆으로 지나간다.

크란디옙스카야는 죽기 5년 전인 1958년에 이렇게 썼습니다.
여기 이 역사 전부가 있습니다. 그 속에서 사랑의 사원과 행복들, 크란디옙스카야가 표현했던 것처럼 '사랑의 고딕양식'이 자신의 탑들과 첨탑들과, 역동적인 건축의 리듬을 가지고, 장식유리들의 다색의 빛들을 가지고 세워졌고, 붕괴되었습니다…….

그런 일이 있었습니다. 그리고 여러 번 있을 것입니다. 왜냐하면 인생, 그것은 영원한 꽃이 피어 있는 것, 일종의 perpetuum mobile이기 때문입니다. 나탈리야 크란디옙스카야는 자신의 시들 중 하나에 바로 그렇게 제목을 붙였습니다.

이것으로 - 살고, 자라고, 꽃을 피운다.
이것으로 - 사랑스런 관을 나른다.
무덤까지 배웅한다.
위로하려고 손을 쥐어준다.
그리고 오래된 것과 계산을 마치면서,
순환을 반복한다.
또다시 살고, 자라고, 꽃을 피운다.
또다시 사랑스런 관을 나른다……

여러분은 반대하십니까? 이것이 여러분의 마음에 들지 않으신지요? 투샤에게도 언젠가는 모든 음울한 것들이 마음에 들지 않았습니다. 그녀는 열정적인 '사랑의 고딕양식'을 믿었습니다. 기쁨과 즐거움 속에서. 그러나 그 후에 슬픔의 시간이 왔지요. 이런 영국 속담이 있습니다. 불안들 스스로가 우리를 불안하게 하기 전까지는 불안을 불안하게 해서는 안 된다. 호랑이를 깨우지 마세요. 옆으로 돌아가세요. 그리고 무엇에도 구애받지 말고, 자신의 사원을 세우세요. 원하신다면 고딕 양식으로. 원하신다면 어떤 다른 양식으로……

자유로운 性, 릴리 브릭

거리거리를 흔들리는 걸음으로 나는 짓밟는다.
나는 어디로 갈 것인가, 이 지옥을 숨기며!
어떤 천상의 호프만이 너, 저주받은 계집을 생각해 냈는가?

— V. 마야코프스키. 척추의 플룻

릴리 브릭은 누구일까요?

1993년 7월 프랑스 소르본느에서 <블라디미르 마야코프스키와 20세기의 유토피아>라는 제목으로 38편의 논문이 발표되었습니다. 시인에 대해 논쟁하고 마야코프스키 전문가들이 자신들의 의견들을 개진하였습니다. 실제로 블라디미르 블라디미로비치 마야코프스키[52]는 대단하고 논쟁거리가 많은 사람이었습니다. 그의

---

52) 소비에트의 유명한 시인. 1893. 7. 19~1930. 4. 14. 불행한 연애로 자살하였으나 소련의 시인뿐 아니라 금세기 세계 각국의 시인에게도 영향을 끼쳤으며, 현대시에 신선한 영역을 개척해 놓은 시인.

여신, 그가 유일하게 사랑한 여성이 릴리 브릭(Лили Брик)이었을까요? 더욱더 모순적이고 수수께끼 같습니다.

릴리 유리예브나는 바로 '성스러운 여신', '베아트리체', '소비에트 시의 스페이드의 여왕', '살인자', '검은 구멍'으로 불렸습니다.

'여신'과 '베아트리체'는 전혀 논쟁의 여지가 없습니다. 릴리 브릭이 사랑의 감정과 시의 범상치 않은 영감을 마야코프스키에게 불어넣었으니까요.

나는 황제가 되도록 운명 지어졌다 —
민중들에게 명령하리.
너의 작은 얼굴을
태양처럼 빛나는 내 금화에
주조하라!
그리고 그곳에,
세상이 툰드라로 완전히 퇴색한 그곳,
강물이 북풍과 흥정하는 그곳에 —
쇠사슬에 릴리의 이름을 새겨놓고
감방의 어둠 속에서 쇠사슬에 열렬히 키스하리.

'살인자'라는 것은 많은 이들이 릴리 브릭을 시인의 자살과 연관 지어 책망했기 때문입니다.

'소비에트 시의 스페이드의 여왕'은 시인의 이름과 그의 작품을 명예롭게 하는 통과 의례를 훌륭하게 수행해 낸 것에 대한 명칭이지요. 릴리 유리예브나는 마야코프스키가 소비에트 문학이라는 배열에서 으뜸가는 패가 되도록 많은 것을 했습니다.

그리고 마지막으로 '검은 구멍', 이것은 릴리의 영혼, 더 자세하게 말하면 그녀의 어둠입니다. 그녀는 어떤 여성이었을까요? 무엇이 그녀를 동요시켰을까요? 그녀는 무엇을 숭배했을까요? 무엇을 사랑했고 무엇을 증오했을까요? 그녀 행동의 중요한 원동력은 무엇이었을까요? 많은 회고들에도 불구하고 명료한 답들이 없습니다. 검은 구멍, 단지 그것이지요. 심연 같은 여성이었습니다.

가족, 첫걸음, 오샤

릴리 유리예브나 카간은 1891년 10월 30일 모스크바에서 태어났습니다(그녀는 마야코프스키보다 거의 두 살이 위였습니다). 아버지인 우리 카간은 류바프 혈통의 법률가였고, 어머니인 옐레나 베르만은 리가의 유태인 가정 출신이었습니다. 어머니는 바그너를 숭배하는 피아니스트였고 시를 썼지요. 간단히 말해, 지식인층이고 문화적인 계층이었습니다. 릴리 집안의 두 번째 모국어는 독일어였고 프랑스어는 첫 번째 외국어였습니다.

중학교에서 릴리 카간은 오시프 브릭과 사귀었습니다. 열세 살의 릴리와 열일곱의 오시프는 서로 사랑했습니다.

"오샤가 나에게 전화하기 시작했다. 나는 크리스마스에 그의 집에 갔었다. 오샤가 나를 집까지 바래다주었는데 도중에 마차에서 갑자기 물었다.
ㅡ릴리, 너는 우리 사이에 무엇인가 우정보다 더 큰 것이 있는 것 같지 않니?ㅡ"

그렇게 릴리 유리예브나는 자신의 첫사랑을 회고했고 자신이 공손하게 대답했다고 회상했습니다. "응, 그래."

사랑은 사랑이고, 지식은 지식이지요. 1908년에 릴리는 우수하게 중학교를 마쳤고 고등 여자 과정에 입학하여 놀라운 수학적 재능을 보였으나 수학보다는 건축을 선호하였습니다. 1918년에 그녀는 모스크바 건축 학교를 졸업하였고 조각, 회화, 점토에 능했습니다(후에 그녀는 마야코프스키의 반신상을 만들었습니다).

릴리의 직업이 정해지기 전까지 그녀는 사적인 일들을 했습니다. 오랫동안 헤어졌던 오시프 브릭을 모스크바 예술 극장에서 다시 만난 것이 모든 것을 해결했습니다.

> "……산책하러 갔다…… 레스토랑에 들러 작은 방에서 어떤 움직임 없이 커피를 마시며 물어보았다. 오샤는 나에게 자신에게 시집오기를 청했고 나는 동의했다."
>
> (1929년 릴리 브릭의 회고에서)

이 중요한 순간에 대하여 오시프 브릭은 더 환호하며 자기 부모에게 알렸습니다.

> "……더 이상 감출 수가 없어요. 제가 결혼하게 되었어요. 부모님께서 이미 추측하시다시피 제 신부는 릴리 카간이에요. 저는 그녀를 매우 사랑하고 항상 사랑했어요. 그녀는 세상의 어떤 여성도 할 수 없을 만큼 그렇게 저를 사랑해요…… 저는 부모님께서 저를 사랑하시고 제가 많이 행복하길 바라신다는 걸 알아요. 아시다시피 저를 위한 그 행복이 찾아왔어요……"

부모님(오샤의 아버지는 첫 번째 계급의 상인으로 부자였습니다)은 아들의 행복을 방해하지 않았습니다. 1912년 2월 12일 모스크바의 유태 율법학자가 릴리와 오샤를 결혼시켰습니다. 릴리 카간이 아니라 릴리 브릭이 된 것이지요. 젊은이들은 그들을 위해 부모님이 얻어 놓은 방 네 칸짜리 아파트로 이사했습니다.

오시프 브릭은 모스크바 대학 법률학부를 졸업했으나 결코 법률가로 일하지 않았습니다. 시를 썼지요. 혁명 후에 혁명적 예술 LEF[53]의 주요 이론가가 되었고 동시에 체카[54]에서 일했지만 릴리처럼 이것은 부차적이었지 주된 것은 아니었습니다.

주된 관심은 생활이었습니다. 어떻게 살았을까요? 오, 1차 혁명기의 격동의 시대여! 낡은 세계의 파괴. 새로운 희망의 범람. "코뮌(공산 자치 단체)은 관리들이 사라지고 많은 시와 노래가 있는 곳이다."라고 바로 마야코프스키는 믿었습니다.

낡은 관습이 무너지고 새로운 것이 생겨났습니다. <非 동반자>라는 중편에서 오시프 브릭은 선언했습니다.

"우리는 서로서로 아무것으로도 연관되어 있지 않다. 우리는 공산주의자이고 소시민이 아니며 바라건대 우리의 어떤 결혼 드라마도 불가능하다."

그 열광하는 혁명의 해에 사랑에 대한 새로운 견해들이 널리 퍼졌습니다. 결혼이라는 테두리 밖에서 질투 없이 몸을 노래하는 시와 함께 어떤 조건들에도 연관되지 않은 자유로운 사랑 말입니다.

---

53) 예술 좌익 전선.
54) 반혁명, 사보타지 및 투기 단속 비상 위원회.

오시프 막시모비치는 새로운 관습과 사랑의 이론적 토대를 다듬었습니다. 릴리 유리예브나는 그것들을 실행으로 증명해 주었습니다. 금기는 사라졌고 자연의 기질은 이미 아무 방해도 없었습니다. 릴리는 외과 수술의 결과로 아이를 가질 수 없었고 그리하여 이것은 그녀로 하여금 남자관계에 있어서 상당히 자유롭게 만들었습니다. 사랑은 곁눈질하지 않고 이성으로부터 벗어나 원하는 상대에게 데려다 주었습니다.

릴리 브릭은 언제나 남자를 사랑했습니다. 마야코프스키의 말을 의역해 덧붙인다면, '좋고 다양한' 남자들 말입니다. 부르주아적 안락을 사랑했고 모든 삶을 물질적 풍요 속에서 지냈습니다. 관심의 중심에 있기를 좋아했고 자신의 이름이 사람들 사이에 울려 퍼지도록 했습니다. 미하일 조쉔코의 일기(1929년)에 특이한 기록이 나타납니다.

> "우리가 만델슈탐에게 가는 길이었다. 거리에서 트베르스카야로 나서는데 릴리 유리예브나가 소리쳤다. — 잠깐…… 멈추세요! 모두 유명한 분들이네…… 어머나, 세상에! — 메이에르홀드, 마야코프스키, 올레샤, 카타예프, 나, 릴리 브릭 등이 갔다……."

아마 결혼 첫해부터 릴리는 살롱을 쥐고 있었던 것 같습니다. 그곳에서 항상 엘리트들에 둘러싸여 있었지요. 시인, 화가, 배우, 정부 활동가, 체카 근무원들 말입니다. 그녀는 권태로움을 싫어했습니다. 그렇게 자신의 삶을 건축하였고 늙을 때까지 발레, 영화, 문학, 출판 활동 등에 열중하며 많은 것에 흥미를 가졌습니다. 그러나 중요하고 변함없는 그녀의 관심은 항상 여자로 인정받는 것이었습니다. 여자로 있는 것이 그녀의 사명이었지요.

그녀와 교제하는 것은 매우 흥미로웠습니다. 릴리 브릭은 최고의 미인으로 알려지지는 않았지만 매력이 있고 호기심을 불러일으켰는데, 동시대인들은 말하고 싶어 하지 않지만 아마도 성적인 매력이 있었던 것 같습니다.

시인 파벨 안토콜스키가 그녀에게 송시를 헌사했습니다.

나는 너무나 드물게 당신을 봤습니다.
그러나 오래전부터 나는 확실하게 기억했습니다.
두 개의 커다란 눈동자의 빛남을
그 반쯤 닳아 없어진 표지에 있던……

“그녀는 슬퍼 보이고 여성스럽고 색다르고 거만하며 가치 없고 이랬다저랬다 하고 사랑에 잘 빠지고 영리하고 원하는 대로 할 수 있었다.”라고 릴리 브릭에 대해 빅토르 슈클롭스키가 썼습니다. 다른 예술가 니콜라이 루닌의 더 나중의 평가입니다.

“그녀의 눈동자는 속눈썹 속에서 돌아가고 동요로 어두워진다. 그녀의 장엄한 눈, 붉게 물든 입술과 검은 눈꺼풀과 함께 그녀의 얼굴에는 불손하고도 달콤한 것이 있다. 남편은 그녀에게 초췌한 자신만만함을 남겨 놓았고 마야코프스키는 학대를 남겨 놓았으나 이 ‘참으로 매력 있는 여성’은 인간의 사랑과 감정적 사랑에 관해 많은 것을 알고 있다.”

가수이고 번역가로 릴리 브릭의 친구인 타치야나 레쉔코 - 수호믈리나의 또 다른 증언입니다.

"아름답고, 붉은 머리의 릴랴는 종종 사랑에 빠졌다. 열정이 아마도 그
녀 안에서 강하게 날뛰는 것 같았고, 푸도프킨(유명한 영화감독) 때문에
심지어 음독자살을 할 뻔하기도 했고, 프리마코프를 매우 사랑하기도 했
지만, 그녀 심장의 주인은 오시프 막시모비치였다."(1962년 12월 9일
자 일기의 기록. 책 "먼 미래" 중에서)

릴리 브릭에게는 단지 독특한 아름다움뿐 아니라 무엇인가 마
음을 끌어당기고 최면에 걸리게 하는 듯한 것이 있었습니다. 그런
까닭에 그녀 주위에는 꿀벌들처럼 남자들이 무리를 지었지요.

릴레츠카와 블라디미르 마야코프스키

<마야코프스키>

처음에 마야코프스키는 언니인 릴
리 엘자(훗날의 프랑스 작가 엘자 트리
올레)와 만나 그녀를 돌봐주려고 하다
가 동생인 릴리와 사귀게 되었다는 걸
언급해야겠군요. 마야코프스키는 소설
<자매들>을 쓸 생각조차 했으나 쓰
지 않았습니다.

1915년. 엘자 트리올레의 회고 중
일부입니다.

"7월에 아버지가 돌아가셨다. 릴랴가 장례식에 왔다. 그리고 아무것도
고려하지 않고 우리는 마야코프스키에 관해 말했다. 그녀는 그에 관해

물론 들었으나 나의 환희에 회의적으로 대했다. 장례식 후 어머니를 아주머니와 함께 별장에 남겨 놓고 나는 페트로그라드의 릴리에게 갔다. 마야코프스키가 나를 방문하러 쥬콥스키 거리에 있는 릴리의 집으로 왔다. 이것이 첫 번째 만남인지 아니면 다른 만남이 있었는지 어쨌든 나는 볼로쟈[55]로 하여금 브릭에게 시를 암송해 주도록 설득했다. 브릭 부부는 시에 대해 열광했고 무척이나 시를 사랑했다. 마야코프스키는 돌이킬 수 없이 릴랴를 사랑했다.”

마야코프스키는 그렇게 폭풍처럼 릴리에게 반했고 “마음의 여인과 세탁부, 모든 자신의 짐(릴리 브릭, 회고록. 1934에서)”을 남겨 놓고 살았던 곳으로 더 이상 돌아가지 않았습니다. 시인은 릴랴를 단순하게 사랑한 것이 아니었습니다. 그는 그녀에게 사랑을 불태웠습니다.

나는 벼랑에 굵은 밧줄로 영혼을 팽팽하게 당긴 채,
말재간으로 속임수를 쓰며, 그 위에서 흔들리기 시작했다.

그의 대서사시 <척추의 플룻>은 사랑의 찬가입니다. 정욕의 공공연한 흔들림이지요. 사랑의 서정시의 가장 밝은 홍염입니다.

내 사랑을,
그 옛날 사도처럼,
수천 수천의 길에 퍼뜨리리.
네게는 영겁의 세월 동안 왕관이 마련되어 있고,
그 왕관에 나의 시 -
경련의 무지개로.

---

55) 마야코프스키의 애칭.

<플룻> 뒤를 다른 시들이 이었습니다. <나는 사랑하네>와 <이것에 관하여>는 비할 바 없는, 단 하나의, 열렬히 사랑하는 릴레츠카를 찬미했습니다. 마야코프스키의 이 사랑은 릴리 브릭에게 보충적인 매력도 만들어 주었는데, 그것은 다른 여성 중 누가 릴리 브릭만큼 그렇게 사랑받고 그러한 재능 있는 서정시를 헌사 받을 수 있겠는가 하는 것이었습니다. 그럴 만한 경쟁자는 없었지요. 릴리 브릭만이 유일했습니다.

한 가지 불만이 존재했는데 마야코프스키의 과장된 사랑이라는 것은 맞습니다. 그녀의 욕망은 끝을 알 수 없었습니다. 마야코프스키의 감정이 과도하게 넘쳐서 릴랴는 그를 '과도하게 넘치는 사람'이라고 불렀습니다. "볼로쟈는 나를 평범하게 사랑하지 않았다. 그는 나를 사로잡았고 이것은 기습이었다. 2년 반 동안 나에게는 평온한 순간이 없었다."고 그녀는 고백했습니다.

마야코프스키의 사랑은 브릭 부부의 가정생활과 병행되었습니다. 여기에 릴리 유리예브나의 이설이 있습니다.

"단지 1918년에야 나는 우리 사랑에 관해 확신을 갖고 말할 수 있었다. 1915년부터 우리의 관계가 순수하게 친근한 것이 되었고 이 사랑은 나와 그들과의 우정도, 마야코프스키와 브릭의 우정도 그늘지게 할 수 없었다. 지나간 3년 동안 그들은 서로서로 필요하게 되었고, 예술, 정치, 모든 것에서 같은 길에 있었다. 우리 모두는 결코 헤어지지 않기로 결정했고 가까운 친구들로서 생활했다……."

그리고 계속됩니다.

"……'삼각관계' '두 번째 사랑' 등과 같은 모든 날조는 완전히 그렇지 않다. 나는 오샤를 형제 이상으로, 남편 이상으로, 아들 이상으로 사랑했고 사랑하고 앞으로도 사랑할 것이다. 나는 어떤 시에서도, 어떤 문학에서도 그러한 사랑에 대해 읽지 않았다. 이 사랑이 볼로쟈에 대한 내 사랑을 방해하지 않았다. 오히려 반대다. 만일 오샤가 없었다면, 나는 볼로쟈를 그렇게 강하게 사랑할 수 없었을 것이다. 만일 오샤가 볼로쟈를 그렇게 사랑했다면, 나는 볼로쟈를 사랑하지 않을 수 없었을 것이다. 오샤는 자신에게 볼로쟈는 사람이 아니라 사건이라고 말했다……"

오늘날 이 유명한 삼각관계의 행간을 규명한다는 것은 참으로 어려운 일입니다. 그 속에서 가장 호기심을 끄는 쪽은 남편인 오시프 브릭입니다. <마야코프스키의 부활>이라는 자신의 연구에서 유리 카라브치옙스키는 다음과 같이 썼습니다.

<마야코프스키와 오시프 브릭>

"오시프 브릭은 릴리 유리예브나 앞에서 어느 정도 오래된 친구, 동료 같았고 언제나 온화하고 관대했다. 아마도 그가 그런 사람이었기에 때때로 심하게 넘겨주는 역할이 그를 뚱쟁이로 만들었고 어느 정도 의심스럽기조차 했던 것 같다. 과연 고위층의 엄격한 손님들을 포함한 모든 필요한 사람들이 홀로 쓸쓸한 브릭에게 차를 마시러 모이게 되었을까? ……"

마야코프스키와 브릭의 가정생활은 동물적 상징으로 가득 차 있었습니다. 마야코프스키는 '늑대새끼'였고, 릴랴는 '암고양이', 오시프 브릭은 '고양이'였습니다. 그러나 밝고 맑은 고양이 새끼의 삶은 없었습니다. 본질이 그렇지 않았으니까요. 마야코프스키는 지나치게 과도하고 폭발적이었으며 '암고양이' 릴랴는 혼자 스스로 산책하길 좋아하는 선문집의 고양이처럼 매우 독립적이고 자존심 강하며 고집이 셌습니다.

　마야코프스키와의 사랑의 절정에 그녀는 주요한 소연방 상공은 행의 금융담당 차관 인민위원인 알렉산드르 크라스노쉐코프와 로맨스가 있었습니다. 이 사람은 분명하고, 명료하며, 잘생긴 사람이었습니다. 마야코프스키는 실신 상태에 빠졌지요. 그는 사랑하는 사람을 다른 정부와 나누고 싶지 않아서 자신을 자발적인 고독의 유폐의 기간에 가두었습니다. 시간이 흐르고 1923년 2월 28일 저녁 8시에 그는 페트로그라드로 며칠간 떠나기 위해 릴랴와 역에서 만났습니다. 침대칸에 다다라서 마야코프스키는 릴랴에게 <이것에 관하여>라는 시를 암송하고 울었습니다.

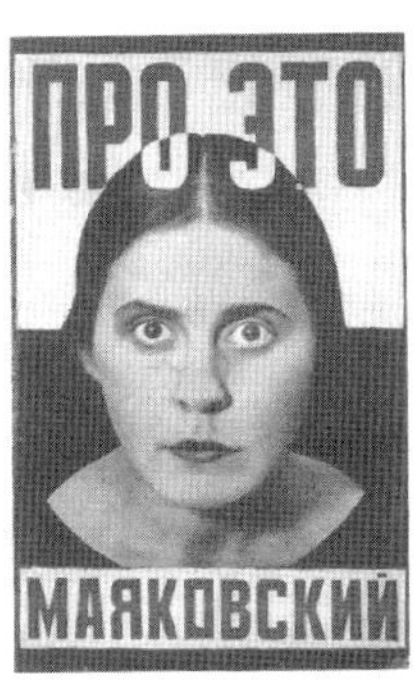

<'이것에 관하여' 표지>

　1924년은 마야코프스키와 릴리 브릭 사이의 관계에서 변화가 왔습니다. <기념제>라는 시에서 마야코프스키는 공표했습니다.

나는
지금
자유롭다
사랑으로부터
그리고
포스터들로부터

아닙니다. 릴리 유리예브나로부터 마야코프스키는 자신의 생이 끝날 때까지 그렇게 자유롭지 못했습니다. 1925년 12월에 마야코프스키는 겐드리코프 골목 15동에 있는 아파트로 배정을 받았고 1926년 4월에 브릭 부부와 함께 그곳으로 옮겼습니다.

사랑의 태양은 천천히 꺼졌고 마야코프스키는 다른 여성들, 나탈리야 브류하넨코, 타치야나 야코블레바, 베로니카 폴론스카 등과 관계들을 만들었습니다. 그러나 아무도 릴랴를 가리지 못했습니다.

“나는 사랑한다. 사랑한다, 무슨 일이 있어도 모든 것 때문에 사랑했고 사랑하고 사랑할 것이다. 너는 나에게 무례할 것인가 아니면 상냥할 것인가. 나의 혹은 남의 어찌됐건 사랑한다. 아멘……”

마야코프스키가 릴리 유리예브나에게 썼습니다.

그녀는 어떤 형태로든 가족으로 만들겠다는 간단한 이유로 마야코프스키를 붙잡았습니다. 이것이 시인에게 괴로웠을까요? 그러나 “볼로쟈를 괴롭히는 것은 유익한 일이다. 그는 고통받아야 좋은 시를 쓰니까.”라는 것이 그녀의 입장이었습니다. 모든 것은 그녀에게 달려 있었지요. 그렇지만, 이것에 대해 니콜라이 아세예프는 다음과 같이 썼습니다.

그런데
시와 열정의 덩어리를,
자신의 웃음과 분노,
자존심과 정염을
그가 온통 헌정했던
그녀는,
그를 반쯤만 사랑했다.

이것에 대해 릴리 브릭을 비난할 필요는 없습니다. 삶에서 단지 한 번 사랑받는 여성들도 있고, 여러 남자들과 사랑을 경험하는 여성들도 있으니까요. 그리고 릴리 유리예브나는 디오니소스 같았고 쾌락 애호가였습니다. 이미 나이가 든 어느 땐가 그녀는 안드레이 보즈네센스키에게 다음과 같이 고백했습니다.

"나는 오샤와 섹스하는 걸 즐겼어요. 우리는 그때 볼로쟈를 부엌에 두고 문을 잠갔지요. 그는 노했고 우리에게 나오고 싶어 문을 치며 울었지요."

보즈네센스키는 이렇게 썼습니다.

"그러한 고백을 듣고 나는 반년 동안 그녀의 집에 갈 수 없었다. 그녀는 나에게 괴물같이 보였다. 그러나 마야코프스키는 그러한 것을 좋아했다. 말하자면, 흘리스톱스트보56)의 신도와 함께 그녀는 신성한……"

'마야코프스키와 릴리 브릭'이라는 테마에 대해 쓰인 책들 중 가장 흥미로운 책은 스웨덴 연구가 벵타 양펠드가의 <사랑, 이것은 온 마음이다. 마야코프스키와 릴리 브릭. 1915～1930의 서신 교환>입니다. 이 책 속에는 400통 이상의 편지, 메모, 전보, 그림들이 수집되어 있습니다. 많은 것들 중에 가장 흥미로운 읽을거리가 조금 열린 사랑의 '측면 장치'들입니다.

릴리 유리예브나가 마야코프스키에게 보낸 건 단지 두 통의 편지입니다.

---

56) 흘리톱스트보는 17세기, 18세기, 19세기 전반의 러시아 그리스도교의 한 파로서 신비·교회·승려를 부정하고 자기 몸을 매질하는 종파.

1921년 11월 6일.

"······내 친구들이 여러 가지로 나를 즐겁게 하려고 애쓰고 있어요······
런던을 기다립니다. 참으로 그곳은 더 좋지 않은지요. 모두들 나를 염려
해요. 내게는 많은 꽃이 있지요······"

1928년 10월 28일 모스크바로부터 파리로 보낸 편지입니다.

"······제발 자동차를 가져오세요······ 우리 모두는 당신에게 키스를 보
내고 매우 사랑하고 있어요. 나는 누구보다 더 그렇답니다. 당신의 릴랴
(암고양이)."

마야코프스키 없는 삶

1930년 4월 14일 마야코프스키는 생을 마감했습니다. 자살 아
니면 살해? 이 문제는 지금도 많은 말들을 만들고 있습니다. 릴리
브릭은 자살로 생각했습니다. 그녀는 항상 언젠가 이런 일이 일어
날 거라고 믿었지요. 폴론스카야는 회고록에서 다음과 같이 썼습
니다.

"마야코프스키는 나에게 자신이 릴리 유리예브나를 매우 사랑했다고 말
했다. 두 번 그녀 때문에 자살하려 했는데, 한 번은 자신의 가슴을 총으
로 쐈으나 불발했다."

모스크바 전문가들은 시인이 삶을 떠나가기로 결정한 몇 가지
이유를 찾아냈습니다. 마리야 로자노바는 소르본느에서 1993년 7

월에 이 점에 대해 분명하게 말했습니다.

"마야코프스키에게는 세 가지의 사랑이 있었다. 릴랴, 혁명 그리고 레닌.
세 개의 사랑 모두는 응답이 없는 것이었다. 릴랴는 다른 사람과 어울려
그를 배신했다. 혁명은 관료제도와 어울렸고, 레닌은 나드손과……"

여기에서 피할 수 없는 사실이 나타났군요. "마야코프스키는
릴랴, 혁명, 레닌이 그에게 믿음을 주지 못했기 때문에 자살했다."

마야코프스키는 사랑을 피하고 싶었습니다. 결혼생활, 색욕, 밥
벌이의 하녀는 될 수 없었지요. 증류된 그런 사랑은 없었습니다.
사랑은 항상 삶의 성분 속에 결혼도, 색욕도, 빵도 반죽해 넣으니
까요.

블라디미르 블라디미로비치는 1930년 2월 18일, 브릭 부부가
베를린과 런던으로 떠날 때 마지막으로 그들을 만났습니다. 마야
코프스키는 그들이 집으로 돌아오는 때에 자살했습니다. 마지막
편지가 4월 14일 자살하던 날, 암스테르담으로부터 발송되었는데,
다음과 같은 구절로 끝나 있습니다.

"너는 무엇을 붙잡으려 하지, 모두 네덜란드인이다, 정말로 무례하다!"

릴리 유리예브나가 모스크바로 돌아왔을 때 그녀는 울면서 "만
일 오샤에게 이런 일이 일어났다면, 나는 참지 못하고 살아가지 못
했을 거야."라고 말했다고 수호믈리나는 회상했습니다.

15년이 지난 1945년에 오시프 브릭은 죽었습니다. 릴리 브릭은
잠깐 동안 슬퍼했습니다만(레쉔코 - 수호믈리나는 "그녀는 울지 않

았다. 그녀는 문자 그대로 고통으로 죽은 듯했다."라고 말했습니다) 그러나 곧 원기를 되찾았습니다. 그녀는 매우 삶을 사랑했고 호기심도 많았습니다. 마야코프스키를 돈스키 화장터에서 화장할 때 시인의 시신이 담긴 관이 불 속으로 던져지자 릴리 브릭은 오시프 브릭을 불렀습니다. "같이 봐요!" 그는 거절했고 그때 그녀는 시인 브랸스키를 설득했습니다. "크라스니 동지, 당신은 가지 않을 거지요?" 그는 '바라보는 것'을 승낙했습니다. 어느 정도 이블린의 슬픈 소설 <추모의 정을 금할 수 없는>에서의 분위기입니다.

마야코프스키는 놀라운 유언을 남기고 생을 떠났습니다.

"……릴랴, 나의 사랑. 정부 동지, 나의 가족은 릴랴 브릭, 어머니, 누이들, 그리고 베로니카 비톨도브나 폴론스카야입니다. 만일 당신이 그들에게 인내할 수 있는 삶을 만들어 준다면 고맙소. 손을 댄 시들을 브릭 부부에게 건네주시오. 그들이 신변정리를 할겁니다……"

그리고 계속해서 유명한 행이 있습니다. "사랑의 보트가 세태에 부서졌다"

친족과 연인을 염려하는 부탁과 함께 하늘로 올라가는 그러한 많은 이들에게는 기이한 것 이상이 있습니다. 우연치 않게 오데사와 키예프에서 부랑자들이 한꺼번에 "동지, 동지, 내 상처들이 아프오."라는 주제로 노래를 지었는데 그 속에 유언의 말이 새롭게 되어 있었습니다. "정부 동지, 나의 릴랴를 먹여주시오. 나의 어머니와 누이들을 먹여주시오……"

그러나 릴리 유리예브나는 어디로부터 도움을 기다리는 그런 부류의 사람이 아니었습니다. 그녀는 아주 작으나 잘 움켜쥐는 손으로 스스로 운명을 붙잡을 것을 결정했지요. 스탈린에게서 온 유명한 명령문이 세상에 나타났습니다. 릴리 브릭 자신이 청원을 한 것인지 혹은 누군가가 그녀에게 조언했는지는 지금까지도 분명치 않습니다. 단지 릴리 브릭의 편지가 모든 관료계급을 거쳐 스탈린의 책상에 도달했고 붉은 연필로 결재받았다는 것만이 알려져 있습니다.

> "예조프 동지, 당신이 릴리 브릭의 편지에 관심을 가져주시길 매우 청하오. 마야코프스키는 우리 소비에트시대의 가장 재능 있는 시인이었고 그렇게 남아 있소. 그의 추억, 그의 창작, 작품들에 대한 무관심은 범죄요. 내 생각으로는, 브릭의 청원은 옳소……"

'인민의 아버지'의 말은 법과 같습니다. 마야코프스키는 단번에 '소비에트시대의 가장 재능 있는 시인'이 되었습니다. 릴리 유리예브나 브릭은 시인의 비공식적인 미망인이었고 그의 책들의 편집자, 편찬자, 주해자였습니다. 그리고 모든 사랑의 안개는 없었습니다. 이익 배당금만이 있었지요.

물론 모든 것이 그렇게 매끄럽지만은 않았습니다. 죽은 마야코프스키뿐만 아니라 살아 있는 과부를 질투하는 이들이 있었습니다. 검은 치맛자락처럼 질투가 릴리 유리예브나의 의복에 감겼지요. 1937년에 프리마코프의 체포와 총살 후에 릴리 브릭은 '인민의 적의 가족'이 되었습니다.

국내 담당 인민위원 예조프 "어떻게 할까요?"

스탈린 "마야코프스키의 아내를 건드리지 마!"

스탈린에게 보낸 편지가 보호의 역할을 할지 누가 알았겠습니까? 아니면 다른 이유라도 있었을까요? 국외와의 명백한 관계에도 불구하고 내무인민 위원부도 더 후에 내무성도 KGB[57])도 릴리 유리예브나를 건드리지 않았습니다. 그녀와 나란히 있던 이들을 데려가거나 혹은 그들 스스로 마야코프스키처럼 생을 마감했습니다. 릴리 유리예브나의 정부인 절대 권력의 체카 근무원인 야코프 아그라노프가 테러당했고 뒤를 이어 그녀의 비공식적인 남편인 유명한 사령관이자 인민 전쟁의 영웅 비탈리 프리마코프가 당했습니다.

마야코프스키 죽음 이후에 릴리 유리예브나는 혼자 남겨지지 않았고 그녀에게는 전과 같이 오시프 브릭이 있었습니다. 그러나 얼마 안 있어 프리마코프가 나타났지요. 자신의 살롱에서 릴리 유리예브나는 그들의 지인들에 대한 재미있는 이야기들을 말했습니다. 발단은 여름이라는 데 있었습니다. 그들이 극장에서 나오자 비가 막 쏟아졌지요. 모든 여성들이 자신의 단화를 벗고 맨발로 집으로 뛰었습니다. 단지 릴리 유리예브나만이 단화를 벗지 않았습니다. 프리마코프는 이 상황에 매우 놀라서 그러한 평범치 않은 여성을 더 가깝게 알고 싶다는 희망을 표현했습니다(프리마코프의 아내가 죽어서 당시 그는 독신이었습니다). 릴리 브릭은 "침대에서 사귀는 것이 무엇보다 좋지요."라고 대답했습니다.

이것이 실제로 그러했는지 아닌지, 릴리 유리예브나가 이 모든 걸 지어냈는지 아닌지는 이미 그렇게 중요하지 않습니다. 다른 것이 중요하지요. 그녀는 레닌그라드군 자치구의 자휘 사령관의 아내가 되었고 다시 뜨겁게 사랑하는 여성이 되었으며 많은 부관들과 장교들이 그녀를 시중들었으며 게다가 이것은 매우 자존심을

[57) 국가 안전 위원회.

채워주었습니다. 프리마코프 자신은 비범한 사람이었고 레쉔코 -
수호믈리나가 자신의 회고록에서 지적했듯이 릴리 유리예브나는
프리마코프를 매우 사랑했습니다.

1937년에 프리마코프는 체포되어 6월 11일에 투하쳅스키, 야
키르와 함께 '붉은 장군들'의 모반죄로 총살되었습니다.

그 다음엔 어떻게 되었을까요? 다음에는 바실리 아브가로비치
카타냔과 비공식적인 결혼을 했습니다. 특이한 것은 릴리 유리예
브나의 남편들은 모두 다 젊다는 것이었습니다. 프리마코프가 6살
더 젊었고 카타냔은 11살이나 젊었습니다. 이것 또한 생각해 볼 만
한 정보입니다.

카타냔은 문학가로 오래전에 마야코프스키의 작품을 공부했고
자신의 좋아하는 일을 계속하길 원했습니다. 소문에 따르면, 릴리
브릭이 언제나 실제적이고 엄격한 여성으로 있으면서 카타냔에게
마야코프스키를 공부하기 원하면 아내를 남겨두고 자신에게 오면
도움을 주겠다고 제안했습니다.

갈리나와 헤어진 카타냔은 괴로웠고 그녀의 건강에 영향을 미
쳤습니다. 모든 이 복잡한 이야기 속에서 놀라운 것은 카타냔의 아
들인 바실리 바실리예비치가 어머니를 지지하지 않고 아버지 편이
되었고 열성적인 마야코프스키 연구가였다는 것입니다.

그렇게 바실리 카타냔은 릴랴의 네 번째 남편이 되었습니다.
숫자에 놀라지는 맙시다. 엘리자베스 테일러는 8명의 남편이 있었
어도 아무도 전율하지 않습니다. 중요한 것은 시대, 나이를 이겼다
는 것이니까요.

더 이상 길게 생각하지 말고 릴리 유리예브나를 잘 알고 있던

타치야나 레쉔코-수호믈리나의 회고로 돌아가 봅시다. 1944년 4월 24일 그녀의 일기 중에 다음과 같은 기록이 있습니다(이때 릴리 브릭은 52살이었습니다).

"그녀는 매우 작은 연약한 손을 가졌다…… 매우 아름답고 작은 발, 둥 그렇고 따뜻한 어두운 갈색 눈과 적황색 머리……"

같은 해 12월입니다.

"때때로 모든 그녀의 '천한' 연인들에도 불구하고 그녀에게는 높은 이 상의 진지함이 있었다."

1956년 8월 15일(릴리 유리예브나는 65세입니다.)

"매우 천천히, 황홀하게 천천히 그녀는 늙어간다…… 손들은 누런 가을 잎처럼 되었고, 뜨거운 갈색 눈은 조금 흐려졌으며 금빛 적황색 머리는 오래전에 염색되었다. 그러나 릴랴는 단순하고, 세련되고, 인간적이고, 진지한 사고와 '허무의 허무'에 대하여 진심으로 냉담한 여성스런 여자 이다. 동시에 그녀는 머리부터 매혹적인 작은 발까지 유약했다."

2년이 더 지난 1985년 10월 22일입니다.

"오늘 릴레츠카 브릭에게 갔다. 아파트는 새롭고 마음을 끌 만했으며 창 밑으로 모스크바 강이 흐른다. 언제나처럼 릴랴 주위에서 모든 것은 아 름답고 쾌적하다. 새롭고 큰 집은 '우크라이나' 호텔 뒤에 서 있다. 릴레 츠카가 늙어서 미용사가 머리를 염색하러 왔는데 릴랴는 매력적으로 차 려입고 있었고 아름다운 눈은 예전처럼 보기 좋았다. 머리부터 발끝까지 여성이었다. 조금도 부인이 아니고 조금도 할머니가 아닌 똑똑하고, 선 량하고, 정중하고, 유쾌한……"

남자들을 탐하던 예전의 미인에게 노령의 마음은 지독한 것이어서 우울증에 빠지고 모든 것을 저주하며 타락할 수 있습니다. 그러나 릴리 유리예브나는 전혀 그렇지 않았습니다. 그녀는 자신의 쇠락을 용감하게 맞이했습니다. 항상 수평을 유지했지요. 그녀에게 철의 장막은 존재하지 않았고 향기롭고 근사한 그녀는 파리로부터 정기적으로 도착했습니다. 모스크바에서 계속 외국인들, 프랑스인들과 이탈리아인들을 만났습니다. 그녀의 살롱은 모든 새로운 소비에트 문화의 별들로 가득 찼습니다. 마야 플리세츠카야, 로지온 쉐드린, 영화감독 세르게이 파라좌노프, 시인 보리스 슬루츠키, 니콜라이 글라스코프, 빅토르 소스노라. 안드레이 보즈네센스키가 지적했듯이, 그녀에게는 취향의 독특한 재능이 있었고 그녀는 몇몇 세대 시인들의 모델이었습니다.

단지 여류시인만을 릴리 유리예브나는 환영하지 않았는데 특히 벨라 아흐마둘리나에게 그러했습니다.

"그러나 릴랴는 벨라를 좋아하지 않는다. 그녀가 말했다. - 당신들의 벨라는 아무것도 아녜요! 내가 어떻게 그녀가 맘에 들 수 있겠어? - 릴랴의 얼굴이 어두워졌다……"(레쉔코 - 수호믈리나의 1963년 2월 3일 일기에서)

아흐마둘리나의 재능을 알아채지 않았다는 것은 터무니없는 것이고 문제는 다른 것이 아닐까요? 그러면 무엇일까요? 신선한 젊음과 아름다움입니다. 아마도 이것을 릴리 유리예브나는 잠재의식에서 참아낼 수 없었을 겁니다. 미녀 아흐마둘리나와 그녀 주위의 젊은 숭배자 무리는 그녀를 심하게 상처 입혔지요.

릴리 브릭의 삶을 심사숙고하며 타치야나 레쉔코 – 수호믈리나
는 지적합니다.

> "릴랴의 삶은 모든 표면의 광채에도 불구하고 비극적이었다. 그녀는 단
> 지 내가 그녀를 알지 못했을 젊은 시절에만 행복했던 것 같다. 만일 릴
> 랴를 그 둘러싼 빛으로부터 꺼내면, 매우 약하고, 영리하고, 극히 물질적
> 이고, 마음이나 동정 연민으로부터가 아닌 이성으로부터 나온 선을 행하
> 는(릴랴는 많은 이들을 도왔고 돕는다) 여성이었을 뿐이다. 그녀의 매력
> 과 재능, 사람들을 취향에 따라 가려내는 능력, 삶에 대한 강렬한 흥미
> 등 이 모든 것이 그녀 주위의 빛을 만든다……"(1961년 11월 20일)

더 계속해 봅시다.

> "릴랴에게 위대한 시인을 사랑에 빠지게 한 빛이 없었다면, 그녀에게는
> 무엇이 남았을까? 진지한 정신, 금전적 능력(릴랴는 인색함이 없었다),
> 매력, 손님을 반기는 것, 재능……"(1962년 12월 9일의 메모에서)

마지막

유명한 여성들 중 릴리 유리예브나 브릭처럼 그렇게 크고 충분
한 삶을 살았던 여성은 드물 겁니다. 그녀에 대한 언급으로 작가
이며 러시아 문학 연구가인 긴즈부르그의 말을 하나 더 소개해 봅
시다.

> "릴리 유리예브나는 이미 거의 솔직하게 늙고 살찐 여성이다. 지금 그녀
> 는 겐드리코프에 있던 그때보다 더 평온하고 선량한 것 같다. 그녀는 역

사적인 머리와 눈을 보존하였다. 모든 변화와 함께 자신의 삶을 그녀는
스스로 선택해서 살았고 자신의 가까운 이들의 선택도 했으며 이것은
지혜의 빛이나 미의 빛이 아니라 열정들로 소비한 시적 재능, 절망 등을
가져왔다는 확신을 준다……"

이미 아무짝에도 쓸모없는 열정의 순간이 다가왔습니다. 공손
한 숭배가 있었지요. 아파나시야 페트가 다음과 같이 말할 용기가
필요했습니다.

오, 아니야, 나는 잃어버린 기쁨을 부르지 않을 거야,
헛되이 줄어드는 피를 흥분시키지도
또다시 잃어버린 젊음을 소리쳐 부르지도 않을 거야
그리고 젊음의 동반자도 – 격렬한 사랑도.

페트는 이 행들을 그가 37살이었을 때 썼습니다. 이 나이에
릴리 유리예브나는 자신의 피를 활발하게 흥분시키기를 계속했
었지요.

그러나 자연을 기만해서는 안 됩니다. 일찍 혹은 늦게 계산에
따른 지불을 해야만 합니다. 87세에 릴리 유리예브나는 넓적다리
를 부러뜨렸습니다. 브릭은 자신의 나이에 그러한 상처를 회복하
는 것, 뼈를 접착한다는 것이 불가능하다는 것을 알았습니다. 말하
자면 이후로는 움직일 수 없다는 것인데, 그녀는 이것을 받아들일
수 없었습니다.

1978년 8월 4일 릴랴 브릭은 수면제를 다량 복용하여 자살했습
니다.

안드레이 보즈네센스키가 다음과 같이 증언합니다.

"나는 그녀의 최후의 편지를 보았다. 그것은 가슴이 터질 것 같은 문장
이었다. 아마도 나는 죽음의 도해를 보았던 것 같다. 먼저 균일하게 중학
생의 분명한 필적이 바샤 – 그녀가 마지막으로 작별한 사랑인 V. A 카타
난 – 에 대한 사랑에 관해 쓰고 자신이 그를 남기고 가는 것에 대한 용
서를 구한다. 다음에는 글자들이 날기 시작하고 헤엄치기 시작했다. 졸
음이 오기 시작한 것이다. 손은 삶을 마감하려는 방법을 설명하려고 시
도하고 앞뒤 연결이 없는 갈겨쓴 글씨가 춤을 추고 선들 – 삶, 생각, 말
과의 작별 –, 실재하지 않는 안개가 중간에 끊어진다……"

릴리 유리예브나가 자신의 마지막을 예견했을까요? 그것에 대
해 생각했을까요? 그렇습니다. 강하고 단호한 여성이었지요. 죽기
19년 전에 그녀는 유서를 만들었습니다.

"……내 재는 보관하지 말고 들판 어딘가에 뿌리기를 부탁하오. 릴리
브릭. 1959년 2월 19일."

그녀의 이 뜻은 죽고 1년이 지난 후 이행되었습니다. 1979년 5
월 17일 모스크바 교외의 부쇠리노 시골 근방 큰 도시 들판이었습
니다. 돌풍이 재를 날려 들판에 흩어 놓았습니다.
지금 그 들판에는 장엄하고 무거운 둥근 돌이 서 있습니다. 거
기에는 "Л. Ю. Б. – 릴리 유리예브네 브릭"이라는 글귀가 새겨져
있습니다.
1992년 10월 모스크바에서 전람회 <릴리 브릭의 세계>가 열
렸습니다. 언제인가 사랑의 생생한 감정, 창조적 절단, 에너지의 분
출로 가득 찼던 이 세계에 무엇이 남아 있었을까요? 전시회에서는
릴리 유리예브나를 그린 티슐레르, 브를류크와 다른 화가들의 생

생한 초상화들, 그녀의 사진들, 로드체니코의 화려한 사진 작품들, 자필, 사랑의 메모, 편지들 등이 있었습니다.

이 모든 것은 부서지기 쉽고 순간적인 것이지요! 그렇지만, 모든 우리의 삶이 그러합니다. 고대 민족들은 "vita sommum breve"라고 말했습니다. '삶은 짧은 잠'이라는 의미지요.

인간의 주목할 만한 꿈들 중 하나가 릴리 브릭의 삶입니다.

소비에트의 스러진 별, 지나이다 라이흐

  여자의 운명은 언제나 단순하지 않습니다(그 사람이 여성이라는 이유에 의해). 그런데 만약 그녀의 길에 한 사람이 아니라, 두 사람의 위대한 인간을 만났다면, 그리고 그녀가 처음에는 그중 한 사람의 아내였고, 후에는 또 다른 사람의 아내가 됐다면, 이것은 매우 단순하지 않은 운명이라고 말할 수 있을 것입니다. 그리고 그 여성이 여배우이기까지 하다면, 극장의 주연 여배우며, 따라서 숭배, 비평, 질시의 진원지에 있다면……도대체 어떤 구체적인 여성에 관하여 말하고 있는 것일까요? 지나이다 니콜라예브나 라이흐(Зинайда Николаевна Райх)에 관해서입니다.

  이 이름은 많은 젊은이들에게 알려져 있지 않습니다. 그러나 지난 세기의 화려한 여성의 모습을 상상해 보세요. 20~30년대에 모스크바의 모든 극장 관계자 사람들의 입에 라이흐라는 이름이 오르내렸습니다. 훌륭한 예술가인 브세볼로드 메이예르홀드[58] 감독의 아내. 시인 세르게이 예세닌[59]의 두 아이의 어머니. 예세닌과 메이예르홀드라는 별들의 결합 자체만으로도 호기심(흥미)을 일으켰다는 데 동의하실 겁니다. 자, 그럼 지나이다 라이흐입니다.

라이흐의 젊은 시절

그녀는 1894년 6월 21일(7월 3일)에 오뎃사 근처 블리즈니에 멜니쯔이 마을의 철도역무원과 기관사의 가정에서 태어났습니다.

"어머니는. ─지나이다 라이흐가 회상했습니다. ─ 몰락한 귀족 가문 출신으로, 괴로워했다. 아버지는 집에 더러워진 채 돌아왔다. 하지만 그는 대단한 사람이었다. 생각하는 사람이었고, 읽는 사람이었으며, 러시아 최초의 사회─민주주의자들 중 하나였다. 그 자신은 러시아에 귀화한 독일인 가정 출신이었고, 노동하는 인텔리였다. 아버지로부터 책들에 대한 나의 열정이 생겨났으며, 일찍부터 혁명 관련 서적들을 읽게 되었고, 그룹들, 자신의 진로 탐구, 작은 불행들─어린 시절에 '탄압'─을 겪게 되었다. 그리고 아버지의 추방. 내가 태어났던 오뎃사에서 벤데르이로 가게 되었다. 그리고 자신을 위해서가 아닌 사람들을 위한 구좌, 이것도 아버지가 열어 주었다……"

---

58) 연출가. 스타니슬랍스키와 체호프의 제자이자 동료로 20세기 연출가 중심의 연극을 주도적으로 이끌며 현대 연출가의 대부, 아방가르드 연극의 시조로 불림. 메이예르홀드는 자주 피카소와 비교되어 '연극계의 피카소'라고 불리기도 함.

59) 이사도라 던컨과 결혼했던 러시아의 천재 시인. 앞에서 소개된 바 있음.

세기 초에는 많은 인텔리들이 혁명에 열중했습니다. 변화, 혁신, 진실, 공정함, 새로운 세상의 아름다움을 원했지요. 여기 지나이다도 정치적 투쟁에 단호하게 열중했고, 이 때문에 벤데르니에 있던 중학교 8학년에서 제적되었습니다. 이것은 그녀를 멈추게 하지 않았습니다. 1913년부터 그녀는 사회주의자 - 혁명주의자 당의 당원이었는데, 간단히 말해서 사회혁명당원이었습니다. 라이흐는 어떤 테러도 수행하지 않았고, 주로 선전 임무를 담당했습니다.

학생과 사회혁명당원의 자격(그 무렵에는 익숙한 결합이었습니다)으로 라이흐는 페트로그라드로 옮겨 갔고, 그곳의 <사회혁명당 문학과 신문의 전파협회>에서, 그리고 동시에 사회혁명당지 <민중의 사업>의 기술 비서로 일했습니다. 신문에서 그녀는 세르게이 예세닌과 만났습니다. 그 당시 예세닌은 곱슬거리는 금발머리를 깔끔하게 빗어 넘긴 청년이었습니다. 파란 하프코트에, 붉은 실크 셔츠를 입고, 에나멜 장화를 신고 다니는 것을 좋아했습니다. 정말 러시아의 멋쟁이입니다.

멋쟁이는 멋쟁이였지만, 때로는 잠을 잘 곳이 없었는데, 자신의 집이 없었습니다. 신문사에서 일했던 기자 이바노프 - 라줌닉은 한 번은 지나이다 라이흐를 세르게이 예세닌과 그의 친구 알렉세이 가닌과 소개시켰고, 라이흐에게 편집실의 넓은 홀에 의자들로 그들의 잠자리를 만들어 달라고 부탁했습니다. 편집실에서의 숙박은 여러 차례 반복되었고, 라이흐는 농담 삼아 자신의 친구인 미나 스비르스카야에게 불평했습니다.

"정말이지 어디에 너의 공상가와 알료샤의 자리를 마련해 줘야 할지 모르겠어. 이 대공의 의자들은 실크가 씌워져 있는데, 그들 덕분에 누더기가 됐어."

'공상가' - 그는 예세닌으로, 미나 스비르스카야를 쫓아다녔을 뿐만 아니라, 한동안은 그녀의 약혼자로 여겨졌습니다. 그런데 이제 미나 스비르스카야의 회상으로 향할 적당한 시간입니다.

"예세닌은 〈사회혁명 문학과 신문의 전파협회〉에 거의 매일 오기 시작했다. 그는 언제나 오후에 왔다. 가벼운 외투에, 조금 구겨진 검은 펠트 모자를 쓰고서, 침묵하면서 우리에게 손을 내밀었는데, 책장에서 샬로프의 두꺼운 책 〈분리주의 운동사〉를 꺼내서 앉아서 읽기 시작했다⋯⋯ 뒤늦게 가닌이 왔고, 역시 앉아서 독서를 했다. 지나이다 니콜라예브나가 왔다. 협회의 일상적인 업무를 의논하고 나서, 우리 네 명은 페트로그라드를 따라 거닐기 위해 출발했다. 보통 나와 세르게이가 앞에서 걸었고, 지나이다와 알렉세이는 뒤쳐져서 걷게 되고는 했다. 예세닌은 언제나 시를 낭독했다⋯⋯ 가닌이 우리를 소리쳐 부르기도 했다. 그는 세르게이를 세르군카라고 불렀다. 우리는 멈춰 섰다. 그들이 우리에게 다가오는 동안 기다리고 있었다. 가닌은 자신의 시 중에서 몇 행을 낭독했다⋯⋯ 그와 예세닌 사이에는 논쟁이 시작되었다. 지나이다는 종종 자신의 의견을 말했다⋯⋯ 우리는 어떤 날씨에도 산책을 했다. 때로는 페트로그라드의 작은 가랑비를 맞으면서 걸었고, 추위를 타기 시작했고, 두 개의 배가 볼록한 찻잔에 담긴 뜨거운 차로 몸을 덥히기 위해서 어떤 찻집으로 들어갔다⋯⋯"

모든 것으로 판단해 볼 때, 가닌은 라이흐에게 구애했는데, 한번은 'Z. R.'에게 헌정한 시를 썼습니다. "물의 요정"이란 제목의 시였습니다. 당시 라이흐에게는 머리 주위에 붙인 두 개의 땋아 내린 머리가 있었는데, 그녀의 머리를 '물의 요정의 머리'라고 불렀지요. 예세닌은 가닌의 시에 자신의 식으로 반응했습니다. 빠르게 행을 써 내려갔고, 그것들을 'M. S', 즉 미나 스비르스카야에게 바쳤습니다.

1917년 여름에, 헌법제정회의에서 선거를 준비하고 있었을 때, 예세닌은 협회로 뛰어 들어왔고 이렇게 제안했습니다.

"미나, 우리와 같이 솔로프키로 가요. 나와 알료샤는 갈 거요."

미나는 동의하지 않았습니다. 협회에서의 일을 내던져 버릴 수 없었습니다. 그런데 라이흐는 용기를 냈고, 더군다나 그녀는 여행에 오랫동안 모았던 귀중한 금액을 내놓았습니다. 당연히, 예세닌에게도, 가닌에게도 돈이 없었고, 단지 여행의 목적만이 있었습니다. 그리고 이렇게 세 사람은 북쪽으로 출발했습니다.

스비르스카야가 회상합니다. 도착했을 때 라이흐는 어떤 근무 서류를 쓰고 있었습니다.

"그녀는 다 쓰고는 내 쪽으로 서류를 돌려주었는데, 라이흐 – 예세니나
라는 자신의 서명을 보여주면서 '저기, 솔로프키에서 나와 예세닌을 사
제가 결혼시켰어.'라고 말했다."

<민중의 사업> 신문의 편집장인 세르게이 포스트니코프의 말입니다.

"한번은 내 비서가 어찌된 일인지 근무하러 나오지 않았다. 그녀는 3일
동안 사라졌고, 후에 나타났는데, 우리의 질문들에 기쁘게 알렸다. 세료

자와 슐린셀부르그에서 결혼했다고…… 곧 그녀는 편집실을 그만두었다.”

기억은 종종 회상록 작가들을 곤경에 빠뜨립니다. 라이흐는 3일 동안이 아니라, 더 긴 기간 동안 떠나 있었고, 슐린셀부르그에서가 아니라, 보존된 서류에 따르면, 볼로고츠키 군의 키리코-울리톱스카 교회에서 결혼했습니다. 이 사건은 1917년 8월 4일에 일어났습니다. 라이흐는 23세였고, 예세닌은 9월에야 겨우 만 22세가 되었습니다.

다시 한 번 스비르스카야의 회고록에 주목합니다.

“지나이다 자신이 이야기하기 시작했다. 그녀는 만약 자신이 결혼한다면, 알렉세이와 할 것이라고 여겼다. 세르게이와 그녀를 연결해 주는 것은 순수한 친구관계였다. 세르게이가 기선에서 그녀를 사랑하며, 그녀 없이는 살 수 없다고. 그들은 결혼해야만 한다고 말했을 때, 그녀에게는 어느 정도 뜻밖의 일이었다. 솔로프키에서 예배가 진행되고 있던 작은 예배당을 문득 마주쳤고, 그곳에서 그들은 결혼했다. 세르게이도, 알렉세이도 나에게 이것에 대해서 아무런 이야기도 하지 않았다.”

바로 이렇게 여자 친구들 사이에 드물지 않게 생기는 일이 벌어집니다. 스비르스카야가 예세닌의 아내가 되어야 했지만, 아내가 된 것은 그녀의 여자 친구 라이흐였습니다.

라이흐와 예세닌

결혼식 후 40일이 지나서 지나이다 니콜라예브나는 <프라브다>에 오늘부터 그녀는 자신을 "사회주의자 - 혁명주의자의 당에서 탈퇴한" 것으로 여기겠다는 편지를 게재했습니다. 라이흐에게 혁

<예세닌>

명의 시기는 막을 내렸고, 그리고 물론 폭풍우와 충격들을 갖는 자신의 가정의 시기가 시작되었습니다.

진정한 여성으로서, 그녀는 열심히 가정이라는 둥지를 틀기 시작했습니다. 그때 그녀는 단순한 여성의 행복을 원했습니다. 남편, 아이들, 집…… 힘든 시절임에도 불구하고, 그녀는 집안이 편안하고 평온하게 하기 위해서 많은 일을 했습니다. 리체이느이 골목에 아파트를 얻었고, 아파트에 가구도 조금 들여놓았습니다. 이전에는 집이 없었던 예세닌에게 처음에는 이 모든 것이 마음에 들었고, 그는 모든 사람에게, 그리고 만나는 사람마다에게 말했습니다. "나에게는 아내가 있어." 알렉산드르 블록은 조금 놀라서 일기에 지적했습니다. "예세닌이 이제 결혼했다. 소유에 익숙해지고 있다."

스비르스카야의 회고록에서 읽습니다.

"그들의 생활방식에서 살림솜씨가 느껴지기 시작했다. 세르게이의 생일이 다가왔다. 지나이다는 내게 와 달라고 청했다. 단지 몇 사람만이 올 것이고 음식들도 정말로 아주 적을 것이라고 말했다. 나는 갔다. 전기가 없었다. 식탁에는 작은 석유램프와 몇 개의 초들이 세워져 있었다. 술 몇 병과 어떤 음식들. 그 당시 기준으로 식탁은 축제일처럼 보였다. 가

닌, 이바노프 – 라줌닉, 표트르 오레쉰 그리고 또 누군가가 있었다……
매우 활기찼고 즐거웠다. 예세닌은 내가 그와, 그리고 알료샤와 잔을 들
어 함께 마시고 키스를 할 것을 고집했다. 우리는 마셨다……."

그 후 예세닌은 스비르스카야를 배웅하러 갔습니다. 라이흐는
화를 냈습니다. 보통의 삶의 상황입니다. 그러나 이것은 단지 예세
닌과 라이흐의 가정생활에서 가장 악의 없는 꽃들이었습니다. 열
매들도 있었습니다, 그것도 어떤 열매들이었는지! ……

'행복'이 전설의 영역으로 물러났을 때, 예세닌은 어쩌다 니콜
라이 니키틴과 함께 거리를 따라 걷다가, 모더니즘 스타일의 커다
란 회색 건물을 그에게 알려주면서, 슬프게 말합니다.

"나는 언젠가 여기에서 살았어…… 저기 저 창이야. 아내와 함께 살았
지, 혁명 초기에. 그때는 내게 가족이 있었어. 그리고 사모바르도 있었
지, 너의 집에서처럼. 그 후 아내가 떠났어."

왜 떠났을까요? 왜 모든 것이 파괴되었을까요? 원인은 예세닌
자신에 있습니다. 라이흐는 떠나고 싶어 하지 않았습니다. 그렇습
니다. 누가 두 아이들을 데리고 남편에게서 떠나겠습니까(1918년
5월 29일에 타치야나가, 1920년 2월 3일에 콘스탄틴이 태어났습
니다).

그러나 조용한 가족의 항구는 통상 시인들에게 금기인데, 하물
며 예세닌같이 구겨져 버리는 시인에게는 말할 필요도 없습니다.
그는 떠돌기 시작했습니다. 항상 친구들에게 둘러싸였고, 진짜 방
종한 생활을 했습니다. 술, 여자, 스캔들……

예세닌을 술에 빠진 방탕한 생활에서 구해 보려고 라이흐와, 그리고 그 후의 예세닌의 여자들 ─이사도라 던컨과 소피야 톨스타야─ 은 노력했지만, 성공적이지 못했습니다. 예세닌의 할아버지와 아버지도 알코올 중독자였습니다. 나쁜 유전인자, 좋지 않은 주위 사람들, 그리고 시인 자신의 의지박약은 그를 아래로 밀었고, 경사면을 구르도록 강요했습니다. 그리고 여기 마음에는 이미 가을, 그리고 "검은 사람"이 손님으로 옵니다.

……검은 사람
손가락으로 불쾌한 책 위를 어루만진다.
그리고 내 위에서 콧소리로 흥얼거리며,
죽은 수도사 위에서처럼,
내게 인생을 읽어준다
어떤 비열한 놈과 주정뱅이의,
마음에 슬픔과 공포를 불러일으키며,
검은 사람은,
검은, 검은! ……

술 취한 상태에서 예세닌은 자주 손을 "자유롭게 했습니다" 자신의 충직하고 신뢰할 수 있는 추종자였던 갈리나 베니슬랍스카야에게 시인은 고백합니다.

"……나 자신이 두려워. 원하지 않지만, 또 때릴 거라는 것을 알고 있지. 당신을 때리고 싶지 않아, 당신을 때려서는 안 되지. 나는 두 명의 여성을 때렸어, 지나이다와 이사도라를, 그리고 달리 어쩔 수가 없었어, 내게 사랑은 무서운 고통이고, 이것은 그렇게 괴로운 거지. 나는 그때 아무것도 이해하지 않아, 당신에 대해서도 나는 이것이 매우 두려워. 매 맞지 않도록 조심해."

　라이흐와 예세닌의 파국의 또 하나의 이유는 시인의 주변 사람들입니다. 그들의 아들인 콘스탄틴 세르게예비치는 1967년 12월 2일자로 M. 로이즈만에게 보낸 편지에서 아버지와 자신의 어머니, 지나이다 니콜라예브나 라이흐의 결별의 원인을 이렇게 설명했습니다.

"물론, 어머니와 그녀의 여자 친구인 지나이다 베니아미노브나 게이만의 이야기에 따르면, 어머니에게 적의를 품고 대했던 '사나이답게 사는' 그룹의 아버지의 '친구들'이 역할을 했습니다. 아버지에게 끼치는 그들의 유해한 영향을 보면서, 그녀 자신도 이들에게 적의를 품고 대했지요. 보기에, 이 모든 일에서 어머니의 러시아적이지 않은 성, 그녀는 자신의 아버지, 나의 할아버지에게서 라이흐라는 성을 받았습니다만, 이것이 역할을 했던 것 같습니다. '사나이답게 사는' 사람들은 그녀의 러시아적이지 않은 혈통에 집착했는데, 한편으로 그녀의 어머니는 러시아인(안나 이바노브나 빅토로바)이었습니다. 어머니의 아버지인 니콜라이 안드레예비치 라이흐는 철도 역무원이었고, 실레지아 지방 출신이었습니다. 그의 국적은 지난 세기의 호적부에서 잊혔습니다……"

　만약 라이흐가 예세닌을 그의 친구들과 술친구들로부터 떼어 놓았다면, 자신의 가정을 지켰을 뿐만 아니라, 어쩌면 문학을 위해 예세닌을 보존할 수 있었을지도 모릅니다. 하지만 이것은 그녀의 힘 이상이었습니다. 아내와 친구들의 결투에서 후자가 승리했던 것이지요. 그런데 그들 거의 모두가 라이흐를 반대한 그 이유는 부끄럽게도, 민족적인 것이었습니다.

　여기 아나톨리 마리엔고프는 자신의 회고록 <나의 세기>에서 지나이다 라이흐에 관해서 방자하게 썼습니다.

"그녀는 살찐 유태인 부인이었다. 너그러운 자연은 접시같이 둥그런 얼굴에 그녀의 감각적인 입술을 부여했다. 일행에게 요리를 내놓을 때 쓰는 레스토랑의 커다란 쟁반 같은 크기의 궁둥이를 부여했다. 그녀의 조금 굽은 다리는 요동치며 항해하는 배의 갑판을 따라서 걷는 것처럼, 땅을 따라서, 나중에는 무대를 따라서 걸어 다녔다. 바짐 쉐르쉐네비치는 익살을 부렸다. '아, 나는 얼마나 라이흐스러운 다리를 보는 데 진력이 났는지 몰라!'"

라이흐에 대한 예세닌의 주변 사람들의 태도를 반영하는, 매우 의미심장한 구절입니다. 마리엔고프는 그녀를 여배우로서도 받아들이지 않았습니다. 여전히 야비하고 ─ 방탕한 문체로 그는 썼습니다.

"지나이다 라이흐는, 물론, 훌륭한 여배우가 되지 않았지만, 유명한 여배우가 된 것은 논쟁의 여지가 없다. 재빠르게 자신의 추행을 해치웠다. 첫째로, 천재인 메이예르홀드 둘째로, 그녀 자신의 탐욕스러운 궁둥이 셋째로, 이 궁둥이를 두 개의 강력한 반쪽으로 나눈 숙련된 재단사 그리고 마침내, 수많은 험담의 작은 기사들……"

마리엔고프와 유사한 예세닌의 친구들로부터, 그 당시 임신한 상태였던 라이흐는 더 멀리 떨어져 있어야만 했습니다. 그녀는 처음에 초라한 호텔 객실에 거처를 정했고, 그 후 오렐에 정착한 부모님의 집으로 해산하러 떠났습니다.

돌아올 곳은 어디에도 없었습니다. 가정은 이미 존재하지 않았습니다. 얼마 동안 라이흐는 오스토젠카에 있는 산모와 아이를 위한 피난처를 찾았습니다. 코스챠가 아팠습니다. 그 후 지나이다 니콜라예브나 자신이 앓기 시작했습니다. 그녀는 기적적으로 살아났습니다. 그리고 이미 여러 해가 지나서 공포를 느끼면서 자신의 인생에서 가장 중요했고, 가장 두려웠던 '세르게이'에 관해서 회상했습니다.

국립 문서보관소에 라이흐의 요약적인 메모들이 있습니다.

"20년 가을, 20년 겨울(잦은 만남들). 평행선은 교차하지 않는다."

관계를 회복해 보려는 시도들이 있었습니다. 그리고 메이예르홀드 밑에 있을 때조차 시도해 보았지만 과거는 끝내 돌아오지 않았습니다. 2월 19일에 예세닌은 혼인 파기 서류를 제출했습니다. 이혼은 1921년 10월 5일, 그 당시 라이흐가 살고 있었던 오렐시 인민 재판소의 결정에 따라 성립되었고, 아이들은 어머니에게 남겨졌습니다.

예세닌과 라이흐의 길은 갈라졌습니다. 인생의 가장 힘들었던 시기를 체험하고 나서, 그녀는 견뎌냈고, 비범한 정신력을 보여주었으며, 마침내 다른 사람과 함께 자신의 행복을 찾았습니다. 그런데 예세닌은? 다른 아내들과 여자들과 "기쁨 없는 날들을 흩뿌리기 위해서" 계속 갔습니다만, 항상 자신의 가슴속에서 지나이다 라이흐에 대한 애수를 느꼈는데 역시 그녀는 그를 단단히 잡고 있었습니다! ……

당신은 기억할거요
당신은 모든 것을, 물론, 기억할거요
벽에 기대어서,
내가 서 있었을 때,
흥분해서 당신은 방을 따라 걸었지

그리고 무엇인가 날카로운 말을
내 얼굴에 던졌소.

당신은 말했지
우리가 이제 헤어져야 할 때예요.
무엇이 당신을 괴롭혔는지
내 광기 어린 인생,
당신은 일을 시작해야 할 때가 되었고,
나의 운명은 –
더 멀리, 밑으로 구르는 것.
사랑하는 여인이여!
당신은 나를 사랑하지 않았소……

'사랑하는 여인이여!'란 호칭은 우연이 아닙니다. 많은 동시대
인들이 예세닌은 라이흐를 죽는 날까지 사랑했다고 지적합니다.
"카찰로프의 개에게"란 시에서 그는 짐에게 부탁했습니다.

네가 내 대신 그녀의 손을 부드럽게 핥아줘
내가 잘못했던 일과 잘못하지 않았던 일, 모든 것에 대해서.

오, 이 늦은 후회란! 기차는 떠났습니다. 그리고 손수건을 구기
적거리고 그것을 눈물로 젖게 할 수 있습니다. 또는 감동적이고 서
정적인 시구를 쓸 수도 있는데, 바로 이것을 불행한 예세닌이 했습
니다. 라이흐는 애수에 잠길 틈이 없었습니다. 그녀는 아이들을 키
웠습니다. 그녀의 천성의 고결함에 관해서 스비르스카야의 회상
중 다음과 같은 에피소드가 증명해 주고 있습니다.

"공산주의 청년 동맹의 구역 위원회 비서가 라이흐를 소환했고, 그녀가 자신의 아이들을(타냐와 코스챠) 그들의 아버지의 기억을 숭배하면서 키우고 있다고, 여기 코스챠는 학교에 예세닌 연구 동아리를 만들었다고 말한다고 비난했다. '그런데 그것이 뭐가 나쁘다는 건가요?'라고 지나이다가 이제 막 유행하기 시작했던 넥타이를 매고 있는 젊은 소비에트 관료에게 물었다. '당신은 예세닌을 제2의 푸슈킨으로 생각한단 말입니까?' - 비난하듯이 젊은 일꾼은 물었다. '아니오. - 지나이다가 대답했다. - 나는 그를 예세닌이라고 생각해요.'"

라이흐와 메이예르홀드

예세닌과 헤어진 후에 라이흐는 망가지지 않았고, 삶의 소동 속에 잊히지도 않았고, 자신의 길을 타진하고 있었습니다. 1921년 가을에 그녀는 저명한 감독인 브세볼로드 메이예르홀드가 지휘하고 있었던 국립 실험 명인들의 학생이 되었습니다. 위대한 개혁가였던 메이예르홀드는 자신의 주위에 재능 있는 젊은이들을 모았고, 콘스탄틴 루드니츠키가

<메이예르홀드>

쓰고 있는 것처럼, "지나이다 라이흐는 곧장 이 유쾌한 고전 예술의 전복자들의 무리에서 자신의 사람들 사이에 있는 것처럼 느꼈습니다." 그녀의 마음은 마치 불안한 꿈에서 깨어나 사람들을 향해서 천천히 나아가는 것 같았습니다.

지나이다가 등장했을 무렵에 메이예르홀드는 이미 자신의 첫 번째 아내인 올가 문트와 헤어졌습니다. 아름답고 재능 있는 학생은

곧 거장의 마음을 사로잡았습니다. 그는 그녀보다 20세 연상이었는데, 이것이 또한 그들의 관계의 독특한 특성을 미리 정했습니다. 시나리오 작가인 에브게니 가브릴로비치가 썼습니다.

> "내가 일생 동안 수없이 많은 열애를 보았지만, 메이예르홀드의 라이흐에 대한 사랑에는 무엇인가 규명하기 어려운 것이 있었다. 광적인 것이, 있을 수 없는 것이, 무방비하며 분노하고 질투하는 것이…… 무엇인가 무아지경의 것이. 사랑에 관하여 모두가 쓰고 있지만, 그 사랑과 인생에서 거의 맞닥뜨리지 않게 되는 아주 드문 사랑. 그런데 만약 뜻밖에 만나게 된다면, 뛰어서 옆으로 지나갈 것이다. 그렇다. 게다가 조소할 것이다. 그리고 달리면서 머리에 들어오지 않는다. 중대한 것의 옆으로 질주하고 있다는 것이. 피그말리온[60]과 갈라테이아, 바로 이렇게 나는 이것의 본질을 정의했을 것이다. 똑똑하지만, 아무래도 여배우감이 아닌 여성을 거장은 자신의 사랑의 힘으로 무대의 일류 예술인으로 조각했다. 그의 최후의 상연에서 그녀의 연기는 나에게 단지 기적일 뿐이었다……"

메이예르홀드는 라이흐와 결혼했을 뿐만 아니라, 그녀의 아이들을 입양했습니다. 타치야나와 코스챠는 그의 보호 아래 자라났습니다.

이제 지나이다 니콜라예브나의 가정생활은 예전에 있었던 그것과 현저하게 차이가 났습니다. 이전의 조용하고 순종적인 아내와 방탕한 남편의 생활(라이흐와 예세닌의 생활)은 뒤로 물러났습니다. 굳은 결속력을 지닌 진정한 가정이, 열렬히 사랑해 주는 남편이, 공통의 관심사들이 나타났습니다. 극장, 예술, 문학, 이름이 널리 알려진 손님들과 친구들.

---

60) 그리스 신화에 나오는 키프로스의 왕. 자신이 상아로 조각한 여신상인 갈라테이아를 사랑하여 아프로디테가 이 상에 생명을 불어넣어 아내로 삼게 하였는데, 둘 사이에서 딸 파포스가 태어났다.

메이예르홀드가 극장에서 까다롭고, 고집스럽고, 의심이 많으며, 자주 화를 내고 불공평했다면(모든 총감독들의 특성), 가정생활에서나 친구들에게 그는 착하고, 온화하고, 쉽게 양보하며, 장난기가 넘쳤습니다. 그리고 집에서는 그가 아니라, 바로 지나이다 니콜라예브나가 가장의 역할을 수행했습니다. 그녀가 지배했고, 그녀가 결정했습니다. 극장에서, 그리고 생활 속에서 메이예르홀드와 라이흐는 마치 위치를 바꾸는 것 같았습니다.

연습 후 집으로 돌아와서 흥분한 라이흐는 드물지 않게 문가에서 불쑥 말을 꺼냈습니다. "메이예르홀드는 신이야!" 이것은 그러나 그녀가 5분이 지나서 무슨 생활의 사소한 일로 '신'을 욕하는 것을 전혀 방해하지 않았습니다. "브세볼로드, 내가 당신에게 수천 번은 이야기했잖아요! ……" 그리고 즉시 메이예르홀드가 휴식을 취하고 숨을 돌리는 것을 아무도 방해하지 못하도록 보살폈습니다. 그리고 식구들에게 행복하게 알려줍니다. "그런데 오늘 극장에서 그가 나에게 얼마나 소리를 질렀던지!" 그리고 바로 자신의 배우로서의 발견을 자랑합니다.

이것이 두 평범하지 않은 사람들의 일상이었습니다. 어쩌면, <검찰관> 공연에 강한 인상을 받고, 브세볼로드 에밀리예비치에게 감탄에 어린 편지를 썼던 보리스 파스테르나크는 그녀에게 보다 더 좋은 점수를 주었을지도 모릅니다. 편지의 맺음말입니다.

"나는 당신들 두 사람 앞에 고개를 숙입니다. 그리고 당신이 사랑하는 사람과 함께 일하는 것을 내가 질투하고 있다는 것을 당신들 두 사람에게 적습니다."

오, 그 시기의 모든 공포에도 불구하고, 이것은 행복한 시절이 었습니다. 메이예르홀드와 라이흐의 창조적이고 애정 어린 충동들 은 하나였고, 그들은 앞으로 향하는 매번의 다음 발자국을 위한 힘 을 서로에게서 얻으면서 살았습니다.

표도르 라스콜리니코프의 아내인 무자 칸니베즈는 회상했습니다.

"우리가 지난번에 모스크바에 왔을 때, 우리는 메이예르홀드의 집으로 식사초대를 받았다. 그들은 막 파리에서 돌아온 상태였다. 지나이다 니 콜라예브나는 생기 있게 '끊임없이' 검은 눈동자를 빛내면서, 나에게 파 리에서 마르가리타 고티에를 위해 구입한 빌로드를 보여주었다. '이 검 은 빌로드가 내 마음에 쏙 들어서, 나는 내 것도 샀어요.'라며 지나이다 니콜라예브나는 웃었다. 그녀는 매우 행복해 보였다. 자신의 아름다움과 기쁨의 정점에서 마침내 사랑에 빠지고 불행한 진정한 여인의 역을 연 기할 수 있어서. 타원형의 식당에서 세련되게 식기가 놓인 식탁에서 활 기 넘친 대화가 진행되었다…… 메이예르홀드는 만족해 보였고, 그가 통상적인 꾸밈없이 보여주고 싶었던 듀마의 희곡에 대한 자신의 해석에 관해 이야기했다. 모스크바에서는 메이예르홀드가 특별히 지나이다 라 이흐의 아름다움과 매력을 보여주고 싶어 했다고 말들을 했다. 흥미와 영감을 가지고 자신들의 생각과 의도를 논의하는 이 침착한 대화 상대 들에게 아무것도 위험해 보이지 않았다. 여기서 가까운 루반카의 지하 실61)에서 이미 그림자가, 공포, 고통, 그리고 죽음의 그림자가 일어섰다 는 것을 누구도 상상하지 못했다……"

1928년에 메이예르홀드와 라이흐는 유명한 건축가 레르베르그 에 의해 트베르스카야에서 가까운 브류솝스키 골목에 지어진 협동 조합 건물로 이사했습니다. 두 개의 크지 않은 아파트를 하나로 연 결해서 하나의 - 방 네 칸짜리의 - 아파트를 얻었습니다. 메이예르

---

61) 루반카에 KGB 건물이 있었고 이 건물 지하실을 말함. 소련 시절 고문과 숙청이 행해진 곳.

홀드의 서재, 거실(이것이 바로 식당이고, 이것이 바로 라이흐의 방이며, 이것이 바로 소위 말하는 '황색의 방'이었습니다), 코스챠를 위한 작은 방, 조금 더 큰 방은 타냐 예세니나의 방이었습니다.

'황색의 방'에는 타원형의 식탁, 양질의 자작나무로 만든 의자들, 소파, 등받이 없는 긴 의자, 지나이다 니콜라예브나의 여성용 책상, 찬장, 경대, 장(옷장, 선반이 몇 개 있는), '벡스타인' 피아노가 있었습니다. 벽들은 금도금을 한 판으로 테를 붙인 흐린 노란색 벽지에 두 개의 그림이 걸려 있었습니다. 쉐스타코프가 목탄으로 그린 커다란 라이흐의 초상화와, 페르난 레제가 메이예르홀드에게 선물한 유화. 모든 것이 훌륭하고 편안했지만, 과시하기 위한 사치라고는 전혀 없었고, 한 '무대의 세도가'에게는 놀라울 정도였습니다. "당신의 메이예르홀드는 가난하게, 가난하게 사는군요!"

메이예르홀드와 라이흐의 부는 다른 것에 있었습니다. 지적이고 친밀한 대화(교류) 속에. '황색의 방'에 여러 차례 작가들과 시인들이 앉아 있었는데, 안드레이 벨르이, 보리스 파스테르나크, 니콜라이 에르드만, 일리야 에렌부르그, 유리 올레샤, 작곡가들 드미트리 쇼스타코비치, 세르게이 프로코피예프, 비사리온 쉐발린, 영화감독 세르게이 에이젠슈테인, 화가들 쿠지마 페트로프 - 보드킨, 표트르 콘찰롭스키, 아카데미 회원 니콜라이 바빌로프, 인민위원 막심 리트비노프, 군사령관들 미하일 투하쳅스키와 이반 벨로프, 서구 문화계의 별들 고든 크렉과 앙드레 말로 그리고 많은 다른 사람들이. 젊은이들도 많이 있었습니다. 피아니스트인 레프 오보린과 블라디미르 소프로니츠키, 시인인 모리스 코르닐로프와 야로슬라프 스멜랴코프. 메이예르홀드 자신은 자신의 다양한 손님들의 모임을 이렇게 설명했습니다.

"나는 훌륭하다는 사람들을 좋아하지는 않는다. 나는 재능 있는 사람들을 좋아한다!"

메이예르홀드와 라이흐의 아파트에는 고귀한 정신적인 것과 예술 애호의 분위기가 지배하고 있었고, 가장 다양한 견해들이 교차되고 있었으며, 오래된 주제들이 독창적인 해석을 찾아냈고, 새로운 구상들이 생겨났습니다.

라이흐 — 여배우

에렌부르그는 라이흐가 보기 드문 재능을 가진 여배우라고 생각했습니다. 그러나 이 재능은 처음에 숨겨져 있었고, 갈라테야를 창조하기 위해서 정말로 피그말리온이 필요했습니다. 자신의 경탄할 만한 감독의 예술로 메이예르홀드는 이제 겨우 빛을 내기 시작한 다이아몬드 원석에서 찬란한 다이아몬드를 만들어 냈습니다.

진정한 여배우로서 라이흐의 데뷔는 1924년 1월 19일에 트리움팔나야 광장에 있던 고스침에서 있었습니다. 초연은 오스트롭스키의 연극 "숲"에서 악슈샤 역이었습니다. "똑바른 가리마, 땋아 내린 머리, 커다란 눈동자, 동작에서의 단순함……" – 그녀의 무대 파트너였던 에라스트 가린이 회상했습니다.

그 후에 다른 역들이 뒤따랐는데, 그중에서 훌륭했던 것 중 하나가 <검찰관>에서 시장 부인 역이었습니다. 중년의 매우 유혹적이고 눈이 부실 정도의 여인, 풍만하고 열정적인 아름다움의 전성기에 있는 여인으로, 드러난 어깨와 높이 솟은 풍만한 가슴, 빨아들이는 듯이 빛나는 눈동자의 여인입니다. 흘레스타코프[62]와 설명하는 에피소드에서 안나 안드레예브나는 감상적인 곤혹스러움에 가득 차서 뛰어 들어오고, 또는 치마를 잡고서 무대에서 뛰어나갔습니다. 그런데 흘레스타코프의 황당무계한 제안, "당신의 손을, 손을……"에 대해서 그녀는 유감스럽게 괴로운 듯, "하지만 나는 어디까지나 결혼한 여자예요!"라고 대답합니다. 이것은 반짝이는 사랑의 코미디지요.

그런데 여기 화가인 유리 안넨코프의 증언이 있습니다.

"이제 그 공연을 회상하면서, 나는 가장 성공적이고 더할 나위 없이 고골다운 무대 중 하나가 고골에 의해 첫판에서 삭제된 희곡의 장면, 안나 안드레예브나가 자신의 딸 마리야 안토노브나에게 자신의 여성적인 성공에 관하여 이야기하던 장면이었다고 지적하는 것이 공정하다고 생각한다.

이 장면은 꽃들과 레이스로 가득 찬 세련의 극치인 규방의 무대장치에서 일어났는데, 안나 안드레예브나는 다비드의 그림에서 마담 레카미에처럼 소파에 반쯤 누워 있었고, 그녀 주위에는, 소파 밑에서 혹은 책상 뒤에서 혹은 서랍장 뒤에서 뜻하지 않게 차례대로 젊고 아름다운 장교들이 나타나서, 몸짓으로 그녀에게 사랑을 고백했다. 그들 중 한 사람은 주머니에서 총을 꺼냈고, 안나 안드레예브나 발 근처에서 자신에게 총을 쏘았다."

메이예르홀드의 극단은 독일과 프랑스로 순회공연을 나갔습니

---

62) 작가 고골의 희극 <검찰관>의 주인공.

다. 그리고 도처에서 관객과 비평은 라이흐의 우수한 연기에, 그녀가 무대에서의 배역에 매력, 정열, 역할의 심리적인 뉘앙스를 부여하는 것에 주목했습니다. 메이예르홀드의 혁신적인 제작을 받아들이지 못했던 비평가들도 한결같이 라이흐의 연기에 주목했습니다. 한 평론가는 문자 그대로 이렇게 표현했습니다. "라이흐는 내 맘에 들었으나, 메이예르홀드는 전혀 내 맘에 들지 않았다."

유감스럽게도 라이흐의 전성기는 다른 선명한 재능 - 마리야 바바노바 - 의 명성을 가렸습니다. 메이예르홀드의 극장에 라이흐가 오기 전까지는 바로 바바노바가 주연 여배우였지만, 말하자면, 한순간에 모든 것이 무너졌습니다. 라이흐는 아름답고, 눈에 띄며, 똑똑하고, 활동적이며, 야심이 있었고, 곧 메이예르홀드 곁에서 중요한 자리를 차지했습니다. 처음에 그녀는 단지 거장의 충직한 조수였고, 그 후에는 여자 친구와 사랑하는 아내가 되었지요. 라이흐에 대한 메이예르홀드의 사랑은 공개적이었고, 그는 바바노바를 두 번째로 밀어내면서, 여배우로서 라이흐에게 우선권을 주었습니다.

한번은 무대에 바바노바가 있었던 연습에서 철로 만든 들보가 떨어졌습니다(이런 일이 극장에서 일어납니다). 모두가 충격을 받은 상태에 있었습니다. 라이흐가 들어왔습니다. 그리고 메이예르홀드는 커다랗게 이야기했습니다. "지노치카, 네가 여기에 없었던 것이 정말 다행이야."

의미심장한 에피소드라는 점에 동의하실 겁니다. 날이 갈수록, 해가 갈수록, 두 여배우의 경쟁이 첨예해졌던 것은 놀라운 일이 아닙니다. <검찰관>에서 그들은 함께 연기했습니다. 라이흐는 시장 부인을, 바바노바는 그녀의 딸을. 바바노바는 후에 고백했습니다.

"라이흐는 후에 내게서 멍이 오래도록 없어지지 않을 정도로 나를 세게 꼬집었다." 오, 이 극장의 이야기들, 그곳에는 희곡과 삶이 때때로 긴밀하게 서로 뒤얽힙니다!

게다가 마리야 바바노바는 메이예르홀드를 여자로서 사랑했는데, 하지만 침묵을 지키면서, 숨기면서, 자신의 감정을 고백하는 것을 두려워하면서 사랑했지요. 그러니 행복한 경쟁자를 보는 것이 그녀에게 어떠했겠습니까? 결국 그녀는 메이예르홀드의 극단을 떠나야만, 자신의 사랑하는 감독과 헤어져야만 했습니다. 1925년 8월 24일에 <새 석간>에는 '바바노바의 물러남'이라는 짧은 기사가 실렸습니다.

라이흐는 주연 여배우가 되었고, 물론 이것이 모든 사람들을 만족시켰던 것은 아니었으며 비판의 전체 파도를 불러일으켰습니다. 욕설을 퍼붓는 평론들이 등장했지요. 연기만이 아니라, 라이흐의 의상까지 욕했습니다. 이렇게 <이즈베스티야>에 오신스키라는 사람이 썼습니다.

<지나이다 라이흐의 초상>이란 모노그래프에서 루드니츠키는 모스크바의 수다쟁이들이 라이흐의 생각할 수 없이 화려하고 '터무니없이 비싼' 의상들 - 무대용 의상뿐만 아니라, '평상복들'까지 - 에 관해서 험담하는 것을 좋아했다고 지적하고 있습니다. 그러나 사실 라이흐는 유명한 재단사의 서비스에 의지하지 않고서

검소하고 비싸지 않게 옷을 입었고, 그녀는 단지 '자신의 스타일'을 잘 알고 있었고, 자신의 의상을 ─ 특히 외교적인 리셉션을 위한 파티복을 ─ 세심하게 깊이 생각했습니다.

비판의 화살들은 라이흐를 향해 여러 방향에서 날아왔습니다. 한번은 마야코프스키가 그녀를 변호했습니다.

"여기 사람들이 말합니다 지나이다 라이흐를. 그녀를 제1의 자리로 끌어올렸지요. 왜? 아내이기 때문에. 질문을 다른 식으로 제기할 필요가 있군요. 그는 그녀가 훌륭한 여배우였기에 그녀와 결혼했다."

그러나 이것은, 물론 마야코프스키의 일련의 농담조의 궤변입니다. 하지만 여기 천재적인 예술가 미하일 체홉 ─ 그보다 더 권위 있는 사람은 존재할 수 없습니다. ─ 의 견해가 있습니다.

"깊이 존경하는 지나이다 니콜라예브나! ─ 라고 1927년 3월에 체홉은 썼습니다. ─ 나는 아직도 여전히 〈검찰관〉에서 내가 받았던 인상 아래서 다니고 있습니다…… 브세볼로드 에밀리예비치 메이예르홀드는 천재적인 경우가 있는데, 이 점 때문에 그와의 공동 작업의 어려움이 있습니다. 만약 브세볼로드 에밀리예비치의 연기자가 그를 단순히 이해하기만 한다면 연기자는 그의 의도를 망치는 것입니다. 무엇인가 그 이상의 것이 필요하고, 그리고 그 이상의 것이 당신에게는 있습니다. 나는 모릅니다. 어쩌면, 이것은 이 공연에서 브세볼로드 에밀리예비치와의 공동창조인지, 아니면 당신의 타고난 재능인지 나는 모르지만, 결과는 놀랄 만한 것입니다. 어려운 과제의 실행에서 당신의 가벼움이 나를 감동시킵니다. 그런데 가벼움은 진정한 창조의 첫 번째 표식입니다…… 당신은, 지나이다 니콜라예브나, 훌륭했습니다. 나는 아직 당신의 외모나 당신의 의상들에 대해서 말하지 않았습니다! 외적으로도 무대에서 아름답게 보일 줄 알아야 합니다. 당신은 이것을 완벽하게 할 줄 압니다. 무대에서 아

름다움을 형상의 이득을 위해 활용하는 것을 얼마나 드물게 볼 수 있는
지! 당신은 기적적으로 당신의 아름다움을 이용합니다……”

미하일 체홉의 책 <배우의 길>을 읽고 난 후, 라이흐는 1928
년 2월 27일에 저자에게 편지를 씁니다.

“아, 미하일 알렉산드로비치! 나는 당신의 책에 취해 있습니다. 나는 오
늘 책에 감동했습니다. 연습시간에, 점심 휴식시간에, 내가 정했던 새 배
역에 대한 작업을 위한 시간에도 읽었습니다. 6시간 내내 나는 책에서
눈을 뗄 수가 없었습니다. 다 읽기 전까지는…… 나는 이 책을 다시 여
러 번 읽을 것입니다……”

그녀는 읽었을 뿐만 아니라, 국내와 세계적인 무대의 두 대가
들인 메이예르홀드와 체홉의 관찰과 충고들을 스펀지처럼 자신 안
으로 빨아들였습니다.
그리고 후에 메이예르홀드의 유명한 공연 <동백꽃을 든 숙
녀>가 있었습니다. 시인 일리야 셀빈스키는 회상합니다.

“<동백꽃을 든 숙녀>에서 지나이다 라이흐의 등장이 누구에겐들 충격을
주지 않았을까? 붉은 드레스의 그녀는 검은 실린더 자신의 눈을 하얀
수건으로 묶고서 뛰어 들어왔다. 연미복을 입고, 목에 나비넥타이를 멘
두 젊은이의 인도를 받으면서.”

감독의 일련의 발견과 여배우의 빛나는 실행이었습니다.
<동백꽃을 든 숙녀>는 아주 아름답고 탐미적인 연극이었고,
변함없이 초만원사례를 이루면서 공연되었습니다. 모든 것을 사로
잡는 열정이라는 주제가 누구인들 흥분시키지 않겠습니까!(스탈린

의 테러조차 이 영원한 주제에 대한 흥미를 무디게 하지 못했습니다.) 지나이다 라이흐는 자신의 여주인공 마르가리따 고티에를 위해 독특한 여성적인 술잔들과 색조를 발견했습니다. 그리고 중요한 것은 매우 빈약한 방법들의 도움으로 여주인공의 비극을 표현했다는 것입니다. 불타는 눈동자와 떨리는 목소리, 비평가 유좁스키가 주목했던 것처럼, 그 목소리에는 진정한 '영혼의 떨림'이 있었습니다.

"우리, 관객들 각자는 그녀를 사적으로 잃었다. – 라고 음악가 니콜라이 브이고츠키는 말했습니다. – 하지만 그녀의 연기를 말로는 옮길 수 없었다. 그녀 안에는 독특한 빛을 발산하는 정신적인, 선율의 힘이 있었다."

1935년 3월에 지나이다 라이흐는 체홉의 보드빌 <곰>을 각색한 <33번의 기절>이란 연극에서 포포바를 연기했습니다. 능청맞고 교활한 과부의 형상은 마르가리타 고티에에 완전히 반대되는 것이었습니다. 같은 1935년에 메이예르홀드는 라디오 연극인 <무표정한 손님>을 제작했습니다. 돈나 안나의 형상을 라이흐는 기억에 남을 정도로 구현했습니다.

다른 연극들을 준비하고 있었지만, 브세볼로드 메이예르홀드의 시기가 지났고, 따라서 지나이다 라이흐의 밝은 시기는 끝이 났습니다. 불행의 시기가 왔습니다. 메이예르홀드의 극장 위에 먹구름이 드리웠고, 연극들의 금지가 뒤따랐습니다. 비평가에 의해 비난조의 단어 '메이예르홀드주의'가 퍼져 나갔습니다. 거장을 모든 대죄들로 비난하기 시작했고, 그로부터 참회와 자책을 요구했습니다.

라이흐의 죽음

1937년 12월 17일에 <프라브다>에 '타인의 극장'이란 기사가 실렸고, 1938년 1월 7일에 예술관계 위원회는 메이예르홀드 기념 국립 극장의 정리에 관한 법령을 채택했습니다. 이날 지나이다 라이흐는 마지막으로, 725회째의 마리가리타 고티에를 연기했습니다. 고스침에서 13년 동안 일하면서, 그녀는 10여 개가 조금 넘는 배역을 연기했습니다.

그 당시의 상황은 압박하는 것이었고, 많은 사람들이 탄압의 다모클레스의 칼[63] 아래서 살고 있었습니다. 기적은 일어나지 않았고, 6월 20일, 레닌그라드에서 브세볼로드 메이예르홀드가 체포되었습니다. 위대한 감독의 운명을 결정하는 서류에 소비에트 연방 내무부 인민위원인 라브렌치이 베리야[64]가 파란색 연필로(그런데 이것은 총살을 의미했습니다) 썼습니다. "승인함."

바로 그날 모스크바에서 브류솝스키 골목에 있는 아파트에서 가택수색이 벌어졌습니다. 지나이다 니콜라예브나는 가택수색 자체뿐만 아니라, 수색을 벌이고 있던 사람들의 행동에도 분개했습니다. '불평 신고'난에 그녀는 기관원 중 하나가 '무례한 억양과 으르렁거림'을 저질렀다고 썼습니다(그와 같은 행동을 보통은 아무도 자신에게 허용하지 않지요). 수색을 벌였던 사람들은 후에 그들의 상부로부터 "조서에 수색을 당한 사람들의 불평이 직접적으로

---

63) 어느 때 닥쳐올지 모르는 위협.

64) 러시아의 정치가 · 비밀경찰국장. 카프카스 지방의 국가정치보안부(비밀경찰: GPU), 그루지야 공산당 제1서기, 인민위원회 의장대리, 국가방위위원회 위원, 각료회의 의장대리(부총리) 등을 지냄.

기입되는 것을 용인하지 않은 일로" 책망을 받았습니다.

이것이 지나이다 라이흐의 마지막 '역할'이었습니다. 개인의 모욕에 대한 항의. 그리고 그 후 곧 1939년 7월 14일 밤에, 지나이다 니콜라예브나는 살해되었습니다. 그녀는 45세였습니다.

첫 번째 결혼에서 얻은 메이예르홀드의 손녀 마리야 발렌테이는 회상합니다.

"할아버지의 체포 후 지나이다 니콜라예브나는 혼자 남았다. 타냐는 한 살 된 아들과 함께 고렌키의 별장에 살고 있었고, 코스챠는 예세닌의 고향인 콘스탄티노보로 떠났다. 지나이다 니콜라예브나와 함께 가정부 리디야 아니시모브나가 남았다. 나는 그녀가 죽기 이틀 전에 지나이다 니콜라예브나에게 갔었다…… 지나이다 니콜라예브나가 소파에 누워 있었고, 몹시 흥분해 있었고, 스탈린에게 편지를 쓰는 멍청한 짓을 했다고 말했다…….

살인은 지나이다 니콜라예브나가 욕조에서 나왔던 새벽 1시경에 일어났다…… 그들은 두 명이었다고 말했다. 지나이다 니콜라예브나를 17차례 칼로 찔렀지만, 하나의 상처도 심장 부분에는 없었다. 창문들은 열려 있었고, 이웃들은 그녀의 가슴이 찢어지는 듯한 비명을 들었지만, 아무도 나와 보지 않았고, 지나이다 니콜라예브나를 체포하기 위해 사람들이 왔다고 생각했고, 모두가 그녀의 체포를 기다리고 있었고, 모두가 극장이 문을 닫은 후에 그녀에게 히스테리 발작들이 일어나고는 했다는 것을 알고 있었다. 저항했던 것을 보면, 그녀는 육체적으로 아주 강했던 것 같다. 살인자들은 현관문을 통해 아파트에서 뛰쳐나왔고, 계단을 따라 뛰었으며, 노란색 벽에 피로 물든 지문을 남기며 손들을 벽에 문질렀다. 아무런 물건도 그들은 가져가지 않았고, 약탈하지도 않았다…… 경찰이 와서 아파트에 들어갔을 때, 지나이다 니콜라예브나는 살아 있었고, 의식이 있는 상태였으며, 그녀를 심문했다. 그 후 그녀를 스클리포솝스키에 있는 병원으로 옮겼는데, 그녀는 길에서 출혈과다로 숨졌다. 가정부 리디야 아니시모브나는 아무에게도 아무것도 결코 이야기하지 않았고, 체포되었는데, 그 후 풀려났고 어딘가로 사라졌다……"

바로 여기 듀마가 아니라, 루뱐카의 '작가들에 의해' 쓰인 이렇게 무서운 죽음이 있습니다. 지나이다 니콜라예브나의 마지막 길을 배웅하기 위해 모인 사람들은 적었습니다. 두려워했습니다. 라이흐의 장례식이 끝난 후 곧장 그녀의 아이들 ─ 타치야나와 콘스탄틴 ─ 에게 48시간 안에 아파트를 비울 것이 제안되었습니다. 그 아파트에 베리야의 개인 운전사와 베리야 기관의 젊은 여자 기관원이 정착했습니다.

누가 라이흐를 살해했을까요? 무엇 때문에 살해했을까요? 해당 기관들은 오늘날까지도 대답을 하지 않습니다. 어떻게 메이예르홀드를 고문했고, 정신을 잃을 정도로 구타했으며, 결국에는 총살했는지에 관해서 알려지기 시작한 것은 얼마 전이지만, 여기 라이흐와 관련된 일에는 앞이 보이지 않는 안개가 끼여 있습니다.

이것이 지나이다 니콜라예브나 라이흐의 운명에 관한 모든 것입니다. 그녀는 평범하지 않은 여성이었습니다. 그리고 평범하지 않은 여배우였지요. 그녀에게는 자신의 특별한 여성적인 몸매, '말하는 눈동자'와 '무대를 따라 헤엄치는 것 같은', 완전히 남다른 걷는 방식이 있었습니다.

그녀는 여성스러움 자체였습니다. '였다'는 과거시제. 얼마나 씁쓸한 동사인지요! 이것을 다른, 축복받은 것으로 바꿉시다. '기억하겠습니다'로 말입니다. 우리 기억 속에 지나이다 라이흐를 위한 작은 구석이라도 남겨 둡시다. 그녀는 그럴 가치가 있습니다.

혁명에 몸을 던진 라리사 레이스네르

하프와 모제르 총

아마도, 많은 사람들에게 <낙관적인 비극>에 나오는 가죽 옷을 입은 두려움을 모르는 여성 - 위원이 기억에 남았을 것입니다. 하지만 브세볼로드 비슈네프스키의 여주인공에게 실제로 존재한 모델이 있었다는 것을 모두가 알고 있을까요? 그녀의 이름은 라리사 레이스네르(Лариса Рейснер)였고, 이 여성의 평범하지 않은 운명은 특별히 이야기할 가치가 있습니다.

라리사는 1895년 5월 1일에 류블리노(폴란드)의 법학 교수였던 미하일 레이스네르 집안에서 태어났습니다. 그녀의 어머니는 히트로보 태생이었습니다. 1905년에 레이스네르가는 페테르부르크로 옮겼습니다. 부모님의 집에서 소녀를 에워싼 것은 풍요로움과 편안함만이 아니었습니다. 세련된 아파트의 공기조차 귀족주의, 우아한 예술혼과 지적인 면모가 배어 있는 것 같았습니다. 라리사는 여학교를 우등으로 졸업했고, 그 후 정신 신경증 단과대학에 입학하여 대학의 정치학사 과목 강의들도 수강했습니다. 그러나 학문들과 나란히 그녀의 흥미를 끈 것은 문학이었습니다.

대학교 강의실에서의 첫 만남에서 라리사가 자신에게 불러일으켰던 인상에 관하여 브세볼로드 로제스트벤스키가 회상합니다.

> "그녀는 날씬하고, 키가 크며, 검소한 영국풍의 회색 의상, 밝은색 블라우스에 남자들처럼 넥타이를 매고 있던 18세가량의 처녀였다. 숱이 많은 어두운 빛깔의 땋은 머리는 그녀의 머리 주위로 견고히 틀어 올려 있었다. 똑바른 반듯한 용모의 얼굴에서 무엇인가 마치 러시아적이 아닌, 오만하면서 냉정한 것이 있었고, 눈동자에는 날카롭고, 조금 비웃는 듯한 것이 있었다. '대단한 미인이다!' — 이 순간에 모두에게 무의식적으로 이런 생각이 들었다."

라리사 레이스네르의 아름다움의 매력은 얼마 동안 레이스네르 가족 안에서 살았던 레오니드 안드레예프의 아들 바딤도 지적하고 있습니다.

> "그녀의 검은 머리카락들은 귀 위에 조가비 모양으로 감겨 있었고, 회녹색의 커다란 눈동자, 하얗고 투명한 손들, 특히 그녀가 자신의 견고한 머리모양을 고칠 때면, 머리카락으로 하얀 나비가 되어 날아올랐던 손들은 젊음으로 빛나고 있었고, 그녀를 둘러싸고 있는 이 모든 것이 정말로 흔하지 않은 것이었다. 그녀가 거리를 따라 지나갈 때면, 자신의 아름다

움을 횃불처럼 나르는 것 같았고, 심지어 그녀가 가까이 다가오면, 가장
거친 사물조차도 다정함과 부드러움을 얻는 것 같았다……."

몇 년 후에 영국인 기자 앤드류 로드슈타인이 라리사를 보았을
때, 그는 모든 사람들처럼 놀랐습니다.

"나는 쿠페에 들어서면서, 숨을 멎게 하는 라리사 레이스네르의 아름다
움에 전혀 준비가 되어 있지 않았고, 그녀의 유쾌한 말솜씨와 그녀의 사
고의 도약, 그녀가 구사하는 표준어의 맑고 깨끗한 매혹에는 더군다나
준비가 되어 있지 않았다."

그녀는 여류시인이 되는 것을 꿈꾸었고, 시를 썼습니다.

감히 사월의 따스함을 낭비하지 않으며,
기진맥진한 날은 줄어든다.
그런데 벽에는 여전히
죽은 브루벨이
굳어버린 공포의 흔적을 부수고 있다……

놀랍습니다. 여성스러움의 화신 같은 라리사 레이스네르의 외
모는 그녀의 결단력 있고 단호한 성격을 반영하지 않았습니다. 그
녀는 자신의 '남성적인 두뇌'를 자랑스럽게 여겼고, 말보다 행동을
선호했으며, 논쟁을 좋아했는데, 논쟁에서 언제나 유력한 증거들을
찾아냈고, 대화상대에게 자신의 정당성을 설득시킬 줄 알았습니다.
그녀는 시인들을 미치게 했습니다. 그녀의 아름다움은 오시프
만델슈탐까지 무관심하게 내버려 두지 않았습니다. 1913년에 그는
라리사에게 <서정적 찬가>를 바쳤습니다.

아니, 마법의 쾌속 군함의 닻을 올리지 마오.
모든 방은 담배의 푸른 연기 속에 있고,
사람들 앞에 죄를 지었네.
해초 속, 녹색 눈동자의 물의 요정이!
그녀는 물론, 담배 필 줄 모르지.
뜨거운 재에 입술을 데었고
알아차리지 못했네, 옷이 타는 것도 ―
녹색의 실크, 그리고 바닥에는 타다 남은 재……

만델슈탐은 마치 물의 요정이며, 위원이 되었고, 혁명의 불길 속에서 타버렸던 라리사의 운명을 예견했던 것 같습니다. 그들의 길은 어긋났고, <서정적 찬가>의 초고에는 다음의 행이 등장했습니다. "내게는 무분별한 핫슈⁶⁵⁾는 필요하지 않다……"

그녀의 인생에는 '철의 갑옷을 입은 정복자', 육군 대위, 허리춤에서 권총을 뽑는 진정한 사나이 ― 투사인 니콜라이 구밀료프도 있었습니다. 그들은 1916년 가을에 희극 배우들의 휴게지라는 마르소보예 폴례에 있었던 예술인들의 술집에서 만났습니다. 라리사에게는 구밀료프의 시들이 마음에 들었고, 그녀는 그를 모방하려고 했습니다. 여성의 아름다움에 대한 감상자로서 명성이 자자했던 시인은 그녀의 '이오니아식 파마머리'에 강한 인상을 받았습니다. 라리사는 언젠가 고백했습니다. "나는 어느 곳이라도 따라갈 만큼 그를 너무나 사랑했다."

구밀료프는 레이스네르에게 청혼했지만, 그녀는 자신이 좋아하는 여류시인이자 그의 전처인 안나 아흐마토바에게 불쾌한 일을 겪게 할 수 없다는 구실을 들어 거절했습니다. 그녀가 '자신의 코

---

65) 인도의 아마에서 정제하는 마약.

란 암송사'와 구밀료프의 두 번째 아내가 되었던 안나 엔겔가르트
의 관계에 대해 알고 난 후에 모든 것이 급격하게 변했습니다.

　파국은 결정적이었습니다. 1921년 8월에 니콜라이 구밀료프는
볼셰비키에 의해 총살당했습니다. 그 시기에 라리사 레이스네르는
공산주의 전권대표의 아내로서 아프가니스탄에 살고 있었습니다.
그녀가 러시아에 있었다면, 그를 구했을 가능성도 있었겠지요
…….

　자연스럽게 갈망의 환경으로 향하는 것처럼, 레이스네르는 혁
명에 몸을 던졌습니다. 그녀는 시에서도, 예술에서도 아니었고, 명
령하고 생명을 위협당해야만 했던, 바로 1917년의 그 무서운 사건
들의 불길과 피 속에서 자신을 발견했고, 이 모든 것이 그녀의 피
를 끓게 했습니다. 그녀는 물의 요정이나, 뮤즈의 여신으로 태어난
것이 아니라, 용감한 위원으로 태어난 것 같았지요. 동시대인들은
라리사 레이스네르가 10월 25일의 그 기억에 남을 밤에 '아브로
라'66)에 있었고, 바로 그녀의 명령에 따라 겨울 궁정에 대한 사격이
시작되었다고 확신합니다. 이것은 그렇지 않았을 가능성도 있지만,
확실하게 정확하게 알려진 바로는 그녀가 발틱 함대의 위원이었고,
문자 그대로 이 중요한 역할에 빠져들었다는 것입니다. 검은 해군
의 외투를 입고, 세련되고 아름다운 그녀는 혁명군의 선원들에게
여왕이 자신의 시종들에게 하는 것처럼 명령을 내렸습니다.

　1918년 1월 동안 '검은 노트'에 지나이다 기피우스는 볼셰비키
들에게 봉사한 문화계 인사들의 '꽃다발'을 만들고 있었습니다. 여

---

66) 혁명이 일어난 날, 네바 강에 정박하고 있던 ≪아브로라≫호 순양함이 대포를 쏘아 공격
　　의 신호를 울렸고 이 대포 소리에 따라 노동자 적위대와 병사들은 우레와 같은 '만세'소
　　리와 함께 행동 개시함.

기 그녀의 목록 중 발췌했습니다.

> "20. 레이스네르 교수 - 의심이 가는 인물, 황제 통치 시기에 밀고를 썼다. 볼셰비키에게 협력하고 있다.
> 21. 라리사 레이스네르 - 그의 딸, 자부심이 강하며 미화되어 있다. 협력하에 있음"

레이스네르가 시민전쟁에서 어떤 참여를 했는가에 관해서는 충분히 쓰여 있습니다. 그렇습니다. 두려움이 없었고, 위험을 무릅썼으며, 죽음을 마주 보았습니다. 그리고 또한 그곳에서 그녀는 자신의 진정한 투사, 시에서 자신을 확인했던 구밀료프가 아니라, 적군의 사령관이자 열렬한 혁명가였던 표도르 라스콜리니코프를 찾아냈습니다. 시민전쟁의 연기 속에 굳게 결합된 사랑, 공동의 적, 하나의 목표, 게다가 둘 다 새로운 소비에트 문학에 끌렸습니다. 이러한 사랑은 영원할 것 같았지요……

1921년 4월에 특별 임무 수송열차 - 두 개의 푹신한 좌석을 가진 객차와 여섯 개의 난방차(화물차 등에 난방 장치를 한 임시 객차) - 가 카잔 역에서 먼 길을 향해 출발했습니다. 열차 안에는 전권대표 라스콜리니코프를 수장으로 하는 소비에트 위원회의 32명의 수행원들이 타고 있었습니다. 이들은 주로 선원들과 함대의 정치 부원들이었고, 젊고 유쾌한 민중들이었습니다. 7월 3일에 쿠쉬카로부터 수송선단 - 100필의 짐과 사람을 실은 아프간 지방의 말들 - 이 아프가니스탄의 사막과 산들과 계곡들을 따라서 30일간의 여행을 시작하였습니다. 지역 주민들은 나그네들을 보고 나서 놀랐습니다. 키가 큰 손님 옆에서 얼굴을 내놓고 남자 옷을 입은 미녀가 말을 타고 가고 있었고, 선원들과 함께 아코디온의 반주에 맞춰 노래를 불렀습니다. 발틱 함대의 전 위원. 현재는 대사의 아내인 라리사 레이스네르였습니다…….

굶주린 러시아 후에 찾은 아프가니스탄은 천국처럼 보였습니다. 배부르고 아름답고, 분수들과 장미들. 대사관의 제1의 숙녀에게 보내는 관심의 표식들과 사랑하는 남편, 더 이상 무엇을 바랄 수 있겠습니까? 평범한 여자에게는 물론, 더 이상 바랄 것이 없었겠지만, 라리사에게만은 아니었습니다. 그녀는 곧 우울해졌고 자신의 표도르를 떠났으며 이해되지 않는, 그러나 삶의 상상력이 끓어오르는 러시아로 다시 떠났습니다. 라스콜리니코프에게는 도망친 아내와 편지를 주고받는 일밖에는 아무것도 남아 있지 않았습니다. 그리고 여기 결말이 있습니다.

"나는 우리 둘 다 돌이킬 수 없는 실수를 저지르고 있는 것 같고, 우리 결혼이 아직까지도 그 안에 놓여 있는 모든 풍부한 가능성들을 다 써버리지 않은 것 같아. 나는 당신이 장래에 이 문제에 대해 두고두고 후회하게 될 것 같아 유감이야. 하지만, 당신이 원하는 대로 하도록 하겠어. 당신에게 운명적인 서류를 보내오……"

'운명적인 서류' ─ 이것은 이혼 동의서였습니다. 라리사 레이스네르는 누구를 선택했던 것일까요? 레닌이 그의 사회·정치 평론적 재능을 높이 평가했던 빛나는 기자 카를 라덱이었습니다. 라덱의 딸 소피야는 회상합니다. "그에게는 세 가지의 약점이 있었다. 책들, 파이프 담배와 좋은 연초. 네 번째의 약점도 있었다. 아름다운 여자." 기혼자였던 그가 왜 라리사에게 끌렸는지를 설명해 줌니다. 라리사와의 초기의 데이트에 그가 자신의 딸을 데리고 나갔다는 사실은 주목할 만합니다. 여기에 라덱 전부가 있었습니다. 역설적이며 궤변적인 사람, 타협과 우회의 대가. 그는 라리사의 사랑을 즐겼는데, 이 와중에도 좋은 가장, 사랑스런 남편과 아버지로 남아 있었습니다.

그러나 라리사 레이스네르의 운명은 마치 그녀에게 짧은 기간 동안 삶의 목마름을 해소시키기 위한 가능성을 준 것처럼, 그녀에게 갑작스런 죽음을 준비했습니다. 가공하지 않은 우유 한 모금, 그리고 라리사는 죽었습니다. 그녀는 1926년, 31세가 되기 3개월 전에 장티푸스로 숨을 거두었습니다. "왜 훌륭하고, 드문, 우수한 인간 자원인 라리사가 죽었는지?"라고 미하일 콜초프는 감상적으로 질문했습니다.

그 당시 막 등단한 시인이었던 바를람 샬라모프가 회상합니다.

"관은 니키틴스키 가로수 길에 있는 출판사 건물에 놓여 있었다. 마당은 인파 ─ 군인들, 외교관들, 작가들 ─ 로 가득 찼다. 관을 내왔다. 그리고 마지막으로 머리 주위를 고리 모양으로 정리한 갈색의 머리카락이 보였다. 관 뒤로 카를 라덱을 팔을 잡고서 데리고 나왔다……"

또 하나의 증언 ─ 여류 작가 리디야 세이풀리나의 것입니다. "여기 불쌍한 라리사가 ─ 이런 음악과 함께 장례를 치렀지만, 그녀는 듣지 못했다……"

빅토르 슈클롭스키가 지적했습니다.

"그녀는 재능이 있었고 삶을 즐길 줄 알았다. 결코 삶에 화를 내지 않았다. 레이스네르에게는 삶에 대한 목마름이 있었다."

소비에트 영화의 별, 류보피 오를로바

'밝은', 그러나 고난의 '길'

길에서 나이든 중년의 아무 사람이나 세워서 소비에트 영화의 가장 반짝이는 별을 불러달라고 부탁한다면, 당신에게 반드시 대답할 것입니다. 류보피 오를로바(Любовь Орлова). 그렇습니다. 마리나 라드이니나, 발렌티나 세로바, 조야 표도로바, 베라 마레츠카야, 류드밀라 쩰리콥스카야 그리고 다른 국내의 별들이 있었지만, 류보피 오를로바는 별들 중의 별입니다. 그녀는 잊을 수 없는 소비에트 시절의 빛나던 그리고 승리한 여주인공, 우리의 슈퍼스타입니다.

영화평론가들 중 누군가가 오를로바 공식을 내놓았습니다. '마를렌 디트리히 + 소비에트의 권력' 오를로바에게는 정말로 디트리히와 많은 공통점이 있지만, 그들의 운명은 같은 해에 서로 평행하게 발전했으며, 결코 교차되지 않았습니다. '푸른 천사' 마를렌 디트리히가 서구에서 살았고 날아다녔다면, 러시아에는 오를로바가 노래하고 춤췄는데, 얼마나 근사하게 노래하고 춤을 췄던지! 아아! …… 그리고 그녀가 연기한 미국 여인 매리온 딕슨은 위협했습니다. "나는 대포로부터 하늘로 날아갈 거예요…… 디그 - 디그 - 두…… 디그 - 디그 - 두! ……" 그러나 위협은 실행되지 않았고 우리의 죄 많은 러시아 땅에 남았습니다.

성공에 이르는 과정에서

"시대를 선택하지는 않는다. 그 안에서 살고 죽을 뿐이다……", 다비드 사모일로프는 이렇게 정확하게 표현했습니다. 류보피 오를로바의 운명으로 1917년의 혁명이 떨어졌고, 그리고 이것은 모든 것을 결정했습니다. 혁명이 일어나지 않았다면, 오를로바에게는 그녀의 매우 평범한 재능으로 인해 매우 평범한 운명이 있었을 것이라고 감히 추측할 수 있습니다. 그녀는 나쁘지 않은 피아니스트가 되거나 또는 중간 수준의 무용가가 되거나 또는 어떤 카바레 극장의 여배우가 되었을 것이고, 결코 올가 스펜십째바나, 베라 코미사르젭스카야 같은 높이에 이르지는 못했을 것입니다. 그러나 혁명은 모든 것을 뒤집어 버렸습니다. 그리고 또다시 우연이라는 절대자가 도왔습니다. '우연'이 일어나지 않았던들, 오를로바는 다수의 여자 예술인들 사이에서 보이지 않게 되었을 것입니다. 그러나 기적이 일어났고, 신데렐라는 여왕으로 변했습니다. 소비에트의 여왕으로, 그렇지만 역시 여왕으로.

하지만 모든 것은 순서대로입니다, 비록 이 연대기적인 순서를 류보피 오를로바는 드러내 놓고 좋아하지 않았고, 온갖 방법으로 이것을 묵살해 버렸지만 말입니다. 일기를 쓰지 않았고, 회고록도 남기지 않았으며, 대화에도 지나치게 인색했습니다. 그리고 이것은 이해가 되는데, 그녀는 자신의 과거를 숨기고 있었기 때문입니다. 그녀에게는 소비에트의 노동자－농민의 시대에 그렇게 증오했던 귀족 혈통이 있었습니다.

여배우가 세심하게 숨겨 왔던 무서운 비밀을 공개합니다. 그녀는 1902년 1월 29일(2월 11일)에 태어났습니다. 오를로프家는 자랑스러운 문장을 가지고 있던 오래된 귀족가문이었습니다. 금빛과 －푸른색의 줄무늬가 있는 들판에 붉은 독수리. 가문의 한 가계는, 가족의 전설에 따르면, 트베리의 류리코비치家로 거슬러 올라갑니다. 어머니 쪽의 가계로는 류보피 오를로바의 먼 선조들은 에카테리나 2세를 권력에 올려놓았던 궁전 혁명의 참가자들인 용감한 형제 그리고리와 알렉세이 오를로프입니다. 오를로프 가계는 가장 고귀하고 가장 부유했습니다. 소련 연방의 인민 여배우의 선조들 가운데는 체스멘스키 전투, 보로딘 전투와 파리 점령의 참가자들이 있었습니다. 장군들, 외교관들, 헌병들, 총아들, 압제자들, 운명의 총애를 받은 사람들과 운명의 순교자들. 그와 같은 계보는 '철의 펠릭스'67)의 관청인 체카와 GPU(국가보안부)에게 횡재였습니다.

한번은 여배우의 조카 손녀였던 논나 유리예브나가 처음으로
자신의 먼 친척에 관해 알고 난 후, 감탄사를 참지 못했습니다.

─ 세상에나! 얼마나 영광이에요! 대단한 위업들이네요! 그리고 이 모든
것이 단지 우리가 모스크바의 부엌에 앉아서 설탕 없이 차를 마시기 위
해서였던가요? ……

(괄호 안에 지적합니다. 대화가 있던 무렵에 모스크바에서는 설
탕을 구하기 어려웠습니다.) 이렇게, 귀족 소녀 류보치카[68]가 있습
니다. 하얀 옷, 타이즈, 곱슬머리, 리본. 그녀는 어른들 앞에 나서는
것을 좋아했고 시를 낭독합니다. 오를로프가에 자주 묵었던 표도르
이바노비치 샬랴핀 자신이 깊이 감동했고, 7살의 류보치카에게 빛
나는 여배우로서의 출세를 예언했습니다. 수십 년이 지나서 브누코
보에 있는 류보피 오를로바와 그리고리 알렉산드로프의 집에는 사
인이 있는 샬랴핀의 초상화가 보였습니다. "류보치카와 노노치카
자매에게" 그리고 축복의 글이 쓰인 샬랴핀의 사진도 보관되었습
니다. "아이들은 학교에 갑니다! 수탉이 오래전에 울었습니다. 라
투히노. 1909년."

혁명의 수탉이 울었던 1917년에 곱슬머리와 리본에게는 끝이
왔습니다. 류보치카는 정확하게 15세가 되었고, 모스크바 중학교
를 졸업했으며, 그녀의 부모들이 혁명의 둔탁한 울림과 소음을 피
해 숨어 있으려고 노력했던 모스크바 근교의 보스크레센스크에 있
게 되었습니다. 블록과 달리 그들은 '혁명의 음악'에 기뻐하지 않

---

67) KGB 전신인 비밀경찰 '체카'를 창설한 펠릭스 데르진스키.
68) 류보피의 애칭형.

았고, 반대로, 이것을 무서워했고, 두려워했습니다. 이 공포를 어린 류보피 오를로바도 확실하게 느끼고 있었습니다. 굶주림의 상황에서 살아남기 위해서, 그녀는 모스크바에서 팔기 위해 무거운 얼음에 덮인 함석통에 우유를 날라야만 했습니다. 더 후에 이 함석통들은 류보피 오를로바의 하얀 손들을 검고 마디가 울퉁불퉁한 손으로 변화시켰는데, 이때 변한 손들로 인해 후에 언제나 촬영 시에 문제가 생겼습니다. 육체적으로만 힘들었던 것이 아니라 심리적으로도 힘들었습니다. 항상 생각이 머릿속에서 맴돌았지요. "약탈하지만 않았으면! 죽이지만 않았으면! 강간하지만 않았으면!"

신은 총애했습니다. 약탈하지도 않았고, 죽이지도 않았고, 강간하지도 않았습니다. 그러나 20년대의 삶은 역시 힘들었고, 여기에 어떻게든 적응해야만 했습니다. 음악원에서 얼마 동안 공부하고 나서(피아노 클래스에서), 류보피 오를로바는 무도회의 피아니스트 일을 찾았는데, 그 당시의 영화관들 - <일류지온>과 <시네마토그라프> - 에서 '음악을 연주하는 것'이었습니다. 그 당시 그녀는 무명의 피아니스트에서 영화 화면으로 나아가게 되고, 제1의 여주인공이 될 것이라는 것을 생각이나 했을까요?

그 후에는 루나차르스키 기념 발레 직업학교에서, 꽤 소박한 프란체스카 베아트의 무용 스튜디오에서의 수업이 뒤따랐습니다. 습득한 숙련된 기능들은 류보피 오를로바에게 종합적인 여배우로서 무대로 나가는 것을 허용했습니다. 그녀는 노래할 수도, 춤출 수도, 펜싱을 할 수도, 연극의 역할을 수행할 수도 있었습니다. 더 후에, 극장에 <유쾌한 젊은이들>이 올렸을 때, 막심 고리키는 여배우의 연기에 감동해서 말합니다.

"그녀는 마녀야! 그녀는 모든 것을 할 수 있어!"

1926년에 류보피 오를로바는 네미로비치-단첸코 기념 음악 극장에 입단했습니다. 처음에는 겨우 합창단원이었고, 후에는 몇 개의 주역들(<밀짚모자>, <페리콜라>, <코르네빌의 종들>)을 했습니다. 그러나 주연 여배우가 되기 위해서는 블라디미르 이바노비치의 명백한 총애를 입고 있는 안나 케마르스카야를 밀어내야 했는데, 그녀는 할 수 없었습니다. 무대 뒤의 시련을 통과하면서, 오를로바는 사랑에 빠진 감독, 끈끈하게 들러붙는 수캐, 그리고 수호천사인 자신의 '네미로비치' 없이는, 일이 풀리지 않는다는 것을 이해했습니다. 혼자서는 돌파할 수 없다!

그러던 때에, 동화에 나오는 것처럼, 그-그녀의 왕자, 그녀의 보호자, 그녀의 주인공-가 나타났습니다. "나는 금발에 푸른 눈의 신을 보았고, 모든 것이 끝났다."-이렇게 류보피 오를로바는 그리고리 알렉산드로프와의 첫 만남을 언젠가 자신의 조카딸에게 솔직하게 설명했습니다.

그 후에 오를로바는 자신의 이야기를 계속했습니다.

"나는 고양이처럼 그리고리 바실리예비치에게 사랑을 느꼈지. 나는 불속으로 뛰어든 것 같았고, 만약 그가 말만 했다면, 나는 <유쾌한 젊은이들>에서 황소 위로도 순식간에 날아 올라갔을 거야. 그런데 필름을 검열하고 있는데 불이 나갔어. 방들을 따라서 질주하는데, 나는 각각의 문설주에 열 번이나 부딪쳐서 정수리를 날려버릴 뻔했지……"

30세의 그리고리 알렉산드로프(본명은 모르모넨코)는 영화감독이었고, 매우 재능이 있었습니다. 세르게이 에이젠슈테인의 제자였지요. 이제 막 미국에서 돌아왔습니다. 트위드 양복으로 놀라게 했고, 그보다 더 계획들로 놀라게 했는데, 그것은 최초의 유성 영화를 <유쾌한 젊은이들>이란 제목으로 찍고 싶어 한 것입니다. 여배우를 찾습니다. 오를로바는 그의 마음에 들었습니다. 그렇게 그들은 1933년 11월 27일에 만났고, 이날 11월 27일을 오를로바와 알렉산드로프는 언제나 행복한 날짜로 축하했습니다.

오를로바는 이미 32세가 되었다는 것을 계산하는 것이 어렵지 않았고, 그녀에게는 결정적인 순간이었습니다. 삶인가 혹은 죽음인가? 조연으로 떨어지든가 아니면 주연 여배우로서 날아오를 것인가? 이전의 모든 영화 시도들은(<알료나의 사랑>과 <페테르부르크의 밤>) 성공을 가져오지 않았다는 점에 주목해야만 합니다.

류보피 오를로바와 그리고리 알렉산드로프는 함께 있기로, 그리고 함께 행동하기로 결정했습니다. 더군다나 그들은 서로서로에게 사랑을 느꼈고, 비록 더 후에 어떤 감정들이 그들을 묶어주고 있었는지 말하는 것은 어렵지만, 어쨌거나 그들은 42년을 함께 살았는데, 이것 하나만으로도 특히 파트너를 장갑처럼 바꾸는 영화 세계에서 놀라움과 경탄을 일으킵니다.

그리고 누가 누구를 유명하게 만들었는가 하는, 매우 논쟁거리가 되는 질문이 있습니다. 감독이 여배우를, 아니면 여배우가 감독을. 하나는 정확하게 말할 수 있습니다. 이것은 드물게 성공적인 창조적 쌍두마차였습니다.

영광의 빛 속에서

1970년에 나온 <영화사전>의 제2권을 펼칩니다.

> "……매력적인 외모, 음악성, 성악적인 테크닉, 유연성이 여배우의 성공을 촉진시켰다. 체계적이지 않은 요양자들을 위한 펜션의 청소부로 약삭빠르고, 걸핏하면 싸우는 아뉴타, 둔한 관료인 브이발로프와 투쟁하는 삶으로 충만하고 명랑한 스트렐카, 가정부, 후에 엔지니어, 그리고 최고 회의 의원이 되는 부지런한 타냐 모로조바. 오를로바에 의해 창조된 이 모든 형상들은 여배우와 동년배인 소비에트 여성들 세대의 행복한 운명을 표현했다……"

'소비에트 여성들 세대'…… 소비에트 시절…… 소비에트 국가…… '펩시' 또는 '인터넷'을 선택하는 오늘날의 세대에게 30~80년대가 말해 주는 것은 거의 없습니다. 사회주의는 사변적입니다. 그러나 무엇을 가지고 그것을 먹었을까요? 사회주의는 피와 밤의 '마루샤'와 함께였고(밤에 체포된 사람들을 실어 날랐던 체카의 자동차들을 그렇게 불렀습니다), 굴락[69]과 피부 속 영원한 공포와 함께였습니다. 그리고 영화는 사회주의의 가장 화려한 쇼 윈도우였고, 사회주의의 쇼 윈도우는 낙관주의, 즐거움, 내일에 대한, 더 나아가, 내일의 승리에 대한 확신을 발산하고 있었습니다.

노래와 함께, 투쟁하고 승리하면서,
우리 인민은 스탈린을 따라간다 −

---

[69] 교정 노동수용소 본부.

그 당시에는 이렇게 노래했습니다. 대다수의 사람들은 소련은 '꿈꾸는 사람들의 나라, 영웅들의 나라'라는 것을 확신했습니다. 영웅들은 반드시 필요했고, 그들은 사회주의적인 주문에 따라서 정해진 시간에 등장했습니다. 이반 파파닌, 발레리 츠칼로프, 알렉세이 스타하노프, 파샤 안겔리나, 두샤 비노그라도바…… 수천의 스타하노프들,[70] 파파닌들,[71] 미추린들,[72] 피무로프들[73] ……

그런데 자, 아가씨들, 자, 미녀들,
우리에 대해서 국가가 노래하게 하자,
그리고 울려 퍼지는 노래로 유명해지자
영웅들 사이에 우리의 이름을!

바로 그런 '아가씨들'과 '미녀들'을 류보피 오를로바는 그리고리 알렉산드로프의 영화들에서 연기했습니다. <유쾌한 젊은이들>, <서커스>, <볼가-볼가>, <밝은 길> 등의 영화들 덕택에 여배우는 소련 영화의 제1의 스타가 되었습니다. 그녀는 자주 남편과 함께 크레믈린의 여러 리셉션들, 만찬들과 행사들에 초대되었습니다. 한번은 스탈린이 아버지 같은 시선으로 자신의 좋아하는 여배우를 훑어보고 나서(그는 종종 오를로바가 출연한 영화들을 주문했는데, <유쾌한 젊은이들>을 보고 나서 지도자가 말한 문구 역시 유명합니다. "나는 마치 한 달을 휴가를 보내고 온 것

---

70) 돈바스 탄광의 갱부 알렉세이 스타하노프의 이름에서 나온 말로 사회주의 경쟁에서 최대 성과를 거두기 위해 노력하는 사람.

71) 북극 탐험자의 한 무리, 단장 파파닌의 이름에서 나온 말.

72) 미추린 학파의 농업가.

73) 소년 의용단. 독·소 전쟁 때 출정한 군인, 그 유족의 원호를 맡음. 명칭은 A. P. 가이다르의 소설 〈찌무라와 그의 부대〉에서 유래.

같아”), 진짜로 놀라 말했습니다.

"굉장히 작군! 정말 말랐어! 왜 말랐지? 왜 작은 거야?"

류보피 오를로바는 당황했고 옆에 있던 알렉산드로프를 고개로 가리키면서, 농담을 하려고 했습니다.

"여기 죄인이 있어요. 촬영으로 지치게 했어요. 밤낮으로……"

스탈린은 자신의 호랑이 같은 눈을 감독에게 돌렸습니다.

"기억해 두시오. 알렉산드로프 동무! 오를로바는 우리 인민의 자산입니다. 우리에게 오를로바는 한 사람이요. 그래서 만약 당신이 그녀를 괴롭힌다면, 우리는 당신을 엄하게 처벌할 것이오. 우리는 당신을 목매달고, 사지를 찢고, 그런 다음 대포로 처형시킬 것이란 말이오. 쿨릭!"

스탈린은 멀지 않은 곳에 서 있던 새로 대장이 된 동지에게 돌아섰습니다.

"기동 연습에서 쏘지 않는 너의 대포들은 어디에 있지?"

지도자는 언제나처럼, 농담을 한 것이었지만, 그의 농담으로 인해 달아오르고 무서워졌습니다.

스탈린의 말은 주목할 만합니다. "우리에게 오를로바는 한 사람이요." 평론가 마르크 쿠쉬니로프가 지적했던 것처럼, '우리에게'라는 것은 우리나라에, 우리 인민에게를 의미했습니다. 노동자

- 농민의 붉은 군대에게. 그리고 물론, 노동 계급의 전투 전위에게. 그리고 '오게페우-엔카베데'[74]에게. 그리고 충직한 전우들에게. 그리고 모든 노동자들의 친구인 스탈린에게. 그녀는 그에게 하나뿐입니다.

그리고 그런 까닭으로, 모든 생각해 낼 수 있는 칭호와 정부에서 수여하는 상들, 서구로 나가서 외국에서 소련 영화를 소개하고 최대한의 물질적인 이득을 받을 수 있는 기회, 그리고 찰리 채플린, 페르난 레제, 파블로 피카소, 레나토 구투조, 에두아르도 데 필리포, 장-폴 사르트르, 피터 브룩, 그리고 다른 서구 문화계의 거장들과의 만남들이 그녀에게 주어졌습니다. 그녀가 페데리코 펠리니와 만났을 때, 그는 소리쳤습니다.

"누가 오늘 날씨가 흐리다고 말했지? 바로 여기 태양이 있는데! ……"

그렇습니다. 류보피 오를로바는 자신이 그 자리에 있는 것만으로도 세상을 비춰주는 일종의 태양이었습니다. 수백만의 관객들은 그녀를 사랑했습니다. 숭배했습니다. 우러러봤습니다. 그녀는 소비에트의 꿈의 세계를 구현시켰는데, 그곳에서 인간은 그렇게 자유롭게 숨 쉬고, 그곳에는 바다에서나, 육지에서나 장애물이 없고, 그곳에는 노래가 있고 사랑하는 것을 도와주며, 그곳에는 얼음이 녹고, 심장이 녹습니다…… 거짓의, 그러나 그렇게 매력적인 세계! …… 류보피 오를로바는 '큰 스타일'이 나타나던 시기의, 스탈린식 바로크 시기의 총아였습니다.

---

74) 합동국가보안부 - 내무인민 위원부.

오를로바는 자신의 엄청난 인기를 알고 있었고 그것을 소중히 여겼습니다. 그녀는 빠르게 인민의 총아, 그리고 정부의 총아 역에 익숙해졌고 그것을 훌륭하게 연기했습니다. 모든 관객들과의 공개적인 만남에서 그녀는 여성도, 여배우도 아니었고, 바로 스타, 시대의 상징이었습니다.

평론가 세르게이 니콜라예비치가 재치 있게 지적했습니다.

> "다른 여배우들은 역할, 외모, 남편들을 바꾸었고, 아이들을 낳았으며, 영화에서 은퇴했고, 새로운 역들로 돌아왔다. 오를로바는 결코 그렇지 않았다. 그녀는 시대의 공식적인 젊음으로 남도록 결정되었다. 그녀의 형상은 '영원한 동화'의 미학에 의해 형성되었지만, 성격은 영화산업의 잔혹한 실제 경험에 의해 형성되었다."

평생 동안의 '그리셴카'

류보피 오를로바의 스크린의 생애는 모두가 알고 있지만, 자신의 사생활은 여배우가 매우 엄격하게 보호했습니다. 그녀는 스캔들이 많으면 많을수록 더 좋다는 알라 푸가쵸바[75]나 마샤 라스푸치나가 아닙니다. 일찍이 1917년으로 인해 크게 놀랐던 류보피 오를로바는, 만약에라도 정권이 자신을 무슨 좋지 않은 일에, 반소비에트적인 일에 연류되었다고 의심하지 않게 하기 위해서는 조심해야만 하고, 충성스럽고 충실해야만 한다고 자신에게 정확하게 이

---

75) '백만송이 장미'를 부른 러시아의 대중가수. 엄청난 부와 인기를 얻고 있으며 스캔들 또한 많음.

해시켰습니다. 소비에트 정권은 그녀를 창조했고, 그녀는 정권에 감사하고 있었습니다.

그리고리 알렉산드로프는 그녀의 세 번째 남편이었습니다. 첫 남편은 안드레이 베르진으로, 그녀는 넓은 등 뒤에 숨고 싶은 희망에 그와 결혼했습니다. 결과는 좋지 않았습니다. 그를 기관에서 잡아갔지요. 이미 유명해진 오를로바가 그의 운명에 관해 알아보려고 했을 때, 내무인민 위원부의 고위 관료가 그녀의 질문에 이렇게 답했습니다.

> "류보피 페트로브나, 우리가 당신을 위해 할 수 있는 모든 것은 당신을 첫 남편과 결합시켜 주는 것입니다. 그것을 원하십니까?"

그녀는 원하지 않았습니다. 그녀는 천성적으로 데카브리스트의 아내가 아니라, 여주인공이었고, 게다가 희생자 역할의 여주인공은 아니었습니다. 생활을 안정시키려는 시도에서 이루어진 그녀의 두 번째 결혼 역시 실패였습니다. 그녀의 두 번째 남편은 신경제정책에 의해 벼락부자가 된 화학 엔지니어로 독일인이었으며, 그녀에게 독일로 떠나자고 제안했습니다. 그녀는 두려워했지요.

그리고 여기 세 번째 남편인 그리고리 알렉산드로프가 있습니다. 사랑하는 그리셴카말이지요. 알렉산드로프가 '동성애적 성향'으로 고통받았고, 그래서 그들의 결혼은 아무런 성적인 기반(마침, 그들에게는 아이들이 없었습니다)을 가지고 있지 않다는 집요한 소문(이것에 대해서 잡지 <테베-파르크>는 기쁨에 넘쳐 알려주었습니다)이 돌았던 것은 사실입니다. 그러나 주목해야 할 것은 오를로바와 알렉산드로프는 서로에게 '당신'으로 호칭했다는 점입니다. 애정을 담아서, 이름으로는 '류보치카', '그리센카'였지만, 오직 '당신'으로만 말입니다.

그리고 또 하나의 흥미로운 상황이 있었습니다. 류보피 오를로바는 스크린에서 결코 성적이지 않았습니다. 아무런 섹스어필도 없었지요. 그녀에게는 남성적인 끈기를 지닌 어떤 이상한 여성스러움이 있었습니다. 영화 <서커스>의 마지막 장면에서의 그녀를 기억해 보세요. 흰 스웨터, 굵게 파마한 머리, 운동선수 같은 확신에 찬 걸음, 그리고 몸매 전체가 소비에트적인 여성, 새로운 발키리야76)입니다. 그녀는 걸어가면서 트랙터를 멈출 능력이 있고, 만약 필요하다면, 자신의 조국의 국경을 수호할 수도 있었을까요? 30년대의 이상적인 여성입니다.

오를로바와 알렉산드로프는 함께 전설을 창조했고, 함께 그 전설의 포로, 금빛 새장의 죄인이 되었습니다. 새장은 사실 두 개였습니다. 트베르스카야 거리에 있는 화려한 아파트와 그보다 덜 화려하지 않은 브누코보에 있는 모스크바 근교의 별장. 별장도, 아파트도 쾌적함과 부유함으로 숨 쉬고 있었습니다.

류보피 오를로바는 모든 자신의 수많은 여행에서 온갖 종류의 문손잡이들, 안락의자를 싸기 위한 재료, 집을 위한 세련된 소품들, 아름다운 기념품들을 샀는데, 이 모든 것을 그녀는 몹시(자신을 잊을 정도로) 사랑했습니다. 스스로 안락의자와 의자들을 천으로 쌌고, 커튼과 그림들을 사방에 걸었고, 크리스탈을 배열했습니다.

이것은 집 – 둥지였고, 그 안에서 류보피 오를로바와 그리고리

---

76) 전사자의 영혼을 천국에 인도하는 오딘 신의 열 두 시녀 중 하나

알렉산드로프는 삶의 불행으로부터 피했습니다. 그들은 매우 다른 사람들이었습니다. 그는 타고난 이야기꾼으로, 몇 시간 동안 이야기할 수 있었으나, 그녀는 말이 없는 사람으로 깔끔하고 매우 폐쇄적이며, 어떤 잡담이나 소문들, 그 밖의 여자들의 험담들을 허용하지 않는 사람이었습니다. 그러나 이 서로 다른 사람들을 낙관주의적인 철학이 통일시켰습니다. 여러 가지 형편이 나쁜 상황들에서 부부는 자신들을 설득하는 것 같았습니다. 주문처럼 말하면서: "모든 일이 잘될 거야!"

또 하나의 사실이 있습니다. 오를로바와 알렉산드로프는 개들을 매우 사랑했는데, 애완용들이 아니라, 진짜 사나운 양치기 개들을 좋아했습니다. 개들이 그들의 평온을 지켜 주었습니다.

가장 위험한 적-그것은 나이

시간이 지나면서 류보피 오를로바는 체포해서, 짓밟고, 모욕 줄 수 있는 전체주의적인 정권에 대한 자신의 공포(타치야나 오쿠넵스카야와 조야 표도로브나의 운명은 그녀를 놀라게 했습니다)를 제거했지만, 나이에 대한 공포를 극복하는 것은 성공하지 못했습니다. 나이는 눈 덩어리처럼 밀려왔고, 오를로바는 온 힘을 다해서 피할 수 없는 노화에 대항하여 싸우려고 노력했습니다. 그녀는 심지어 해를 피했는데, 햇빛에서는 얼굴에 있는 주름살들이 급격하게 드러났기 때문입니다. 그녀는 빛을 두려워하는 병으로 고통받았고, 그래서 트베르스카야에 있는 그녀의 아파트에는 언제나 긴 두꺼운 커튼이 걸려 있었고, 방에는 약하게 해서, 희미하게 빛나는 불빛이 지배하고 있었습니다.

류보피 오를로바는 언제나 자신의 나이를 숨겼습니다. 그녀가 홀에서 관객들 앞에 등장할 때면, 그녀에게 드물지 않게 메모가 건네졌습니다.

"정직하게 말한다면, 당신은 몇 살입니까?"

40년대에도, 50년대에도, 60년대에도 사람들은 물어보았지만, 그녀는 변함없이 대답했습니다.

"여러분에게 몇 살로 보이는지, 보이는 그것이 바로 제 나이입니다!"

그리고 이 순간에 자신의 빛을 발하는 오를로바식의 미소를 지었습니다. 가까운 지인들과는 농담을 하면서 더 단순하게 행동했습니다.

"작은 개는 늙어서까지 강아지야."

그리고는 바로 혀를 내밀었습니다. 그녀가 70세가 되었을 때, 오를로바는 문화부 장관인 푸르체프에게 절대로 기념 축전을 거행하지 말아달라고, 그녀가 몇 살이 되었는지 확실하게 하지 말아달라고 간청했습니다.

그녀는 정말로 오랜 세월 동안 멋지게 보였지만, 이것이 얼마나 많은 노력이 필요했는지!

언젠가 그녀에게서 슬픈 고백이 무심코 나왔습니다. 훈련과 다이어트는 그녀에게 42센티미터(약 18인치)의 허리를 유지하도록 해 주었습니다.

류보피 오를로바는 어떻게 해서든 아직 젊음을 붙잡아두고 있었지만, 일에 있어서의 명성은 더 나쁜 상태였습니다. 더 정확히 말하면, 인기의 타성은 유지하고 있었지만, 새로운 창조적인 성공은 전쟁 후에 이미 없었습니다. 모든 것이 확실하게 하향 곡선을 그렸습니다. 코미디영화 <봄>(1947)은 아직 그럭저럭 봐줄 만했지만, <엘바강에서의 만남>(1949)은 더 나빴고(게다가 알렉산드로프는 오를로바가 피아노 위에서 록-큰-롤을 추었던 훌륭한 장면들을 잘라내야만 했습니다), 영화 <무소르그스키>(1950)와 <작곡가 글린카>(1952)에서의 역들은 빛이 바랜 듯한, 흥미 없는 결과가 나왔습니다. 영화 <러시아의 기념품>(1960)은 완전한 실패였습니다.

시간을 뒤로 돌리고, 예전의 영광을 부활시키려는 또 하나의 시도가 있었습니다. 알렉산드로프는 <찌르레기와 하프>란 영화를 만들었는데, 여기서 젊은 여자인 주연 역으로 70세의 류보피 오를로바가 연기했습니다. 류보피 페트로브나의 나이를 숨기기 위하여 촬영기사들이 온갖 일을 다 했고, 영화의 끝부분에서는 심지어 그녀를 붕대를 감은 머리로 보여줬는데, 단지 붕대를 절단한 구멍을 통해서 여배우의 눈만 보였습니다, 그것도 속눈썹을 붙인 눈만. 경화증과 위조물을 '모스필름'의 일꾼들은 험담했습니다. 영화는 스크린에 결국 나오지 않았습니다.

이렇게 영화와는 모든 것이 끝났고 극장이 남았습니다. 1955년부터 오를로바는 모스소베트 기념 극장의 여배우입니다. 무대에서 그녀는 몇 개의 나쁘지 않은 역들(연극 <리지와 맥케이>와 <사랑스런 거짓말쟁이>)을 연기했습니다. <사랑스런 거짓말쟁이>에서 그녀는 신성하게 믿고 있었던 항변을 흥분하여 말했습니다.

"나는 언제나 39살일 거예요, 단 하루도 더 많지 않은."

류보피 오를로바는 집요하게 고상한 노파 배역 연기를 거절했습니다. 그녀는 단 한 번 그러한 역을 연기했는데, <이상한 미세스 세비지>에서였습니다. 그리고 바로 그 파이나 라넵스카야의 연기 후에 연기했습니다(이상한 일이기는 하지만, 비록 그들이 완전히 정반대인 사람들이자 여배우들이었지만, 그들은 친했습니다). 오를로바의 미세스 세비지는 연약하고 감동을 주는 존재였지요. 그러나 이 존재에게는 이빨이 있었고, 유리 자바쯔끼 감독이 이 역에 앓고 있던 베라 마레츠카야를 어떻게든 원기를 북돋아 주기 위해서 투입하기로 결정했을 때, 류보피 오를로바는 단호하게 선언했습니다.

"만약 다음 공연이 내 것이 아니라면, 나는 문화부에 전화하겠어요."

생애 마지막까지 여배우는 재능의 모든 면으로 빛날 수 있는, 어떤 특별한 희곡을 찾고 있었습니다. 노래하고, 춤추고, 그런데 중요한 것은 자신의 시들지 않는 젊음을 공개하는 것이었습니다. 그렇습니다. 그녀에게 이것은 일종의 출발점이었습니다. 그녀는 어떻게 해서든 젊음과도, 아름다움과도 헤어지길 원치 않았습니다……..

그녀는 73세에 인생에서 떠났습니다. 1975년 1월 26일에 심각한 병으로 숨을 거뒀는데, 췌장암이었습니다. 그녀의 사랑하는 '그리센카'는 '류보치카'보다 오래 살았을 뿐만 아니라, 류보피 페트로브나의 사망 후 곧바로 첫 번째 결혼에서 얻은 친아들의 미망인과 결혼했습니다. 그녀와 함께 류보피 오를로바에 관한 <류보피>라는 편집 영화를 만들었습니다.

만약 오를로바의 영화시대에 영화들이 극도로 적게 나왔다면, 그것들 하나하나가 사건이 되었다면, 오늘날 우리는 끝이 없는 다수의 영화들로 굉장히 응석꾸러기가 되었을 것입니다. 영화들이 너무 많아서, 그것들을 보는 데 성공하지도 못할 것이고, 더군다나 평가하지도 못할 것입니다. 그리고 우리는 여러 여배우들을 보았습니다. 주디 갈란드에서 소피 마르소까지, 비비안 리에서 줄리아 로버츠까지. 그리고 아무래도, 아무래도 역시……

텔레비전 화면에 레트로의 자격으로 <유쾌한 젊은이들>, <볼가-볼가> 또는 <서커스>가 나올 때면, 우리는 변함없이 류보피 오를로바에게, 그녀의 아름다운 용모에, 매혹적인 순진함에, 그리고 눈부신 매력에 감탄의 조공을 바치게 됩니다. 그녀는 우리의 과거이며, 여기에서 벗어날 수는 없습니다. 그녀는 언제나 우리와 함께 있으며, 이 사랑스런 과거는 조금 슬픈 과로로 약해진 것을 가지고 있습니다. 여러분은 어떤지 모르겠지만, 나는 메

리언 딕슨(류보피 오를로바)이 러시아어를 이상하게 발음하면서
말할 때면, 전율합니다.

"나는 소련에서 행복해지고 싶었는데, but it is impossibly"

가능한지 – 불가능한지······ 류보피 오를로바는 인생과 영화에
서 이 대립을 연기했습니다.

지은이: 유리 니콜라예비치 베젤랸스키(Юрий Николаевич Безелянский, 1932~)

▌약력

러시아 저널리스트, 전기작가, 역사가, 문화 비평가.
특히 여성의 사고와 인간관계를 전문으로 다루는 TV 프로그램 '사랑의 아카데미' 진행자.
다수의 저서를 집필하였고 러시아와 미국의 정기 출판물에 1,200편이 넘는 글을 기고하였다.
2001년 러시아공화국 저널리스트상 수상.

▌대표 저서

『믿음, 희망, 사랑(Вера, Надежда, Любовь)』
『클럽 1932(Клуб 1932)』
『불꽃의 시대, 20세기 러시아 역사의 파노라마
(Огненный век. Панорама россий ской истории XXвека)』
『제5지점, 혹은 러시아의 칵테일(Пятый пунт, или Коктей ль России)』

옮긴이

이명자 청주대학교 외국어문학부 교수
최순미 한국외국어대학교 강사

20세기 러시아의 여성들

자유와 혁명의
해바라기

초판인쇄 | 2010년 4월 30일
초판발행 | 2010년 4월 30일

지은이 | 유리 니콜라예비치 베젤랸스키
옮긴이 | 이명자·최순미
펴낸이 | 채종준
펴낸곳 | 한국학술정보㈜
주 소 | 경기도 파주시 교하읍 문발리 파주출판문화정보산업단지 513-5
전 화 | 031) 908-3181(대표)
팩 스 | 031) 908-3189
홈페이지 | http://www.kstudy.com
E-mail | 출판사업부 publish@kstudy.com
등 록 | 제일산-115호(2000. 6. 19)

ISBN   978-89-268-0974-7 03920 (Paper Book)
        978-89-268-0975-4 08920 (e-Book)

이담Books 는 한국학술정보(주)의 지식실용서 브랜드입니다.